下野恵子
Shimono Keiko

介護保険
解体の危機

誰もが安心できる
超高齢社会のために

法政大学出版局

はじめに

　いま日本では，一人暮らしの高齢者が大都市で急増しています。『日本経済新聞』(2018年11月26日付)には，国勢調査を分析した結果，三大都市圏で単身高齢者が289万人，全世帯の1割を超えたことが一面で報道されました。そして在宅介護サービスの充実が叫ばれています。
　しかし現実には，在宅介護サービスは縮小し続けています。そのことにみなさんは気づいているでしょうか？　特に2015年10月に予定されていた消費税率の8％から10％への引き上げ延期によって社会保障全般の切り下げが進むなか，介護保険も強引とも言える縮小・解体政策が現政権下で粛々と進められています。2015年には特別養護老人ホームの利用資格が要介護3以上になりました。在宅介護では，2015年に介護保険からの要支援者の切り離しが開始され，2018年4月からは全市町村で要支援者は市町村が実施する総合事業へ移行されました。総合事業の低報酬介護は担い手不足で，サービス提供が十分ではありません。それでも政府・財務省・厚生労働省は2021年度に，要介護1・2認定者も介護保険から総合事業へ移す計画です。
　つまり，ほとんどの人が気づかないうちに，「要支援・要介護認定者の誰もが必要な公的介護サービスを利用できる」はずだった介護保険が，要介護3以上にならないと利用できない制度に変わろうとしています。ちなみに要介護3以上の認定者数は要支援・要介護認定者の3分の1以下です。そして，体の丈夫な認知症高齢者はせいぜい要介護1か要介護2にしかならないので，政府の計画通り進めば，2021年4月以降は介護保険を利用できなくなります。政府の定義によれば要支援1・2，要介護1・2は介護度の低い「軽度者」な

ので，介護保険の対象とする必要はなく，家族と地域で面倒を見てほしいということなのです。

団塊の世代が75歳に達する2025年以降，在宅介護サービスを必要とする高齢者が急増します。寝たきりなどの重介護（要介護3以上）でない限り介護保険を利用できなくなれば，家族介護に追い込まれる世帯は確実に増えます。現在でも年間10万人前後も生じている介護離職はさらに増えるでしょう。しかし体が丈夫な認知症の高齢者を，家族だけで世話するのは無理です。訪問介護や通所介護などの在宅介護サービスを十分利用できず，ホームヘルパーや介護職員のアドバイスと精神的な支えがなければ，家族による高齢者の虐待や介護殺人，そして介護放棄は確実に増加するでしょう。介護保険の縮小は，家族も介護される高齢者も不幸にします。

介護保険は，高齢社会を支える大事な社会保障制度です。しかしどんな制度も財源がなくては運営できません。介護保険を要支援・要介護認定者の誰もが使えるようにするには，減税（消費税率引き上げ延期も減税！）ではなく，所得に応じた増税（あるいは社会保険料の引き上げ）を受け入れる必要があります。負担増を拒みながら社会保障の充実を要求することは間違っています。

この本が，みなさんの介護保険に対する理解を深めること，そして介護保険を介護の必要な高齢者とその家族を支える制度に戻す手助けになることを，心から願っています。

下野　恵子

目 次

はじめに iii

序　章　「家族介護」の呪縛，在宅介護を支える訪問介護サービス 1

1. 母の介護で学んだ介護保険の重要性とホームヘルパー・介護職員の専門性　1
2. 本書の目的と構成　6

第1部　介護保険の歴史
誕生から縮小を経て解体へ　11

第1章　介護保険導入の背景と公的介護サービスの必要性 14

1. はじめに　14
2. 介護を必要とする高齢者の増加——平均寿命の延び　15
3. 公的介護サービスを求める高齢者——高齢単身・夫婦世帯の増加と経済的自立　18
4. 介護保険導入以前の高齢者介護——老人病院への「社会的入院」の急増　24
5. 医療保険の膨張と介護保険の導入　26
6. 医療保険の補完としての介護保険——「医療施設」が介護施設とみなされる不思議　28
7. まとめ　32

第2章　介護保険の誕生と生活援助サービスの縮小・利用制限の歴史 34

1. はじめに　34
2. 介護保険の誕生——日本とドイツの介護保険の財源と介護認定の違い　36
3. 日本における介護認定の方法とその問題点　39

4	介護専門職の導入——介護福祉士とホームヘルパー，そしてケアマネジャー	44
5	介護保険で提供されるサービスの種類と利用者数	48
6	要介護認定者の増加と「生活援助サービス」の縮小・利用制限の歴史	52
7	介護費用の増加と保険料の引き上げの歴史，そして介護保険収入増のための提案	56
8	まとめ	61

第3章　消費税率引き上げ延期で始まった「軽度者」の切り離しと介護保険解体 ………………… 64

1	はじめに	64
2	野田民主党内閣の「税と社会保障の一体改革」と三党合意，そして合意の破棄	66
3	消費税率引き上げ延期——年5兆円の社会保障財源の消失と社会保障水準の低下	69
4	介護保険の解体①　要支援1・2の「介護保険からの切り離し」と「総合事業への移行」	73
5	介護保険の解体②　介護報酬の大幅な引き下げ（－2.27％）と介護事業所数の減少	78
6	介護保険の解体③　特別養護老人ホームの利用制限（要介護3以上）と「介護医療院」の導入	80
7	介護保険の解体④　自己負担引き上げによる介護サービス利用の抑制	83
8	介護保険の解体⑤　介護認定の厳格化による介護保険対象者数の抑制	85
9	まとめ	88

第2部　政府の介護職員不足対策
無資格の介護労働者の導入　　91

第4章　2012年以降の介護職員不足の深刻化と政府の介護職員不足対策 ………………… 94

1	はじめに	94
2	2012年以降のホームヘルパーの求職者の急減—— 2016年にはわずか1,700人	96
3	介護施設で働く介護職員不足の深刻化—— 2016年の有効求人倍率は4.8倍	99
4	訪問系介護職員数の低迷と入所系介護職員数の伸び——在宅介護中心から施設介護中心へ	102

5　介護職の不人気──介護福祉士養成校入学者が激減　　105
　　6　人手不足でも介護職員の賃金が上がらない理由　　108
　　7　政府の介護職員不足対策──無資格の雇用者，ボランティア，外国人労働者の活用　　110
　　8　まとめ　　112

第5章　在宅介護サービスへの無資格の雇用者・ボランティアの導入　　115

　　1　はじめに　　115
　　2　「介護予防・日常生活支援総合事業（総合事業）」と介護保険の違い　　117
　　3　無資格の雇用者とボランティアの活用──総合事業の「訪問型サービス」と「通所型サービス」　　120
　　4　総合事業の低報酬介護の課題──担い手不足と地方経済の衰退　　123
　　5　低報酬介護の担い手を継続的に確保できるか？　　126
　　6　「軽度者」の介護を考える──訪問介護サービス利用の国際比較　　130
　　7　まとめ　　134

第6章　介護施設の職員不足と外国人介護労働者・介護ロボット　　137

　　1　はじめに　　137
　　2　外国人介護労働者の受け入れ制度──必要とされる日本語のレベルと介護知識　　139
　　3　EPAによる介護福祉士候補の受け入れの目的と実態　　145
　　4　EPA介護福祉士の受け入れは合理的な政策か──プログラムの内容と税金投入　　148
　　5　「特定技能1号」の介護分野による大量の外国人労働者受け入れ　　151
　　6　大量の外国人介護労働者受け入れの介護施設への影響　　154
　　7　介護ロボットの導入・IT化は介護職員不足対策になるか？　　156
　　8　まとめ　　158

第3部　3つの選択と介護保険の未来
あなたが必要とする介護サービスとは？　　161

第7章　介護保険の未来を考えるヒント　　164

　　1　はじめに　　164
　　2　介護保険縮小・解体政策を考える──介護保険対象者が要介護3以上に

		なる日	165
	3	介護資格を考える――無資格の雇用者・外国人介護労働者導入の意味	169
	4	ホームヘルプサービスの未来を考える――訪問介護サービス公営化の提案	172
	5	新たな介護施設「介護医療院」を考える――医療系施設の増加と介護保険の医療化	179
	6	介護サービス産業の未来を考える――10兆円産業と女性労働の未来はどうなる？	182
	7	まとめ	186

第8章 3つの選択と2025年の介護保険・介護サービス供給体制 ……… 188

1	はじめに	188
2	《選択1》政府案――介護保険対象者は要介護3以上	191
3	《選択2》2018年の介護保険の維持――介護保険対象者は要介護1〜5	195
4	《選択3》2000年の介護保険――介護保険対象者は要支援・要介護の全員	199
5	負担増は無理？――日本はOECD諸国で最低レベルの税・社会保障負担	202
6	国際比較からみえる日本人の負担増への拒否感と「家族介護」への期待	206
7	まとめ	210

おわりに ……… 213

付録――幸せな老後生活を支える最低保障年金と公共住宅・公的介護施設　217

参考文献　222

索　引　225

介護保険解体の危機

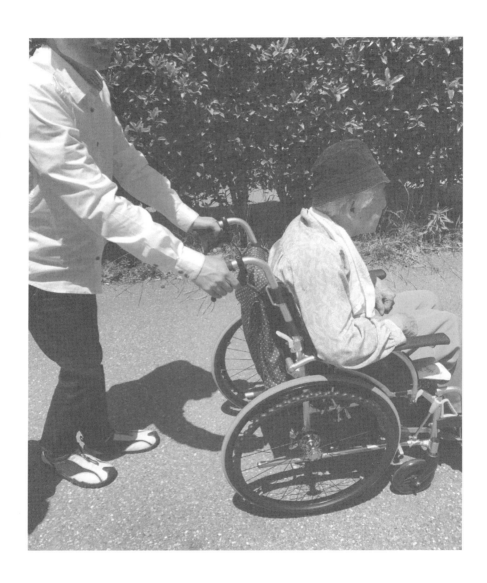

序章

「家族介護」の呪縛，在宅介護を支える訪問介護サービス

1　母の介護で学んだ介護保険の重要性とホームヘルパー・介護職員の専門性

　介護保険は，日本に根強く残る「家族介護」という幻想を否定して，社会全体で高齢者介護を行うという理念にもとづいて制度設計され，2000年4月に始まりました。同時に介護福祉士に加えて，ホームヘルパーとケアマネジャーという新しい介護の専門資格が導入されました。日本の介護保険は在宅介護中心として出発したので，在宅介護の中心となる訪問介護サービスを担うホームヘルパーは，多くの女性が希望を持って就業する新しい職業でした。

　しかし，日本では欧米諸国と異なり，訪問介護サービスが身体介護サービスと生活援助サービスに厳密に区別されています。身体介護サービスは専門的サービスと認められていますが，生活援助サービスは必ずしも専門的サービスとは考えられていません。生活援助サービスを「誰にでもできる仕事」とみなす人々は，昔も今も年齢や男女に関わらず，また一般の人々だけではなく学識者のなかでも少なくありません。この評価の違いが，生活援助サービスの評価（介護報酬）を低くし，生活援助サービスの利用制限につながっています。

欧米諸国では，身体介護サービスと生活援助サービスの両方が，ホームヘルプサービスとして一体的に提供されています。2つのサービスは切り離せず，共に知識と経験にもとづいて提供される専門的サービスであると認められているのです。生活援助サービスの役割は，高齢者を体調を確認し，高齢者の在宅生活を支えることで，介護施設への入所を遅らせることです。Wübker ほか（2015）では，高齢者の生活の質の向上と介護費用の抑制の両面から，生活援助サービスとホームヘルパーの働きが高く評価されています。

　著者は母の介護に際してホームヘルパーのみなさんに助けられてきたので，知識と経験に基づくホームヘルプサービスの専門性を高く評価していますが，実際に家族を介護している人を含めて，ホームヘルパーという専門家の実施する介護サービスへの評価は決して高くありません。そのことはホームヘルパーの賃金の安さに現れていますし，「登録ヘルパー」（利用者があるときだけ働く労働形態）という不安定就労にも現れています。「誰にでもできる仕事だから」他人ではなく家族ですべきだとか，「誰にでもできる仕事だから」お金を払いたくないといった考えが，「家族介護」を期待する高齢者の脳裏に色濃く潜んでいます。

　一方，実際に介護を必要とする高齢者の介護者は，妻や娘，長男の嫁のような女性が7割以上を占め，老老介護のケースも多いことはよく知られています。それでも公的な介護サービスを利用しない（できない）介護者が少なくないのは，日本をはじめとしたアジアでは「親孝行」が社会規範となっており，年老いた親の面倒をみるのは家族の当然の義務とする社会的プレッシャーが強いからです。手は出さないが口は出す家族や親戚，口さがない近隣住民を気にする日本人のメンタリティーもあります。家族と他人を厳密に区別し，他人が家に入ることを受け入れられない要介護者や家族介護者も多く，ホームヘルパーによる公的介護サービスの利用を困難にしています。

　しかし戦後高度成長期には工業化に伴い，多くの若い世代は田舎から都会に移動し，三世代世帯は減少して核家族が一般化しました。そして，いまや核家族さえ少数派となり，代表的な世帯は単身者世帯である時代となりました。2015年度の65歳以上高齢者を含む世帯構成をみると，単身者世帯26.3

％，夫婦世帯31.5％で，6割の世帯で要介護になったときには，老老介護，あるいは，介護者不在になる可能性があるのです。子供か親戚など同居者のいる4割の世帯でも，身内による介護を期待できるでしょうか。高齢者介護は子育てと異なり，終わりが見えません。2年で終わるのか，10年以上続くのか，予測がつきません。そんな終わりの見えない仕事を子供や身内に依頼するのは，老親にとっても心苦しいことでしょう。さらに高齢者が認知症になれば，認知症の知識を持たない家族の暴力や虐待が起こりやすくなり，家族による介護を著しく困難にします。

　名目上はともかく，実際に家族介護を担ってきたのは，高齢の妻や長男の嫁でした。高齢者数が少なく平均寿命も短かった時代には，女性の介護の苦労が声高に言われることはなく，家族の手に負えなくなった認知症高齢者は精神科病院に収容され，寝たきりなどの介護の必要な高齢者は老人病院に入院していました（医療が必要のない高齢者の入院を「社会的入院」といいます）。しかし平均寿命が延び介護を必要とする高齢者が多くなったことで，家族介護の困難なケース（認知症や長期間の介護など）が表面化し，2000年4月に介護保険が導入されるきっかけとなりました。

　しかしながら現在でも，高齢者を取り巻く家族の変容，介護保険の導入の理由を知ろうともせず，「高齢者の介護は家族が担うべきである」という考えを抱く人は決して少なくありません。想像されるような男性高齢者のみではなく，男女を問わず20代，30代という若い世代にも「家族介護」への執着が根強く残っています。男性高齢者の多くは配偶者である相対的に若い妻を介護者として想定し，介護を行う自分を想像しないのでしょう。そして20代，30代の半分以上の男女は，昔ながらの三世代の家族像を理想化し，介護は家族で行うのがよいと思い込んでいます。老いた自分を想像できない若者が5年，10年，20年と続く親の介護について具体的なイメージを持つことは困難です。終わりの見えない介護のつらさを理解することもないから，介護サービスを社会的に提供することが，家族の崩壊を防ぐ手立てになることに思い至らないのです。

　実際，若者が介護を必要とする自らの老後を考えるのは無理な注文かもし

れません。社会保障論や財政学，マクロ経済政策の講義を受講する大学生や大学院生に，著者が「何歳まで生きたいか」と問うたところ，せいぜい70歳で，60歳までと答える者も少なくありません。しかし自殺でもしない限り，受講生の大半は80歳以上まで生きることになるのです。自分の寿命を短く見積もる彼らの頭には，半分以上の確率で介護を必要とする85歳以上になるという想像力はないし，まして老老介護で親を介護しなければならなくなり，しかも長期間続くかもしれないという状況は想定外かもしれません。

けれども，高齢者を知らないのは若者だけではありません。核家族が優勢になった時代を生きてきた現在40歳代，50歳代，60歳台の中高年層も，すでに高齢者を間近に見ることなく年を重ねてきました。かく言う著者も，大学生で家を出てから親の家にもどることはなく，親の老いてゆく過程を近くで見ることもなく，高齢者の心身の変化を理解していたわけではありません。母は70歳で脳梗塞により失語症となり，読む，書く，話す能力を失いました。料理もできなくなり，多くの場面で介護が必要となりましたが，父が介護者となり，仕事をもつ著者が介護に関わることはありませんでした。著者がいくら勧めても，昔人間の父が公的介護サービスを利用することもありませんでした。そして父が急死し，要介護の母が残され，親の介護が突然降りかかってきたのです。

著者にとって幸運だったのは，実家の掃除が行き届かなくなり，ほとんど歩かなくなった父の体力の衰えをみて，母が残された場合の保険として，一戸建ての有料老人ホームを父に購入させることができた点でした。もちろん有料老人ホームの購入が簡単に進むわけもなく，父は「入居費用・管理費が高すぎる」，「親を捨てるのか」とひどく抵抗し，「親の介護が嫌なのか，もう子供でも親でもない」と，何度も怒鳴りました。それでもほぼ1年後に宿泊体験に連れ出すことに成功し，自然環境，スタッフの態度，食事のおいしさにより，ようやく入居を決めてくれました。このときは本当にほっとしました。父が亡くなったのはその2年後で，母が85歳のときでした。

その後，著者は約7年にわたり，母の主たる介護者として，母の介護に向き合い続けました。その過程で，頭だけで認識していた介護サービスの専門

性，「介護は人」であることを実感しました。脳梗塞のため失語症・認知症となった要介護3の母は，規則正しい生活と栄養価の高い食事により，心の安定を取り戻し，笑顔も増え，要介護度は2に下がりました。

　高齢者一人の介護に，いかに多くの人手が必要になるかを知ったのも母の介護を通してです。母を取り巻く介護サービス提供者は，介護サービスの調整役のケア・マネージャー，デイサービス職員，ホームヘルパー，言語療法と母の体調管理を担当する訪問看護師，母の居住する有料老人ホームの職員，そして，毎週末2泊3日を母の住居ですごす著者です。著者を除いて，10人以上の介護専門職員によって母の生活は支えられていました。さらに食事や清掃の職員もいました。介護関係者だけでなく，有料老人ホームの居住者やデイサービス利用者など，多くの人々と交わることにより，失語症で言葉を失い認知機能も落ちた母でも社会性を失うことなく，庭で花を育て草取りをしながら自宅（一戸建ての有料老人ホーム）で過ごし，亡くなる1週間前の週末までは恒例の1時間の散歩ができるほど元気でした。

　まったく心構えができていなかった著者の身に母の介護が降りかかってきたとき，介護保険が存在し，介護サービスを1割負担（月約2万円）で利用できることが本当にありがたかったです。ホームヘルパーの方やデイサービスの職員の方に支えられなければ，著者の遠距離介護は不可能でした。介護の専門職であるホームヘルパーや介護職員の方の見守りやアドバイスなしに，高齢者や介護に関する知識を持たない著者が要介護の母を支えることはできませんでした。もし一人で母の介護をしたならば，母に笑顔を見せることはできず，著者の自由を縛る存在として母を恨んだことでしょう。

　ちなみに，父が購入した有料老人ホームは，平屋の一戸建ての庭のあるタイプで，一戸建ての家に住んでいた父や母にも住みやすいようでした。しかし終身利用権は3,000万円で，決して安くありません。もちろん現代の日本において，資産や年金額の少ない高齢者の老後が非常に厳しいことは，社会保障を研究テーマの一つとしてきた著者にはよくわかっています。2011年10月に導入されたサービス付き高齢者向け住宅（サ高住）は，有料老人ホームよりも安く入居できる民間施設ですが，原則として自立した高齢者向け

の施設であり，特別養護老人ホームよりも費用は高く，必ずしも安心できる終の住処とはなっていません。しかしそれでも人気があるのは，日本の公的介護施設のベッド数が65歳以上高齢者の3％にも達せず，絶対的に不足しているからです。

　一方，オーストラリアや北欧諸国では65歳以上人口の6％前後の高齢者が入居可能な公的介護施設が整備されていることを，著者は知っています。さらに，ほとんど金融資産を持たない最低保障年金だけの受給者であっても，父母が住んだのと同じ水準の介護施設で生活できることも知っています。日本から多くの政治家，官僚，研究者が北欧の介護事情・介護施設の視察に行っているにもかかわらず，なぜ日本の高齢者は老後の介護不安から自由になれないのでしょうか。日本は今も世界で3番目の経済大国なのですから，政府の方針次第で，介護を必要とする高齢者が安心して生活できる環境を整えることができるはずです。

　もし必要な社会保障のための財源が足りないならば，税負担や保険料の引き上げを国民に訴えるべきでしょう。そして社会保障目的税として導入されたはずの消費税増税分（8％から10％への増税分は1年間で5兆円）は，教育費や防衛費や公共事業や財政赤字の解消のためではなく，導入時の約束どおり社会保障費として年金・医療・介護などに用い，日本人の老後不安の解消をめざしてほしいものです。老人が幸せでない国では，若者も将来が不安で安心して年をとることもできません。

2　本書の目的と構成

　この本の目的は，「公的介護サービスの維持・拡充のためなら税金や保険料が今よりも上がってもよい」と考える人を一人でも増やすことです。家族や地域の介護力が低下している時代に，高齢者ができるだけ長く自立して生活し続け，身体介護が必要になったときの家族の介護負担を少しでも軽くするためにも，訪問介護サービスの充実を図る必要があります。そして団塊の世代が後期高齢者になる2025年に向けて，介護保険による在宅介護を維持・

充実させるためには，税金や保険料の増額が必要になります。

　著者が常々疑問を感じてきたことは，社会保障や教育の充実を要求する政治家，福祉関係者，一般国民，マスメディアは多いのですが，そのための財源に関する議論がほとんどないことです。経済学は，商品やサービスを購入するときには値段に見合う対価を支払うように，政府サービスの増加には税負担の上昇が必要であると教えます。社会保障の充実や教育の無償化・給付型奨学金の創立などの長期的な政策には安定的な財源が必要で，防衛費削減や公務員の削減などの一時的な歳出の削減では到底対処できませんし，一時的な歳出削減で対処すべきでもありません。長期の安定的な財源は，所得税・法人税・消費税・資産税や保険料などの形での個人や企業の負担によるほかありません。

　国民負担の増加を求めることはマスメディアや政治家が苦手とすることですが，2015年の減税（消費税率引き上げの延期は「減税」でした）は，生活保護の切り下げ，介護サービス利用の抑制，医療・介護の自己負担の引き上げなどの社会保障水準の切り下げを招きました。一方で，日本人の税負担はOECD諸国のうち最低レベルであり，社会保障負担を含めてもOECD諸国の平均をはるかに下回っています（下野2017を参照。財務省データ）。つまり私たちは増税を受け入れることで，介護を含む社会保障を現在よりも充実させることができるはずなのです。

　さらに，本書では介護サービス産業の重要性を強調しています。政府やマスコミの報道により，多くの国民は要介護高齢者の増加を日本経済にとってのマイナス要因であると捉えています。しかし要介護高齢者の増加は，「介護需要の増加」と「介護サービス産業の発展」を意味します。今後も確実に需要が増加していく産業分野がほかにあるでしょうか？　団塊の世代が後期高齢者になる2025年以降には，介護需要の伸びは一層大きくなるでしょう。そして団塊の世代は，終身雇用制度やバブル経済の恩恵を最も受けた世代なので，受給年金額も高く，保有資産も多いのです。家族介護に対するこだわりも前世代よりは薄れています。この世代の介護需要に応える形で，介護サービスの拡充が図られるならば，介護サービス産業は今後も成長し続けます。

介護サービス産業は，家族の高齢者介護の負担を軽減するだけでなく，年間10万人前後の介護離職数を減らすことで労働力不足を緩和し，さらに，多数の既婚女性に就業の場を提供することで，日本経済に貢献してきました。2016年度におけるホームヘルパー・介護福祉士などの介護職員の人数は，常勤換算（就業時間週40時間で一人分）で180万人を超え，2025年には250万人の介護職員が必要とされると推定されています（厚生労働省による推計）。2016年度に実際に就業している介護職員数は，短時間勤務者が多いことを考慮すれば，200万人を超えています。産業規模も2014年に10兆円を超え，介護サービス産業は，いまや日本経済を支える巨大企業の一つになっています。

　しかし介護サービスは，競争的な市場で売買される自動車や携帯電話のような商品とは異なり，公的な支援（介護保険）なしに成り立たない特殊なサービス商品であることを忘れてはなりません。介護サービスは，医療サービスと同様に，競争的な市場では価格が高くなってしまいます（サービス提供者と利用者の知識・理解の差による「情報の非対称性」のため）。2000年4月の介護保険導入以前の日本には，一部の高所得者が看護師・介護士を雇用する介護サービスか，各自治体が実施する「措置制度」（公務員が利用者を決める制度）の下での「気の毒な人」向けの福祉サービスしかありませんでした。介護保険導入のおかげで，所得に関わらず必要に応じて介護サービスを利用できるようになり，妻や長男の嫁の重い負担となっていた「家族介護」の呪縛からの開放が始まったのです。

　この本の構成は以下のとおりです。第1部は，第1章から第3章からなり，介護保険の誕生から崩壊までの歴史を振り返ります。第1章では，介護保険誕生までの社会の変化を振り返ります。2000年4月の介護保険誕生の背景には，1980年代には65歳以上高齢者を含む世帯の半数を占めていた三世代世帯が4分の1にまで減少したこと，寿命の伸びによる要介護者・認知症高齢者数の増加，という家族構成の変化と人口の高齢化がありました。介護保険の創設は，家族の手にあまり老人病院や精神科病院などに収容されていた認知症高齢者や要介護高齢者の開放でもあったのです。第2章では，介護保

険誕生から2014年までの介護保険の歴史を振り返ります。まず日本の介護保険の特徴を明らかにした上で介護保険の問題点を指摘します。著者が日本の介護保険で最も大きな問題と考えるのは，介護認定の方法です。また訪問介護の資格の頻繁な変更，あまりに多様なサービス提供は，介護保険制度にとってプラスになっていないように思えます。さらに2004年前後から開始された介護保険の利用制限政策を振り返ります。第3章では，安倍内閣の下で開始された介護保険の大規模な縮小・解体政策を詳細に説明します。介護保険の縮小・解体は，2015年10月に予定されていた消費税率8%から10%への引き上げ延期を契機として始まりました。消費税は社会保障財源です。1年で5兆円以上の社会保障財源が消えたのですから，介護・医療・年金などの社会保険，生活保護の水準低下が起きるのは当然のことです（4年間で20兆円以上の社会保障財源が消えました）。

　第2部は，第4章から第6章からなり，介護職員不足の現状と政府の介護職員不足対策を説明します。介護サービスは対人サービスなので，人手を確保できなければ，成り立ちません。第4章では，介護職員不足が昔から起きているわけではなく，2012年以降に介護職員不足が深刻化したことを明らかにします。介護職員不足と介護報酬改定には強い関係があります。2015年の介護報酬の－2.27%という大きなマイナス改定が，介護職員不足を決定的にしました。景気のよい時にマイナス改定をすれば，介護事業所の経営は悪化し，介護職員の賃金も低迷し，求職者は激減します。厚生労働省の介護人材育成策により，日本人の介護人材は十分存在していますが，低賃金が介護人材を介護職から遠ざけています。第5章では，在宅介護サービス分野での介護職員不足への政府の対応を説明します。政府の政策は，介護度の低い要介護認定者（政府用語で「軽度者」，要支援1・2と要介護1・2を指す）の「介護保険からの切り離し」と「総合事業への移行」です。総合事業の低報酬介護は，介護保険よりも1～3割も低い介護報酬で介護サービスを提供する制度です。とうぜん専門職は雇えないので，無資格の介護労働者，ボランティア，元気な高齢者が担い手として期待されました。しかし労働人口が減少する時代に，低賃金で高齢者介護をしようという奇特な人は少なく，低

報酬介護の担い手不足は深刻です。第6章では，介護施設の職員不足対策として，政府が推進している介護施設への外国人受け入れを取り上げます。まず外国人介護労働者の主な受け入れルートを説明した上で，人数の多いEPA介護福祉士候補の受け入れ，2019年4月から始まった「特定技能1号」の介護分野での受け入れについて，詳しく説明します。外国人介護労働者の受け入れ推進策の一方で，介護職員の賃金引き上げや労働環境の改善が棚上げされるならば，介護施設から日本人が消え，無資格・低賃金の外国人労働者が増加していく可能性があります。

　第3部は，第7章と第8章からなり，介護保険の将来を考えます。第7章では，介護保険の将来を考えるとき，念頭においてほしい5つの論点——介護保険と低報酬介護の介護サービスの違い，介護人材が十分存在するのに無資格の外国人労働者を受け入れることの意味，訪問介護サービスの公営化の提案，「介護医療院」の導入と介護保険の医療化，介護サービス産業の未来——を取り上げて，詳細に議論します。第8章では，3つの選択を提示します。安倍政権の介護保険の縮小・解体政策を受け入れ続ける選択（介護保険対象者は要介護3以上），2018年度の現状を維持する選択（要介護1～5），そして2000年の介護保険に戻す選択（要支援・要介護認定者全員）という3つの選択です。選択の内容を説明した上で，2025年の介護サービス状況について具体的なイメージを持てるように，要支援2・要介護2・要介護4の認定者を例として具体的な描写を試みます。みなさんは3つのうち，どれを選択されるのでしょうか？

第1部

介護保険の歴史

誕生から縮小を経て解体へ

第1部では，日本で介護保険が誕生した背景や日本の介護保険の特徴を丁寧に見ていき，さらに介護保険が誕生して15年目の2015年以降，制度の縮小・解体が粛々と進められていることを明らかにします。介護保険の縮小・解体の背景には消費税率の8％から10％への引き上げ延期による社会保障財源の枯渇があります。消費税は社会保障目的税です。年間5兆円，つまり2015年10月から2019年10月までの4年間で20兆円の社会保障財源が消費税率引き上げ延期により消えてしまったのです。2015年から始まった介護保険からの要支援者の切り離し，介護サービス利用時の負担割合の引き上げなどは，財源不足への対策です。著者が大きな問題だと思うのは，政府からも各市町村からも「丁寧な説明がない」ため，ほとんどの国民が介護保険の大きな変化に気づいていないことです。

　第1章では，日本社会の変化と，介護保険が受け入れられた背景を確認します。介護される高齢者も介護者も不幸にする「家族介護」の限界を理解してください。第2章では介護保険の仕組みを簡単に説明し，さらに主に2014年までの歴史をふりかえります。政府の想定以上に利用者が増加したため，2004年には介護給付適正化運動が開始され，2006年には，要支援者は「介護予防サービス」を利用することになり，同居家族がいる場合の生活援助サービス利用の制限も導入されました。それでも2014年までは要支援・要介護認定者のだれもが介護保険を利用できました。

第3章では、安倍内閣が現在進行形で進めている介護保険の解体に向かう大改革を詳しく説明します。安倍内閣は2014年に「介護保険からの「軽度者」の切り離し」を閣議決定しました。「軽度者」は政府用語で、要支援1・2だけでなく要介護1・2をも含みます。2015年の介護報酬改定以降3年間の猶予期間を経て、2018年から全市町村で要支援者は介護保険から切り離され、市町村の運営する総合事業に移されました。さらに要介護1・2も、2021年度に介護保険から切り離すことが計画されています（2019年度中の法案成立をめざす）。2015年から特別養護老人ホーム利用は要介護3以上に制限されました。2015年以降、介護保険は大きく変質し、要支援・要介護認定者全員が必要なときに利用できる制度ではなくなりました。

　私たちは介護保険が今後も縮小されていくのをただ黙って見過ごしていいのでしょうか。90歳代前半で7割が要介護高齢者になります。95歳以上では84％が要介護者です（図表1-1を参照）。つまり、人生100年時代には、年金・医療とともに介護は不可欠なサービスです。男性高齢者は家族介護に期待する人が多いのですが、年老いた妻や子供に介護を託すことは非現実的なだけでなく、残酷なことです。介護は決して女性の問題ではありません。長生きしたいのなら、介護の問題を避けられないことを受け入れて、今後の介護保険のあり方や負担について、考えてみてください。

第 1 章

介護保険導入の背景と
公的介護サービスの必要性

1　はじめに

　介護保険は2000年4月に，5番目の社会保険として導入されました。そのほかの4つの社会保険は，年金保険，医療保険，雇用保険（失業），労働災害保険です。社会保険は，加入者が保険料を出し合い，お互いに助け合う仕組みです（共助）。高齢，病気，失業，労働災害に対しては，年金，医療サービス，失業給付金，労災給付金で対応します。そして介護が必要になったときに介護サービスを提供するのが，介護保険の役割です。

　介護保険は，高齢者介護を家族ではなく，社会全体で担うための制度です。公的介護サービスの利用は，悪いことでも非難されることでもありません。70歳代までは山登りやテニスを楽しんでいても，80歳，90歳になれば筋力が落ちて体が不自由になりますし，どんなに健康に気をつけて規則的な生活をしても，アルツハイマーや脳梗塞などによる認知症を絶対に避ける方法はありません。体が不自由になることや認知症になることは，高齢者の責任ではありません。統計データによれば，年齢とともに要介護認定者比率は急激に上がり，80歳代後半で5割の人々が何らかの介護を必要とするようになります（図表1-1を参照）。2015年の平均寿命は，男性80.8歳，女性87.0歳です。男女に関わらず要介護者あるいは介護者として，高齢者介護と無縁

のまま一生を終えることができる人は，ほとんどいないでしょう。自分よりも年若い妻に介護を期待していた男性高齢者が介護者になるケースも増えています。男性介護者の割合は3割に近くなり，高齢者介護は女性の問題ではなくなっています。

　この章では，まず介護保険が導入された2000年以前の日本社会の変化に注目します。平均寿命の伸び，三世代世帯の急激な減少と単身者世帯の増加，年金制度の充実による高齢者の経済的自立という日本社会の変化の結果，家族による高齢者介護ではなく，介護の社会化をめざす動きにつながったことを確認していきます。さらに，医療保険と介護保険の関係についても説明します。平均寿命の伸長とともに，家族の手に負えない認知症や寝たきりの高齢者も増加し，治療の必要がないのに病院に入院する「社会的入院」（老人病院や精神科病院など）が急増しました。社会的入院の費用は医療保険財政を圧迫し，医療保険の破綻さえささやかれるようになりました。そこで医療関係者・厚生労働省が，介護サービスを提供する介護保険の導入を推進しました。日本の介護保険に医療的サービスが多く入り込んでいるのは，医療関係者の力の強さの反映でもあります。

2　介護を必要とする高齢者の増加——平均寿命の延び

　2節と3節では，家族介護が困難になり，公的な介護サービスが必要になっていく日本社会の変化を統計数字によって確認します。統計数字で確認する理由は，主観的な思い込みではなく，公表されているデータを見ながら，客観的に考えてほしいからです。「家族介護」を理想化する人は年齢・男女を問わず少なくありませんが，日本ではすでに高齢者介護を家族に丸投げできる時代は終わっています。

　まず，平均寿命の伸びをみましょう。図表1-2は，平均寿命と75歳時の平均余命の推移を図示したものです。ちなみに平均寿命とは0歳時の平均余命のことで，新生児が平均で何歳まで生きられるのかを示しています。75歳時の平均余命は，75歳に達した人が今後何年生きられるのかを示してい

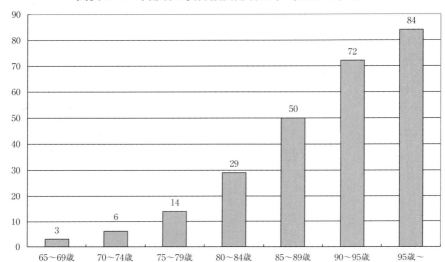

図表 1-1　年齢別の要介護高齢者比率（2012 年）（%）

出典：厚生労働省『介護給付費等実態調査月報』（2012 年 11 月審査分）を用いて，社会保障人口問題研究所が作成

ます。

　1960 年の平均寿命は男性 65 歳，女性 70 歳でした。この時代には高齢者は少なく，珍しかったのです。その 20 年後の 1980 年には，平均寿命は 8〜9 年延びて，男性 73 歳，女性 79 歳になりました。1980 年から 2000 年の 20 年間の平均寿命の伸びは 4〜6 年で，2000 年の男性の平均寿命は 78 歳，女性は 85 歳となりました。2000 年の平均寿命は男女とも，介護の必要な高齢者が急増する後期高齢者の仲間入りをする 75 歳以上となりました。介護保険導入前の 1990 年代の後半に「社会的入院」の問題が噴出したのも，平均寿命からみれば当然のことでした。ちなみに 2015 年の日本人の平均寿命は，男性 81 歳，女性 87 歳で，日本は世界で最も平均寿命の長い国の一つになりました。

　みなさんは，1980 年から 2000 年までのわずか 20 年間で平均寿命が 4 年から 6 年延びたこと，1980 年から 2015 年までの 35 年間をとれば 7〜8 年も伸びたことに気づいておられたでしょうか。ちなみに 1980 年の 65 歳以上人

図表 1–2　平均寿命と 75 歳の平均余命の推移（%）

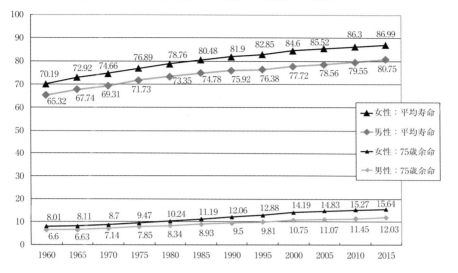

出典：厚生労働省の完全生命表を用いて，著者が作成

口は全人口の 9.1% で 1,065 万人でしたが，20 年後の 2000 年には高齢者人口比率は 17.4% へと上昇し，65 歳以上の高齢者数は 2,204 万人と，1980 年の 2 倍以上になりました（2015 年には 3,387 万人，人口の 26.6%）。平均寿命の伸びは日本人の栄養状態の改善と医療環境のよさを反映しており，世界に誇るべきことです。しかし高齢者数の増加は，必然的に介護を必要とする高齢者数の増加を意味します。

後期高齢者と呼ばれる 75 歳に達した人の平均余命をみると，1980 年には男性 8.3 年，女性 11.2 歳であったものが，2000 年には男性 10.8 年，女性 14.2 年と，平均余命も 2〜3 歳伸びています。つまり 1980 年に 75 歳に達した高齢者の平均的な死亡年齢は，男性 83.3 歳，女性 86.2 歳でしたが，2000 年には，平均で男性 85.8 歳，女性 89.2 歳まで生存可能となりました。しかし 80 歳代後半になれば，2 人に 1 人は要介護者になることを思いおこしてください（図表 1–1）。

このような平均寿命の伸長は現在も継続しており，2015 年には 75 歳に達

した高齢者の平均死亡年齢は男性87歳，女性90.6歳とより長命になっています。高齢者の増加とともに健康に関する雑誌は増えており，政府も介護を必要としない健康な時期を延ばす「介護予防」策を積極的に採っています。しかしどんなに健康に気をつかっても，介護予防策をとっても，80歳代後半の高齢者の5割，90歳代前半で7割，95歳を超えれば84％が何らかの介護を必要とするようになります。先の図表1-1からわかるように，80歳を境に介護を必要とする高齢者の割合は急増し，90歳を超えれば要介護になるのが普通で，当たり前の姿なのです。

　平均寿命が伸びれば，必然的に介護を必要とする高齢者も増えることを想定する必要があります。いつまでも70歳代の健康を維持できるわけではないのです。80歳代後半になれば5割がなんらかの介護を必要とするという事実から目を背けてはなりません。介護が必要になっても，尊厳をもって生きたいというのが，多くの高齢者の願いではないでしょうか。健康を維持する政策も大切ですが，同時に，何らかの介護が必要になった高齢者を支える社会的な制度が絶対に必要になります。それが介護保険だったはずです。

3　公的介護サービスを求める高齢者
　　――高齢単身・夫婦世帯の増加と経済的自立

　前節で示した高齢者数の増加は，高齢者を抱える世帯数を増加させました。65歳以上高齢者を含む世帯数は，1980年の850万世帯から2000年には1,565万世帯と，20年間で1.8倍になりました。しかし同時に家族形態の激変により，「家族介護」が困難な世帯数も急増しました。

　1980年以降の家族形態の激変とは，三世代世帯の急激な減少です。1970年代～1980年代には，65歳以上の高齢者は子供世帯と同居するのが普通であり，祖父母・子・孫からなる三世代世帯が65歳以上の高齢者を含む世帯の5割以上を占めていました。また1980年の平均寿命は現在よりも8～9歳も短く，男性73歳，女性78歳と祖父母の年齢も若く，介護が必要となる高齢者の出現比率も高くありませんでした。仮に介護を必要とする高齢者が現

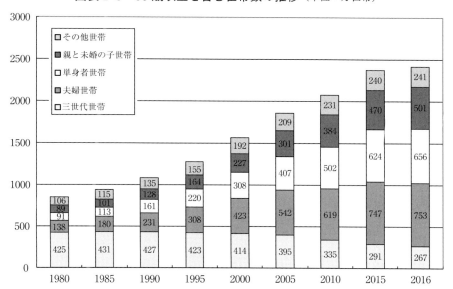

図表1-3　65歳以上を含む世帯数の推移（単位：万世帯）

出典：1985年以前は厚生省『厚生行政基礎調査』，それ以降は厚生労働省『国民生活基礎調査』による
注：著者による作図。世帯数は原データでは千世帯単位であったが，万世帯に変更した

れても，「家族介護」が可能な世帯も多かったのです。それゆえ1970年代～1980年代には，「高齢者の介護は家族の義務であり，家族介護こそが理想の高齢者介護である」と考える人が大勢を占めていました。

しかし図表1-3は，65歳以上を含む世帯に占める三世代世帯の割合が急激に低下していることを示しています。1980年代に半数を占めていた三世代世帯の割合は，1990年40％，2000年27％，2010年16％，2015年12％と，急激に低下しました。

絶対数でみても1980年の65歳以上高齢者を含む三世代世帯数は425万，高齢夫婦世帯138万，高齢単身世帯91万であったものが，2000年には三世代世帯414万に対し，高齢夫婦世帯と高齢単身世帯はそれぞれ423万，308万へと大幅に増加しました。このような三世代世帯の減少と高齢単身・夫婦

世帯の増加傾向は継続し，2016年における65歳以上高齢者を含む世帯数2,417万世帯のうち三世代世帯は267万に減少し，高齢夫婦世帯753万，高齢単身世帯656万となり，高齢者のみからなる世帯数は1,400万世帯を超えました。

　高齢者を含む世帯の半数以上が三世代世帯であった1970年代〜1980年代には，家族は「福祉の含み資産」（「家族介護」への期待の言葉です）といわれ，三世代世帯が美化されてきました。今となれば信じられないかもしれませんが，1980年代には，家族の絆を活かし福祉サービスは最小限にとどめる「日本型福祉」をまじめに論じる政治家や学者が主流でした。その時代には大半の日本人が，家族による高齢者の介護を当たり前のこととして受け入れていましたが，次の4節で述べるように，認知症高齢者への対応など「家族介護」の難しさも認識され始めていました。

　そして65歳以上を含む世帯の半数を占めていた「福祉の含み資産」である三世代世帯の減少とともに，長男の嫁である女性を中心とした介護者から公的な介護サービスを求める声が高まってきました。さらに介護保険導入時の2000年には，高齢単身世帯と高齢夫婦世帯の合計は，高齢者を含む世帯の47％に達しており（1980年には27％），子供と同居せず，家族介護を期待しない高齢者も増加しました。高齢者自身も家族以外の介護サービスを望むようになってきたのです。

　ちなみに，2000年の高齢者からのみからなる世帯数は730万でしたが，2016年には1,400万世帯（単身世帯656万，夫婦世帯753万）を超え，高齢者を含む世帯の約6割に迫っています。これらの世帯は，「老老介護」や「孤独死」という言葉と結びつけられがちで，マイナスのイメージが強いのですが，高齢者の経済的自立の指標でもあります。もし高齢者に何の収入もなければ，子供に経済的に依存するしかなく，子供と同居するという選択肢しかないのですから。

　高齢者の経済的自立を支えているのは，公的年金の充実です。日本の公的年金制度は最低保障年金もなく，職業によって年金額に差がある差別的な年金制度ですが，2000年前後まで年金給付額は増加してきました。ちなみに

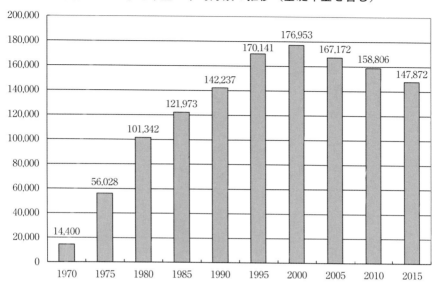

図表1-4 厚生年金の平均月額の推移（基礎年金を含む）

出典：厚生労働省の年金データを用いて，著者が作成

　年金受給者は大きく2つのグループに分かれます。基礎年金と厚生年金（あるいは共済年金）を合わせて受給できる年金リッチグループ（単身者で年金平均受給額は15万円前後）と，基礎年金しか受給できない年金プアグループ（平均受給額は1人月5万円）です（詳細は本書「付録」を参照）。年金額格差は人々が想像している以上に大きいのですが，それでも高齢者の就業機会は多く，年金プアグループでも就業による収入と公的年金を合わせれば，経済的に自立することも可能です。

　図表1-4では，中規模以上の元民間企業サラリーマンが受給する基礎年金と厚生年金を合計した平均受給額の推移を示しています。1970年にはわずか平均月額1万4,000円だったものが，田中角栄内閣で実施された1973年の物価スライド制の導入と年金給付額の大幅な引き上げにより，1975年には平均月額5万6,000円になりました。その後，終身雇用・年功序列制賃金のもとで定年を迎えた引退者の年金受給額は2000年前後まで増加を続け，

2000年には17万7,000円になりました。その後，年金財政の悪化により，年金給付額は減額されていますが，それでも月額15万円程度を維持しています。専業主婦の妻の基礎年金約6万円と加給分を加えれば，現在でも専業主婦世帯のサラリーマン夫婦の受給する公的年金の平均額は月額21～22万円程度を維持しています。

ただしこの金額はあくまで平均額で，雇用者として働いていたときの賃金が高ければ年金受給額も高くなりますし，配偶者が働いていれば2人分の公的年金を受給でき，夫婦で30万円～50万円の公的年金を受給する世帯も決して少なくありません。たとえば，元公務員の夫婦は確実に月40万円以上の公的年金を受給しています。一方，同じように共働きでも八百屋などの個人業者の公的年金は基礎年金だけなので，2人で最大13万円，平均では月10万円程度の年金額にしかなりません。日本の公的年金格差は驚くほど大きいのです（下野2017を参照）。

このように日本の年金制度は職業や労働期の賃金水準に応じて大きな格差がありますが，公的年金と就業による収入を合計すれば，多くの高齢者は経済的に自立し，子供に依存することなく生きていけるようになりました。つまり少なからぬ高齢者が，自らの選択として，子供と一緒に暮らすのではなく，夫婦か単身者として生きる選択をしているのです。その延長線上に，子供による介護を期待しないという選択があり，公的介護サービスに対する需要が増えているのです。

日本の高齢者も欧米の高齢者と同様に，自立した生活を強く望んでいることを認めなくてはなりません。「子供と一緒に住むことが高齢者の幸せである」という言葉は，介護サービスの縮小による社会保障費の削減を願う政治家や官僚が言うのならともかく，もしかしたら「善意の押しつけかもしれない」という想像力を持たなくてはなりません。実際，子供との同居を望まない高齢者が，子供による家族介護ではなく，介護施設への入居や訪問介護などの公的な介護サービスの利用を希望するようになっていることを示す調査結果は少なくありません。

日本では今後も高齢単身世帯が増加していくと予想されており，介護を依

頼できる家族そのものを持たない高齢者も増加していくでしょう。生涯独身者だけでなく，少子化と高齢者の平均寿命の伸長により，子供のほうが先に逝く高齢者も増加することでしょう。そのような高齢者の老後をどのように支えるのかという問題は，私たち日本人全体，日本政府が早急に取り組まなければならない課題です。

　そのときネックになるのが，経済学者を含めて日本人の多くが，高齢者の増加を経済成長へのマイナスの要因と思い込んでいることです。その思い込みを，一度忘れて考えてみてください。今後も確実に増加する介護サービス需要は，日本経済を支える10兆円産業となった介護サービス産業の一層の発展を促し，経済成長に貢献する可能性を持っています（本書第3部を参照）。

　これまでも家族の役目と考えられてきた活動が，公的なサービスに置き換えられ，市場化されてきた例は少なくありません。たとえば，妻の役割であった育児や教育は，保育園や幼稚園，義務教育の役目になり，女性の活躍の場が広がりました。同様に，高齢者自身が公的介護を選択することで介護サービス産業が確立し成長し，女性を中心に200万人以上に就業の場を提供しています。さらに介護サービスの充実は介護離職者を減少させることによって人口減少化社会における労働力不足を緩和しています。このように「家族介護」の公的介護サービスへの置き換えは，日本経済に貢献しているのです。

　さらに，女性が無給の家族介護者から介護サービス産業で就業する給与所得者になれば，納税という形で社会に直接貢献するだけではなく，社会保険料を納めることで自分の受給年金額を増加させることも可能となり，高齢期の女性の貧困を防ぐことができます。ちなみに就業せず自分の年金を持てなかった高齢女性単身者の貧困率は高く，生活保護受給者の半数近くは無年金あるいは低年金の女性を中心とする高齢単身者です。

4　介護保険導入以前の高齢者介護
　　──老人病院への「社会的入院」の急増

　ところで，介護保険導入以前の高齢者介護はどのような状態だったのでしょうか。

　1980年の平均寿命は男性73歳，女性79歳で，現在よりも7歳も8歳も短く，高齢者の絶対数も少なく，介護を必要とする高齢者も少なく，高齢者介護は社会的に大きく取り上げられる問題ではありませんでした。高齢者介護は，家族の責任であるというのがそのころの日本社会の常識でした。

　公的介護サービスは社会保険ではなく老人福祉で，介護サービスの対象者は役所によって決定されました（これを「措置制度」といいます）。厳しい所得制限があり，対象者は所得や家族関係などプライベートな情報を役所に提供しなくてはなりませんでした。そのため家族と同居する高齢者はほぼ対象外となり，福祉としての介護サービス対象者は生活保護受給世帯（低所得世帯）か身寄りのない低所得・単身高齢者にほぼ限定されていました。つまり公的介護サービスが老人福祉であった時代には，公的介護サービス利用は低所得の単身者に限定されており，看護師や家政婦を雇う余裕のない普通の日本人には「家族介護」しか選択肢がなかったのです。

　しかし高齢者を家族のみで介護することに無理があることは，すでに1970年代から認識されていました。その象徴が1972年に新潮社から発刊された有吉佐和子『恍惚の人』です。認知症になった84歳の男性の行動を冷静に描写し，介護をめぐる家族の問題を描くことで，ベストセラーとなり，日本社会が認知症高齢者の介護の手立てを持っていないことを明らかにしました。以下の引用は介護する嫁の独白で，その絶望的な気持ちがよくわかると思います。

　　……老人福祉指導主事は，すぐ来てくれたけれど何一つ希望的な，あるいは建設的な指示は与えてくれなかった。はっきり分かったのは，今の日本が老人福祉では非常に遅れていて，人口の老齢化に見合う対策は，

まだ何もとられていないということだけだった。

　この当時は「家族介護」が当然とされていましたが，認知症高齢者の介護は家族の手に負えず，思いあまって役所に相談しても，精神科病院に入れることを勧められるだけだったのです。1972年に『恍惚の人』がベストセラーになったことは，このころにはすでに多くの家族が高齢者介護に行き詰まっていたことを意味します。
　しかし高齢者介護を社会的に行う制度としての介護保険が導入されたのは，約30年後の2000年です。ではこの間，介護を必要とするが家族の手に余る高齢者はどこにいたのでしょうか？　その答えは，精神科病院や老人専門病院です。病院とは治療を施して再び健康を取り戻す場所であるはずですが，治療を施す必要のない高齢者が，病院とは名ばかりの精神科病院や老人病院に収容されていたのです。この状況を専門用語で「社会的入院」といいます。
　社会的入院の実態は，大熊一夫『ルポ精神病棟』（朝日新聞出版社，1981）などの報道により，少しずつ知られるようになりました。大熊（1981）は，アルコール中毒を装って精神科病院の内部に潜入し，精神科病院の状況を報告したものですが，そのなかで著者が最もショックを受けたのは，精神科病院に多くの認知症高齢者が不潔な状態で収容されているという部分でした。著者は大学院生時代にこの本を読み，長年疑問であった「日本では人口あたり精神科病院病床数が他の先進国の倍以上存在する」理由をはっきり理解できました。同時に高齢者の人権をまったく尊重しない日本という国を心底情けなく思いました。
　そして社会保障に関する研究を進めるうち，このような介護を必要とする高齢者に対する社会的な虐待の原因は「家族」に対する過剰な期待と幻想にあり，「家族介護」の呪縛が，介護者と介護される高齢者の両者を不幸にしていると考えるようになりました。
　1970年代初めにはすでに，政府も多くの国民も認知症高齢者の存在を認識しており，家族介護の破綻もわかっていたはずなのに，それ以降も自民党は「家族は福祉の含み資産」と言い続け，高齢者介護を家族に丸投げしてき

ました。その結果として，介護者は疲れきり，家族で介護しきれなくなった高齢者を収容する「老人病院」や認知症高齢者を収容する「精神科病院」が必要とされたのです。

2000年の介護保険導入より前に，すでに「家族介護」が破綻していた事実から目をそむけないでほしいと思います。

5　医療保険の膨張と介護保険の導入

　介護保険導入以前に介護の必要な高齢者の収容場所として機能していた精神科病院や老人病院は，過剰な投薬による多額の医療請求が問題視され続けてきました。しかし家族の手に余る高齢者は増加し続け，入院患者が減少することはなかったため，精神科病院・老人病院は高齢者に対する過剰な投薬や検査をやめず，高齢者のおかれた状況が改善することはありませんでした。

　そして医療保険給付は爆発的に増加し続けました。医療保険は出来高制なので，多量の薬を出し多くの検査をすれば，その分の医療収入が病院に入ります。治療が必要でない高齢者に対する大量の医薬品投与や検査によって，精神科病院や老人病院はもうかる病院になり，1990年代にはどちらも増加の一途をたどりました。

　この要介護高齢者の悲惨な状況と高齢者に投与される医療費の急増に対し，強い危機感をもって対処したのが厚生省（現在の厚生労働省）です。厚生省は「特別な治療が必要でないか，介護が必要なために長期入院している」要介護高齢者を医療保険から切り離し，その受け皿として介護サービスを提供する介護保険を計画したのです。治療の必要はないのに家庭で介護できないために長期入院している「社会的入院」の状態にある高齢者数は，介護保険導入前の2000年には約60万人と推定されていました。

　精神科病院も老人病院も病院と呼ばれますが，入院している高齢者の大多数は手術や治療を必要としない慢性期の患者なので，本来は医療保険の対象にならないはずの人々でした。つまり，社会的入院をしている要介護高齢者を医療保険ではなく，介護サービスを提供する介護保険に移すのが，5番目

の社会保険である介護保険の創設の目的です。なお医療保険と介護保険の大きな違いは，医療保険が制限なしの出来高払いであるのに対し，介護保険には要介護度に応じた給付額の上限があることです。

以上のように，介護保険導入以前には，多くの家庭で高齢者の介護ができなくなっていました。高齢者の介護を家族に丸投げした結果，結局行き詰まって高齢者は精神科病院か老人病院で寝たきりの状態で収容されることになり，老人用の病院は増加を続け，出来高払いの医療支出は激増していたのです。2000年の介護保険の導入によって，家族による介護が困難になった高齢者（認知症の高齢者も含む）は，病院ではなく介護施設で介護職員により介護サービスを受けることになりました。介護施設は長期の入所が想定されているため，病院よりも個人のスペースは広く，生活の場として設計されているので要介護者の生活環境は改善します。そして介護給付額には上限があるので，介護施設での高齢者の介護費用は，精神科病院や老人病院での医療費より圧倒的に安く済みます。

つまり介護保険の導入により，介護をする家族の負担は軽減され，介護される高齢者の状況も改善され，そのうえ高額で無駄な医療支出を抑えられるようになったのです。医療保険給付額は，1980年の10.7兆円が1999年には26.4兆円となり，2.5倍にもなっています。65歳以上高齢者数は2倍にしかなっていませんから，老人病院が治療の必要のない高齢者に多額の投薬・検査などを実施していたことがわかります。

ちなみに，2000年度の医療保険給付額は26.0兆円と，前年の1999年より少なくなりました。介護保険が創設されたことで，医療給付は縮小し，その後の膨張スピードは確実に低下しました。2016年度の医療保険給付額は40兆円，介護保険給付額は10兆円で，2000年に比べると，医療保険は1.5倍，介護保険は2.7倍と，介護保険給付は医療給付額以上に大きく膨らんでいます。

6 医療保険の補完としての介護保険
――「医療施設」が介護施設とみなされる不思議

　4節，5節で説明したように，2000年の介護保険導入の推進力は，「社会的入院」の受け皿となってきた精神科病院や老人病院の乱立による医療給付の膨張に対し，政府・厚生労働省・医療関係者が抱いた危機感でした。つまり日本の介護保険は治療の必要のない高齢者を引き受けることで医療給付を削減することを期待されて誕生したのです。

　実際，介護保険の創設にいたる費用には，老人医療費と老人福祉費が充てられました。1997年に介護保険の創設が決定したのですが，その時の移行相当額は，1996年度で老人医療費1兆3000億円，老人福祉費1兆円でした。介護保険の移行に多額の老人医療費が充てられたことで，リハビリや治療を行う医療施設が介護保険の給付対象になりました。つまり，日本の介護保険が提供する公的な介護施設には「特別養護老人ホーム（介護福祉施設）」，「老人保健施設」，「介護療養病床」の3種類がありますが，このうち老人福祉費の対象であったのが特別養護老人ホームで，老人保健施設と介護療養病床は老人医療費の対象施設でした。

　老人医療費の対象であった老人保健施設・介護療養病床は，リハビリや一時的な治療のための医療的介護施設とされ，生活の場としての環境整備を要求されませんでした。一人あたりの占有面積は，特別養護老人ホームの10.65平米に対し，老人保健施設8平米，介護療養病床は病院と同じ6.4平米です。廊下は狭くてもいいし，食堂やレクリエーションなどの生活の場はなくてもかまいません。

　本来介護施設とはいえない老人保健施設や介護療養病床が介護保険対象の介護施設になったのは，介護保険への移行費用のうち老人医療費の割合が高かったことだけではなく，介護施設（特別養護老人ホーム）の圧倒的な不足という事実がありました。北欧だけではなく先進ヨーロッパ諸国やオーストラリア，ニュージーランドでは，65歳以上人口の5～6％が利用できる介護病床（しかも多くが個室）が存在しますが，日本では特別養護老人ホーム・

老人保健施設・介護療養病床の3つを合計しても，65歳以上人口の3％未満の病床しかありませんでした。この状況は現在も変わらず，介護を必要とする高齢者の増加に伴って，介護施設の不足はより深刻になっています。本来の介護施設（介護サービスを受けて期限なしに生活できる）である特別養護老人ホームには長い待機者リストがあり，特別養護老人ホームの入居を待つ多くの高齢者が，老人保健施設や介護療養病床を6ヶ月ごとに移動する生活を続けています。

日本の社会保障水準が高いと思い込んでいる方も多いのですが，日本のGDPに占める社会保障給付比率は決して高くはありません（下野2017を参照）。介護に関して言えば，長く「家族介護」に依存してきたため，介護施設（特別養護老人ホーム）の建設は後回しにされてきました。忘れもしませんが，介護施設の建設に投資しない理由として，名古屋市が「市民からの要望がない」と回答しているのを新聞で見たのは，介護保険導入直前のことでした。

特別養護老人ホームの不足を補ってきたのが，老人保健施設と介護療養病床群です。老人保健施設は家庭に戻るためにリハビリを行う施設として位置づけられているため，一時的であれ生活の場としての体裁をとっています。しかし介護療養病床は老人病院や精神科病院から移行した医療中心の施設で，介護施設として整備されていません。そのため，厚生労働省も介護保険の給付対象としては不適切であるとして，2006年に2011年度末の廃止を決定しました。しかし介護施設の不足のため，廃止時期は2017年に延期されました。そして2017年度に介護療養病床群は廃止されましたが，2018年度には介護療養病床群の受け皿として「介護医療院」が新しく創設されました。介護療養病床群から介護医療院への移行の猶予期間は2024年3月末までとなっており，2018年度の介護施設は，特別養護老人ホーム，老人保健施設，介護療養病床群，介護医療院の4種に増えています。

病院に近い介護療養病床群は完全に廃止されることなく，介護医療院と名前を変えて，介護保険の給付対象施設として生き残りました。しかも介護医療院は，医療を必要とする要介護高齢者の「生活の場」なので，特別養護老

図表1-5　1,000人あたり病床数の国際比較（2006年）

国	急性疾患用病床数	慢性疾患用病床数
アメリカ	2.7	0.3
日本	8.2	5.8
フランス	3.7	3.5
ドイツ	5.7	2.6
イギリス	2.8	0.8
スウェーデン	2.2	0
オーストラリア	3.5	0.4

出典：OECD Health Data 2009を用いて，著者が作成
注：日本の医療の現状については下野・大津（2010）を参照

人ホームと同じように終の棲家です。現在は医療保険の対象である医療療養病床も，介護医療院として介護保険の対象に加わる予定です。このように介護医療院の創設は，医療保険の対象となっている老人病院や慢性疾患用病床を介護保険に移行させる手段にもなっています。介護医療院の創設で，介護保険に占める医療的施設への給付額は確実に膨らむでしょう。

　なぜ介護サービスを提供するはずの介護保険に，医療的施設（老人保健施設，介護療養病床群，介護医療院）や医療的サービス（訪問看護，訪問リハビリなど）が多数入り込んでいることに，疑問をいだく人が少ないのでしょうか。その理由は，日本人が病院や医療サービスに慣れ親しんでいるからでしょう。

　図表1-5を見てわかるように，もともと日本は他の先進国と比較して，人口あたり病院数（病床数）が飛びぬけて多い国です。日本の人口1,000人あたりの病床数は14病床で，ドイツ，フランスの約2倍，オーストラリア・

イギリスの 4 倍，アメリカの 4.5 倍，スウェーデンの 7 倍もの病床が存在します。日本の病床数の多さは，中規模・小規模の病院の多いことを意味しています。日本で病院数が多いのは，医師が自由に病院を開業できる「自由開業制」を採っているからです。イギリスやオーストラリアでは，医師が自由に病院を開業することはできませんし，日本と同様に自由開業制を採ってきたドイツやフランスでも開業の自由を制約しようとしています。

　図表 1-5 で介護保険と関係のある事実は，日本の「慢性疾患用病床」が飛びぬけて多いことです。私たちが病院という言葉でイメージするのは，病気や事故などで治療や手術などを必要する患者が入院する「急性疾患用病床」です。一方，病状が安定し，ほとんど治療の必要でない患者のための病床が「慢性疾患用病床」です。慢性疾患用病床がほとんどを占める病院が老人病院や精神科病院です。図表 1-5 は 2006 年の数値ですが，介護保険導入後も，医療保険の対象となる老人病院や精神科病院が数多く存在し続けていることがわかります。

　もともと介護保険は医療保険の給付額の膨張を防ぐ手段として導入されました。介護保険への移行費用の半分以上が老人医療費（他の費用は老人福祉費です）だったこともあり，リハビリや治療を行う老人保健施設や介護療養病床という医療施設が，介護保険の給付対象になるという不可思議なことが，日本の介護保険では起きたのです。そして厚生労働省は介護保険導入に際して，医療保険対象の老人病院や慢性期の高齢者の病床を，介護保険対象の「介護療養病床」へ移行させようとしました。しかし出来高払い（すべての検査・薬・治療費が収入になる）の医療保険のほうが，支払いに上限のある包括払いの介護保険よりも病院収入が高くなるので，介護保険への移行はなかなか進みませんでした。

　そこで，2018 年度に慢性期の患者への医療給付を制限すると同時に，介護保険対象の介護施設として，医療を必要とする高齢者が終生入所できる「介護医療院」を創設し，介護療養病床だけではなく，医療保険対象の老人病院や精神科病院の受け皿としたのです（介護医療院については第 3 章 6 節を参照）。

7 まとめ

　この章では，介護保険の導入の背景には，平均寿命の伸び，三世代世帯の急減と高齢単身・夫婦世帯の増加があることを明らかにしました。1980年と2000年を比較すると，20年間のうちに65歳以上の高齢者を含む世帯のなかで三世代世帯と単身・夫婦世帯の比率が逆転しました。1980年の三世代世帯の割合50％，高齢単身・夫婦世帯27％であったものが，2000年には27％と47％に逆転しています。平均寿命の伸びに伴って介護が必要になる高齢者数は増加し，家族の手に負えない要介護高齢者も増加し，精神科病院や老人専門病院への入院者数は増加の一途でした。2000年には政治家の期待する，家族が高齢者の生活を丸抱えする「日本型福祉」の成り立つ条件は消えていたのです。

　さらに，介護保険導入を進めた原動力は，介護を必要とする高齢者の「社会的入院」による医療費の急激な増加に危機感を抱いた医師会などの医療業界，厚生省（現在の厚生労働省）であったことを忘れてはなりません。しかし医療業界は老人病院や老人病床の廃止を望んだわけではありません。介護保険の移行費用の半分以上が老人医療費であったこともあり，老人病院に「社会的入院」している高齢者の医療費を，医療保険ではなく，新しい社会保険である介護保険による給付で賄おうとしたのです。

　実際，老人病院や精神科病院は，老人保健施設や介護療養病床群と名前を変えて，介護保険の給付対象の介護施設として生き残ってきました。さらに2018年度には介護保険対象の介護施設として，医療を必要とする高齢者の生活の場である「介護医療院」が創設され，介護療養病床群だけでなく，老人保健施設や医療保険対象の医療療養病床の受け皿として期待されています。

　このように介護保険が医療保険の補完として創設されたことを忘れてはなりません。日本の介護保険の対象になる公的介護施設のうち2つは，老人保健施設や介護医療病床のような一時的な医療施設（最大6ヶ月間）であり，純粋な介護施設は特別養護老人ホームだけです。さらに在宅介護サービスの

なかには，訪問リハビリや訪問看護サービスなどの医療系サービスが多く含まれており，その医療系サービスの介護報酬は，介護系サービスの介護報酬より高く設定・維持されてきました（坂本 2011 などを参照）。

　次の第2章では，介護保険発足から2014年前後までの制度変更を追うことで，介護給付のなかで年々医療系サービスの種類や給付が増加していく一方，在宅介護の中心を占める訪問介護サービスや通所介護サービスが縮小されていった経緯を明らかにします。

介護保険の誕生と
生活援助サービスの縮小・利用制限の歴史

1 はじめに

　この章では，日本の介護保険の特徴を明らかにした上で，介護保険に関するいくつかの重要なトピックを取り上げ，さらに2000年の介護保険の誕生から2014年までの介護保険の歴史を振り返ります。

　2節では，まずモデルとなったドイツの介護保険と比較しながら，日本の介護保険の特長を明らかにします。日本とドイツの介護保険は，財源，被保険者の範囲，介護認定の方法，介護者への給付の有無など，多くの点で異なった制度になりました。3節から5節では，日本の介護保険が抱える問題点を指摘します。3節では，介護認定の方法を説明し，その問題点を明らかにします。4節では介護福祉士，ホームヘルパー，ケアマネジャーなどの介護資格について論じます。著者が問題だと考えるのは，訪問介護職員（ホームヘルパー）の資格が頻繁に変更されていることです。資格の度重なる変更は，ホームヘルパーを戸惑わせます。5節では，介護保険の提供するサービス・メニューが多すぎることを指摘します。そのなかには年間の利用者が数百人にとどまるサービスもあります。メニューを少なくすることで，介護保険自体の運営費を削減できるのではないでしょうか。ドイツの介護サービス・メニューはもっと単純です。

後半の6節，7節では，介護保険誕生以降の歴史を振り返ります。政府・厚生労働省は，介護保険の誕生から5年もたたないうちに，在宅介護サービスの縮小政策に転換しました。2004年には歳出削減の一環として「介護給付適正化運動」（介護給付額を抑えることを求める政策のこと）が始まり，2006年度には要介護段階が6つから7つに拡大され，要支援者と要介護1が，要介護1・2と要介護1に再編され，要支援者数が膨らみました。さらに要支援者は，介護サービスではなく，「介護予防サービス」を利用することになりました。介護予防サービスの報酬単価は，実質的に介護サービスよりも低く設定されています。さらに同居家族がいる場合の生活援助サービスの利用制限が導入されました。2006年以降も生活援助サービスは，介護保険の縮小のターゲットとなり，提供時間は短縮され，利用制限も強くなっています。6節では，生活援助サービス縮小の歴史を振り返ります。7節では，介護費用と介護保険料の推移を確認したうえで，介護保険料の伸びを抑えるための提案をします。なお現在の介護保険料は，3年ごとの介護報酬改定にあわせて，将来の介護費用を予想し，その半分を40歳以上人口で割って算出します。介護費用が膨らめば，介護保険料も高くなります。全国平均の介護保険料月額は2000年～2003年には2,911円でしたが，2018年～2020年には5,869円と約2倍になりました。
　ところで，介護保険を利用している要介護高齢者のうち施設介護サービスを利用しているのは2割以下で，8割以上は在宅介護サービス利用者です。特に利用の多いサービスは，訪問介護と通所介護（デイサービス）です。ヨーロッパ諸国では在宅介護サービスを充実させ，高齢者の自立した生活を支えることで，介護施設への入所を遅らせれば，介護給付の増加を抑えることができるとして，在宅介護に比重を移しています。しかし日本は逆で，在宅介護サービス，特に生活援助を削減する政策を一貫して採用しています（6節を参照）。介護費用の削減をめざすなら，在宅介護を充実させて介護施設入所を遅らせる政策が有効だと思うのですが，なぜ日本は生活援助を切り捨てていくのでしょうか。
　在宅介護サービスは介護者の生活を守ることにもつながります。あなたは

在宅介護サービスなしで、高齢者を介護していけますか？　少なくとも著者の場合、在宅介護サービスがなかったならば、要介護2の母を遠距離介護することは絶対に不可能でした。将来の介護の可能性を考えながら、この章のデータを見て、在宅介護サービスについて、一度じっくり考えてみてください。

2　介護保険の誕生
——日本とドイツの介護保険の財源と介護認定の違い

　さて日本の介護保険はドイツの介護保険を参考にして構想され、1997年に法案が通り、3年間の準備期間を経て2000年4月から実施されました。介護保険の精神は「家族介護から社会的介護へ、自助から共助への移行」ですが、誰もがこのスローガンに賛成して、すんなり介護保険が導入されたわけではありません。実際、当時の有力政治家であった亀井静香衆議院議員をはじめ多数の自民党議員、財界、マスコミを含めた男性高齢者を中心に「介護保険により家族の絆が失われる」、「高齢になった親の介護は子供の義務である」という強い反発がありました。世論に対する強い影響力を持つ男性中心のマスコミや経済界、政治家の強い反発を乗り越えて、日本でも介護保険が成立したのはなぜでしょうか。

　その背景として、第1章の4節で説明した、家族で介護しきれない多くの要介護高齢者が精神科病院や老人病院に強制的に入院させられていたという事実があります。その悲惨な状況を新聞、TVなどのマスコミが取り上げることで、家族だけでは高齢者の介護を担えない状況になっていることを多くの国民が認識したのです。反対の声も大きかったのですが、女性を中心とする介護者を含む多数の国民が介護保険の導入を支持しました。さらに老人病院の急増に伴う医療給付増で医療保険の破綻の危険性に直面していた、厚生省（現在の厚生労働省）と厚生族といわれる政治家や医療関係者が介護保険の創設に具体的に動き始めたのです。

　日本の介護保険はドイツの介護保険を参考にして設計されましたが、最終

的にはドイツとはまったく異なる日本独自の制度となりました（ドイツの介護保険制度については手塚1996，藤本2014などを参照）。両者には，以下の4つの大きな違いがあります。

第1は財源の違いです。日本の介護保険は介護保険料と公費負担（税金）が半々ですが，ドイツの介護保険は完全に保険料だけで運営されており，公費負担はありません。公費負担があるということは，政府が介護保険に介入（コントロール）することを意味します。つまり財政赤字が膨らめば，介護保険給付を抑えようとします。保険料だけで運営されているドイツの介護保険は，政府の財政状況とは独立です。公費負担があることが問題視されることはありませんが，巨額の財政赤字を抱える日本において，この財源と政府の介入の関係は無視できない，と著者は考えています。

またドイツの介護保険料率は法律に書き込まれており，日本のように官僚が後で決めるというものではありません。1995年の介護保険料はすべての就業者に関し収入の1％と介護保険法に書き込まれました（施設介護を対象に含めた1996年には1.7％に改正）。日本以外の先進国では納税者番号が早くから導入されており，雇用者・個人業者に関わらず個人所得の把握は正確に簡単にできるので，一定率の保険料率が可能なのです。

しかし日本では納税者番号がなく，雇用者以外の就業者の所得把握は不正確ですし，雇用者でも雇用企業以外で得る収入の把握はできません。たとえば，大学における非常勤講師の給与は年間20万円以上なので自己申告すべきなのですが，申告しなければ収入に含まれません。65歳以上の年金受給者についても年金以外の所得把握ができないので，日本では介護保険料は定額です。もちろん市町村ごとに住民税に応じた減額制度がありますが，住民税対象所得の把握は不完全で，減額制度は市町村によって異なります（日本の税・保険料負担の問題点に関しては下野2017を参照）。

ちなみに2019年1月現在，多額の税金を使って導入したはずのマイナンバーは社会保障・納税者番号としてまったく機能していません。もしマイナンバーを活用することで正確な所得把握ができれば，市町村で異なる介護保険料減額制度を用いるのではなく，ドイツのように所得の一定％の介護保険

料を課すような単純な介護保険料制度の導入も可能となります。正確な所得把握のできていない日本の税や保険料負担は，実際のところまったく公正とはいえません。

　第2は，介護保険料負担者の範囲の違いです。日本の介護保険料負担者は40歳以上となっていますが，ドイツでは年齢に関わりなく介護保険料を負担します。日本では介護保険創設時に「40歳未満の人には介護サービスの重要性が理解されない」として，介護保険料負担を40歳以上としましたが，40歳未満の人には介護保険は理解されないというのは本当でしょうか？両親や祖父母が要介護高齢者や介護者になっている若者は少なくありませんし，要介護高齢者の増加に伴って40歳未満の介護者も増加しています。

　少し考えれば気がつくと思いますが，介護保険料負担者が40歳以上になったことで利益を受けたのは，多数の若い雇用者を抱える企業です。雇用者の介護保険料は医療保険や年金保険と同様に，雇用者と企業が半々で負担することになっているので，介護保険料負担者を40歳以上に限定することは明らかに大企業の保険料負担軽減政策になっています。介護保険の導入に際して経済界の反対が大きかったために，負担軽減策が採られたのです。

　3番目の違いは，介護認定の方法と要介護段階の違いです。介護保険では，要介護認定を申請して要介護認定の段階が決まらないと介護サービスを受けることができません。日本の介護認定は，チェックシートを持った一人の認定調査員による聴き取りをベースとしたコンピュータ判定（一次判定）と認定調査員が把握した特記事項を考慮した5名程度の専門家の介護認定審査会の判定（二次判定）により，決定されます。ちなみにコンピュータ判定の基礎は，介護施設で生活する要介護高齢者が受ける介護サービスに要する時間です。訪問調査員が面談しながら必要と思われる介護サービスをチェックすると，その介護サービスが「時間換算」されます。その介護必要時間に応じて，要支援，要介護1～5の6段階の要介護段階（2006年から7段階）が決定されます。この要介護認定は介護保険利用の第一歩で，最も重要な制度なので，次の3節で改めて説明します。

　一方，ドイツの介護認定と要介護度段階はシンプルです。医師，看護師，

介護士などのチームで介護認定を行いますが，要介護段階はわずか3段階です。要介護度の各段階で上限額が決まっています。ただし上限に達するまでは，自己負担なしに介護サービスを使うことができますが，上限額を超えると全額自己負担になります（手塚1996を参照）。

なおドイツのホームヘルプサービスでは，生活援助と身体介護は区別されることなく，両方のサービスが一体的に提供されます。少なくともドイツでは，食事の用意，掃除，洗濯などの生活援助はホームヘルプサービスの重要な要素とみなされています。

4番目の大きな違いは，家族介護者に対する給付の有無です。ドイツの介護保険では家族や友人などによる高齢者介護に対して介護者給付を認めており，介護度に応じた上限額の半額を介護者に支払うことができます（手塚1996を参照）。日本でも介護者給付について多くの議論がありましたが，女性の力の弱い日本では高齢者介護が女性に押しつけられるという反対論と，介護給付が膨らむことを恐れる厚生労働省の反対により，介護者への給付は取り入れられませんでした。

以上のように日本とドイツの介護保険の制度設計には大きな差異があります。日本の介護保険制度は非常に複雑で毎年のように制度の変更が行われ，研究者でも制度を完全に理解することは困難です。一般的に日本の制度は，税制・社会保障制度を含めて，年々複雑になり，国民に理解不可能な制度になっていく傾向があります。国民が利用する制度は，介護保険制度を含めて，もっともっと単純な制度に変えたほうがよいと，著者は考えています（下野2017を参照）。

介護保険に関しても，すべてをドイツと同じにする必要はありませんが，日本よりも単純で国民が理解しやすい介護保険制度もあることを知った上で，今後の日本の介護保険のことを考えていきましょう。

3　日本における介護認定の方法とその問題点

　介護保険を使うための手順は以下のとおりです。介護保険で提供される介

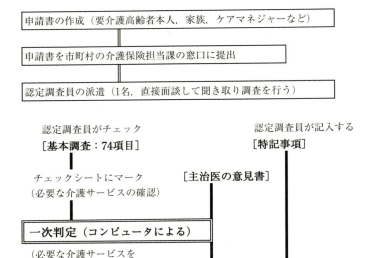

図表 2-1　介護認定の手順

出典：各種の資料を用いて，著者が作成

護サービスは，介護が必要になったら自動的に受けられるものではありません。介護サービスを利用したい高齢者か家族などが，市町村に介護保険の利用申請書を提出する必要があります。市町村に申請書を提出しない限り，介護認定はされず，介護保険を利用できないのです。なお介護保険の利用者は原則 65 歳以上の高齢者（介護保険 1 号加入者）ですが，若年性認知症などの場合には 40 歳以上 65 歳未満（介護保険 2 号加入者）でも介護保険を利用できます。

　介護認定の流れは図表 2-1 に示されています。介護保険の利用希望者は，まず申請書を作成します。申請書は市町村の介護保険の担当課にあります。

申請書は，利用者本人だけではなく家族でも書けますし，地域包括支援センターなどに所属するケアマネジャーに依頼することもできます。

その申請書を市町村の介護保険担当者の窓口に提出すると，1〜2週間のうちに，市町村が認定調査員を介護サービスの利用を希望する高齢者の元に派遣します。介護保険の介護サービス利用が必要か否かを判定するのが，「介護認定」です。在宅介護サービスだけでなく，公的介護施設（特別養護老人ホーム，老人保健施設，介護療養病床）の入所のためにも，介護認定が必要です。ちなみに要介護度は1ヶ月以内に決定されます。

介護認定の手順は以下のとおりです。介護認定は2段階で行われます。重要な役割を果たすのはケアマネジャーの資格を持つ認定調査員です。介護申請書を受け取った市町村は，認定調査員を一名，介護サービス利用を希望する高齢者のもとに派遣します。この調査員が介護を必要とする高齢者と直接面談し，調査票の基本調査に沿って，本人の心身の状態や認知能力に関する質問をしていきます。70程度のチェック項目は，身体機能・起居動作，生活機能，認知機能，精神・行動障害，社会生活への適応の5つに大別されます。調査票には，基本調査だけではなく，特記事項があり，高齢者の特徴や家族環境など，特別な配慮を必要とする点を記入します。

ただし認定調査員との面談の段階で，高齢者の緊張やプライドで普段よりもしっかりと受け答えし体の不調を訴えない場合が多いので，家族や介護職員が普段の様子を十分説明することが非常に重要になります。さらに著者の経験からいうと，認定調査員の保有資格（看護師か介護福祉士か）や経験によって，高齢者の戸惑いやプライドへの配慮や認知症への理解がまったく異なります。このことは著者だけではなく，多くの介護者が経験していることでもあるでしょう。最も重要な介護認定の調査をたった一人の認定調査員に任せるのではなく，医師・看護師・介護士の認定チームで判定してほしいと願うのは，無理なことなのでしょうか？

この調査票の基本調査にそって，認定調査員がチェックした必要と考えられる介護サービスは「時間換算」され，さらにかかりつけ医の意見書を加味して，コンピュータが一次判定を出します。要介護度は，要支援1・2と要

介護1〜5までの7段階です（2005年までは要支援，要介護1〜5の6段階）。その後，5人程度の専門家で構成された介護認定審査会で，コンピュータによる一時判定をもとに，認定調査員の記入した特記事項とかかりつけ医の意見を考慮して，二次判定を出します。介護認定審査会は書類のチェックだけですから，事実上日本の介護認定は，たった一人の認定調査員の判断に決定的に依存しています。

図表2-2に示された7段階の要介護度の目安をみると，相対的なもので絶対的な判断基準がないことがわかると思います。「どの程度の介助が必要なのか」を決定するのは，簡単なことではありません。そのため，認定調査員の基本調査に基づいた「要介護認定基準時間」が，要支援・要介護度の客観的な決定基準となっています。

しかし「要介護認定基準時間」には大きな問題があります。まず第1に，コンピュータの基準時間は，介護施設の入所者を対象とした調査に基づくものです。つまり，在宅で介護されている高齢者の調査はされていないので，効率的な施設介護における身体的介助に偏った時間配分となっています（要介護認定者の8割以上が在宅介護利用）。また体が元気な認知症の高齢者に必要な介護サービスも考慮されていません。著者の母のように，体が元気な認知症高齢者の調査はされていないのですから，その介護度が低く出るのは当然です。

さらに「要介護認定基準時間」自体に大きな問題があります。図表2-2をみると，要支援2と要介護1の「要介護認定基準時間」がまったく同じです。要介護段階は2005年までは6段階で，2006年以降は7段階になったことから考えると，2005年までの「要支援」が現在の要支援1であり，2005年までの「要介護1」が現在の要支援2と要介護1に分割されたのです。

2005年以前の要介護1認定者が2006年以降要支援2と要介護1に分割されたことは，要支援2と要介護1の「要介護認定基準時間」が32分以上50分未満でまったく同じであることからわかります。しかし同じ基準時間なのに，一体どのような判断を付け加えて，要支援2と要介護1を区別しているのでしょうか？　大きな疑問が残ります。

図表 2-2　要介護度の目安，要介護認定基準時間，上限金額

	介護度の目安	厚生労働省による要介護認定基準時間	上限金額
要支援1	日常生活の基本的なことはほとんどできるが，身の回りの世話の一部に介助が必要。 適切なサービスを受けることにより，現在の状態の維持・改善の可能性が高い。	25分以上 32分未満	50,030 円
要支援2	食事，トイレなどはできるが，入浴などに一部介護が必要な状態。立ち上り，歩行などの運動機能に若干の低下が見られる。 要介護になる恐れがあるが，適当なサービスを受けることにより現状維持可能。	32分以上 50分未満	104,730 円
要介護1	自分の身の回りのことはほとんどできるが，生活の一部に部分的介護を必要とする。 排泄，入浴，着替えなどに一部介助が必要。 要支援2よりも，運動機能，認知機能，思考力や理解力の低下。		166,920 円
要介護2	日常生活能力や理解力が低下し，身の回りのことにも介護が必要とされる。 排泄，入浴などに一部もしくはすべて介助が必要で，着替えに見守りなどが必要な状態。	50分以上 70分未満	196,160 円
要介護3	重度の介護を必要とする状態。入浴，着替えについてすべて介助が必要。 認知症に伴う問題行動が見られる。	70分以上 90分未満	269,310 円
要介護4	動作能力が低下し，日常生活全般に介護が必要な状態。 最重度の介護を必要とする状態。食事，排泄，入浴，着替えなどすべてに介助が必要。 認知症に伴う問題行動が一層増える。	90分以上 110分未満	308,060 円
要介護5	要介護状態において，最も重度な状態。一人で日常生活を送ることはできない。 寝たきり。寝返りなどを含めて，あらゆる場面で介護が必要。 意思の疎通も困難になる。	110分以上	360,650 円

出典：各種のデータを用いて，著者が作成
注1：介護度の目安については，厚生労働省のHPには記載がなかったため，いくつかの介護事業者のものを参考にして，著者が作成
注2：要支援2と要介護1の介護認定基準時間は同じ。介護予防サービスを理解できない認知機能や理解力の低下がある場合が要介護1
注3：要介護認定基準時間や上限金額は，2018年4月時点のもの

　要介護度が変われば，介護サービス利用額の上限金額が異なります。要支援2は104,730円ですが，要介護1ならば166,920円で，金額には6万円もの違いがあります。それだけではなく，要支援2に認定されれば介護予防サ

ービスを利用しなければなりませんが，要介護1ならば介護予防サービスよりも多くのサービスを含む介護サービスを利用し，施設介護サービスも利用できます（図表2-4を参照）。要支援2と要介護1の区別は，決定的に重要なのに，その判断基準が必ずしも明確ではないことは大きな問題ではないでしょうか？

　以上のように，要介護度の決定はかなり恣意的です（図表2-1，図表2-2を参照）。ドイツのように専門家チームが本人と面談して要介護度を決定し，それもわずか3段階ならば納得できるかもしれませんが，日本は違います。日本では介護認定で利用者に面談するのは，非常勤職員であることの多いただ一人の認定調査員で，その調査によって要介護認定は，一見客観的なコンピュータ判定で，7つの段階に振り分けられます。しかし，要支援2と要介護1の要介護認定基準時間は同じで，この2段階がどのように区別されているのかは不明確です。客観的な基準がないのなら，要介護度は7段階ではなく6段階に戻すべきではないでしょうか。

　なお，もし要介護認定に納得できない場合には，必ずケアマネジャーに相談して介護認定のやり直し（介護度が途中で変わった場合の「区分変更の申請」），あるいはちょっと時間がかかりますが認定審査会あての不服審査の申し出をしましょう。特に要支援2認定者は，要介護1と「要介護認定基準時間」は同じなのですから，なぜ要介護1ではないのか，なぜ要支援2なのかの理由を求めましょう。2018年4月から要支援1・2は介護保険から切り離されました。もし介護保険を使い続けたいのならば，要支援2ではなく要介護1の認定を得る必要があるのです。

4　介護専門職の導入
——介護福祉士とホームヘルパー，そしてケアマネジャー

　現在でも，介護保険を利用している要介護高齢者や介護者を含めて多くの人が，「介護は誰にでもできる」と思っています。日本の現状では，高齢者介護には専門知識が必要で，高齢者介護には専門家による介護サービス提供

が最も望ましいと考える人のほうが少数派かもしれません。著者は，このような介護職員全般，特にホームヘルパーの専門知識に対する軽視が，彼らの賃金水準を低い水準にとどめている大きな原因の一つだと考えています。

大熊由紀子『物語　介護保険』（上・下，岩波書店，2010）では，介護保険創設に際して，厚生省（現厚生労働省）内でさえ高齢者介護に専門的な資格など必要ないという考えが大半を占めていたことが明らかにされています。そのうえ，介護保険導入以前に老人病院で高齢者介護を担っていた無資格の家政婦協会の強い反対，医師会や看護協会からの疑問の声もあり，専門家による介護サービス提供という介護保険の基礎さえ，危うかったのです。ここで注意してほしいのは，医師や看護師という医療関係者の多くが，介護には専門資格は必要ないと考えていたことです。この流れは今も続き，少なからぬ医療関係者が介護専門職を評価していません。

大熊（2010）は，介護保険成立をめぐる個々の官僚や政治的な動きに焦点が当てられていることが特徴ですが，いかに多くの困難を乗り越えて介護保険が誕生したのか，今は当たり前になっている介護福祉士やホームヘルパーという資格さえ，簡単には創設できなかったことなどを私たちに教えてくれます。厚生省（現在の厚生労働省）の役人を含め介護保険の必要性を信じ創設のために努力する人々がいたからこそ，1997年に介護保険法が成立し，2000年4月から介護保険が実施されたことを，私たちは忘れてはなりません。

介護保険を支えるのは介護職員です。施設で働く介護職員の多くは，介護福祉士と介護福祉士を目指す人です。介護福祉士になるルートはいくつかありますが，資格取得者が多いのは，介護施設やホームヘルパーとして3年間働いて介護福祉士国家試験に合格するコースで，次に2年以上の介護福祉士養成校を卒業して介護福祉士資格を得るコースです。このコースでは国家試験が免除されていましたが，2017年度からは介護福祉士養成校の卒業生も国家試験を受験することが決まっていました。ところが急に方針が変わり，2021年度までの卒業生は5年間働けば介護福祉士資格を与えられることになりました。国家試験に合格しないと介護福祉士資格を得られなくなるのは，2022年度以降の卒業生です。この介護福祉士養成校の扱いを含めて，介護

図表 2-3　訪問介護職員資格の変化

	ホームヘルパー1級	ホームヘルパー2級	ホームヘルパー3級
2006年4月1日より [介護職員基礎研修] ＊ホームヘルパー1級の上位キャリア ＊介護福祉士をめざすための前段階 2013年3月31日に廃止	2013年3月31日に廃止	2013年3月31日に廃止	2009年3月31日に廃止
	2013年4月1日より [介護福祉士実務者研修]の創設 ＊介護福祉士をめざすための前段階 ＊介護職員基礎研修を引き継ぐ ＊ホームヘルパー1級と同等とみなす	2013年4月1日より [介護職員初任者研修]の創設 ＊厚生労働省認定の公的資格 ＊ホームヘルパー2級にさらに座学が必要 ＊「認知症の理解」が追加される ＊1時間の筆記試験あり ＊実習が廃止された ＊ホームヘルパー2級と同等とみなす	

出典：各種資料を用いて，著者が作成
注1：現在のキャリアパスは，介護職員初任者研修　→　介護福祉士実務者研修　→　介護福祉士，である
注2：厚生労働省は，訪問介護と施設介護で就業する介護職員の資格の統一を図った
注3：介護福祉士の上位資格として，認定介護福祉士も計画されている

　保険関係では決定事項の変更がよくあります。介護療養病床の廃止をめぐる動きも，その一例です。何度廃止時期が延期されてきたことでしょう。
　介護保険で新しく誕生したホームヘルパー資格も頻繁に変更されています。図表 2-3 に示したように，介護保険導入時には，訪問介護職員の資格には，ホームヘルパー1級，ホームヘルパー2級，ホームヘルパー3級がありました。そして訪問介護職員は，ホームヘルパーと呼ばれていました。
　しかし 2008 年度にホームヘルパー3級が廃止され，2012 年度末にはホームヘルパー1級と2級も廃止されました。2013 年度には，訪問介護と施設介護の介護資格が統一され，介護福祉士を頂点とするキャリアパスに再編成されました。介護職員は，「介護職員初任者研修」からスタートし，次に「介護福祉士実務者研修」，最後に介護福祉士国家試験を受けて，「介護福祉

士」の資格を取得します。厚生労働省の狙いは，介護職員のキャリアパスを明確にすることにより，介護職員の質（＝介護サービスの質）の向上をめざすことでした。

　ホームヘルパー2級は「介護職員初任者研修」と同等の資格とされ，ホームヘルパー1級は「介護福祉士実務者研修」と同等の資格とされました。介護福祉士の上位には，「認定介護福祉士」の創設も考えられていましたが，2012年以降の介護職員の深刻な人手不足により，キャリアパスと介護職員の質の向上を結びつける議論はほとんど聞かれなくなりました。

　しかし「介護職員初任者研修－介護福祉士実務者研修－介護福祉士」という介護福祉士を頂点としたキャリアパスは残りました。2012年度に廃止されたホームヘルパー2級は「介護職員初任者研修」と同等とみなされ，ホームヘルパー1級は「介護福祉士実務者研修」と同等とみなされたのですが，「同等であっても資格は違う」という厚生労働省の指導により，訪問介護現場では混乱がおきています。

　厚生労働省の言い分によれば，ホームヘルパー2級の研修内容は介護職員初任者研修とは異なるので，履歴書の資格の欄に介護職員初任者研修と書いてはならず，介護職員初任者研修資格を名乗るためには，さらなる座学を必要とします。ホームヘルパー1級保有者も同様で，追加の講義を受けないと，介護福祉士実務者研修と履歴書に書けません。それだけでなく，3年間の実務経験があっても，介護福祉士実務者研修の資格を取得しないと，介護福祉士国家試験を受験できないのです。

　20年足らずの介護保険の歴史のなかで，介護資格も介護資格の取得法も絶えず変化しています。そして2013年度の厚生労働省による介護福祉士を頂点とするキャリアパスの再編は，国家資格である介護福祉士が，ホームヘルパー資格（1級）の上位にあることを明確にしました。しかしホームヘルパーと介護施設の職員では，提供する介護サービスが異なります。それぞれ別の介護資格があってもよいのではないでしょうか。訪問介護分野では，長年親しまれてきたホームヘルパー1級・2級を使い続けることを許してもいいのではないでしょうか。実際，今でも訪問介護職員募集広告では，ホーム

ヘルパー1級やホームヘルパー2級が使われています。

　ところで，3節でも述べたように，日本の介護保険はドイツの介護保険を参考に作られたのですが，ドイツとは異なり，日本の介護保険には「ケアマネジャー」という専門職が存在し，大きな役割を果たしています。日本の介護保険では介護報酬（介護サービス価格）が3年ごとに変わるだけでなく5年ごとの制度改正もあり，要介護度に応じた利用金額の上限を超えないように介護サービスの利用計画（ケアプラン）を立てるのは，制度の詳細な知識をもつケアマネジャーでない限り，ほぼ不可能です。ドイツの介護保険は，3段階の要介護度に応じて上限金額が設定され，サービスの種類も少ない単純な制度なので，要介護者本人でも介護計画を立てられます。

　さらにケアマネジャーは，ケアプランの作成だけではなく，介護サービス事業所の選定や介護に関する情報提供を行います。しかし多くのケアマネジャーは民間介護事業所に属しており，介護サービス事業者が所属する事業者や企業グループの介護サービスを優先する可能性がつねに存在します。また著者の経験によれば，ケアマネジャーになる資格である看護師と介護福祉士では異なる教育をうけているためか，介護の必要性の理解や介護保険制度・介護サービス事業所・介護機器に関する知識量には大きな差があり，利用者に十分な情報が伝えられていない場合があると思ったこともあります。

　もし介護サービス利用を減らすケアプランを示されたり，適切な介護サービスを受けることができていないという不安や不満を感じたら，必ずケアマネジャーに説明を求め，十分な説明がない場合には市町村の介護に関する担当部署に申し立てをするか，別のケアマネジャーに変えるなどの対応をとりましょう。

5　介護保険で提供されるサービスの種類と利用者数

　この節では，介護保険で提供されている介護サービスの種類とその利用者数について，簡単に説明します。**図表2-4**を見てください。介護保険で利用できるサービスの種類の多いことに驚かれる人が多いのではないでしょう

図表 2-4 介護保険で提供されるサービスと年間利用者数（2016年度）

介護予防サービス	150万人	介護サービス	498万人
介護予防居宅サービス	148万人	居宅サービス	374万人
〈訪問通所〉	143万人	〈訪問通所〉	328万人
介護予防訪問介護	51万人	訪問介護	144万人
介護予防訪問入浴介護	1,200人	訪問入浴介護	13万人
介護予防訪問看護	10万人	訪問看護	61万人
介護予防訪問リハビリ	2.5万人	訪問リハビリ	13万人
介護予防通所介護	66万人	通所介護	153万人
介護予防通所リハビリ	22万人	通所リハビリ	61万人
介護予防福祉用具貸与	60万人	福祉用具貸与	223万人
〈短期入所〉	4.8万人	〈短期入所〉	84万人
介護予防短期入所生活介護	4.2万人	短期入所生活介護	72万人
介護予防短期入所療養介護（老人保健施設）	5,500人	短期入所療養介護（老人保健施設）	15万人
介護予防短期入所療養介護（介護療養病床群など）	300人	短期入所療養介護（介護医療病床群など）	6,500人
介護予防支援	143万人	〈居宅療養管理指導〉	89万人
地域密着型介護予防サービス	2.2万人	〈特定施設入居者生活介護（短期利用以外）	25万人
介護予防認知症対応型通所介護	2,000人	〈特定施設入所者生活介護（短期利用）	5,800人
介護予防小規模多機能型居宅介護（短期利用以外）	1.8万人	居宅介護支援	345万人
介護予防小規模多機能型居宅介護（短期利用）	200人	地域密着型サービス	112万人
介護予防認知症対応型共同生活介護（短期利用以外）	2,100人	定期巡回・随時対応型訪問介護看護	2.6万人
介護予防認知症対応型共同生活介護（短期利用）	ほぼゼロ	夜間対応型訪問介護	1.3万人
		地域密着型通所介護	59万人
		認知症対応型通所介護	8.5万人
		小規模多機能型居宅介護（短期利用以外）	13万人
		小規模多機能型居宅介護（短期利用）	1,900人
		認知症対応型共同生活介護（短期利用以外）	24万人
		認知症対応型共同生活介護（短期利用）	1,800人
		地域密着型介護老人福祉施設入居者生活介護	6.4万人
		複合型サービス（看護小規模多機能型居宅介護・短期以外）	1万人
		複合型サービス（看護小規模多機能型居宅介護・短期利用）	500人
		施設サービス	125万人
		介護福祉施設サービス（特別養護老人ホーム）	66万人
		介護保健施設サービス	55万人
		介護療養施設サービス	9万人

出典：厚生労働省『平成28年度 介護給付費等実態調査の概要』
注1：一度でもサービスを利用した者を計上。同一人が2度以上同じサービスを利用しても，1人としてカウントしている
注2：ただし，年度途中で要支援から要介護，あるいは逆の場合には，介護予防サービス，介護サービスの両方でカウントされる。つまり，年間利用者数は，年間の要支援・要介護認定者数よりも大きくなる

か。

　この表は，2016年度の介護保険で提供される介護サービスの種類と年間利用者数を示しています。要支援者の介護保険からの切り離しは2015年度から始まりましたが，全市町村での実施は2018年4月からなので，2016年度にはまだ要支援者の大多数が介護保険（介護予防サービス）を利用しています。利用者総数は648万人（ダブルカウントされている人もいることに注意。図表2-4の注2）で，施設介護サービス利用者が125万人，在宅介護サービス利用者が523万人で，介護保険利用者の8割は在宅介護サービスを利用しています。しかし金額ベースで見ると，介護保険利用者の2割しか利用していない施設介護サービスへの給付が介護費用の42％を占めます。

　ここで要支援者（要支援1と要支援2）の利用する介護予防サービスのメニューと利用者数をみましょう。2016年度の介護予防サービスの利用者は150万人です。要支援者は施設介護サービスを利用することはできないので，利用できる介護サービスは，在宅介護サービスに限定されます。そのうち利用者の多い介護サービスは，通所介護（デイサービス）66万人，訪問介護51万人で，福祉用具貸与を利用している要支援者は60万人です。在宅介護サービスの3つの柱（訪問介護，通所介護，短期入所）のうちの一つである短期入所（ショートステイ）の利用者は，5万人にもなりません。介護サービス利用の上限が要支援1は約5万円，要支援2で10万円あまりであることが，ショートステイの利用を困難にしていることは明らかです。

　さらに図表2-4の介護予防サービス利用者数から読み取れるのは，地域密着型介護予防サービスの利用者数の少なさです。多くのメニューを提供していますが，地域密着型介護予防サービスはほとんど利用されていないものが多く存在します。たとえば，認知症対応型通所介護の利用者は2,000人，小規模多機能型居宅介護の利用者（短期利用）にいたっては200人です。要支援認定者向けの地域密着型介護予防サービスは，住民によく理解されていないように思えます。

　次に要介護1〜5の認定者が利用できる介護サービスのメニューと利用者数を確認しましょう。2016年度の介護サービスの利用者は498万人で，う

ち在宅介護サービス利用者数は374万人，施設介護サービスの利用者は125万人です。在宅介護サービスのうち，利用者数の多いのは，通所介護（デイサービス）153万人，訪問介護144万人，短期入所（ショートステイ）84万人です。さらに訪問看護61万人，通所リハビリ61万人の利用も多くなっています。福祉用具貸与を利用しているのは223万人で，在宅介護サービス利用者の半分近くになります。

介護サービス利用者は，地域密着型サービスの利用者も112万人と，介護予防サービス利用者に比べると，介護サービス利用者の地域密着型サービスの利用割合ははるかに高くなっています。特に，地域密着型通所介護（59万人），認知症対応型共同生活介護（グループホーム，24万人）の利用者数が多くなっています。

要介護1以上から利用できる施設介護サービスの利用者は125万人で，そのうち66万人が特別養護老人ホーム（介護福祉施設サービス）を利用しています。なお2015年からは特別養護老人ホームの申請は原則要介護3以上に制限されました。しかし老人保健施設や介護療養施設（介護療養病床）は要介護1から利用可能です。利用者数は，老人保健施設55万人，介護療養病床9万人となっています。ちなみに介護施設の月額利用料の高い順に，介護療養病床39万円，老人保健施設30万円，特別養護老人ホーム28万円（2017年4月）となっており，特別養護老人ホームが最も利用料の安い介護施設です。医療系に近い施設ほど，医師や看護師が多くなり，その賃金を反映して利用料金が高くなっているのです。

以上のように，介護保険で提供されるサービスの種類は非常に多く，普通に生活してきた国民がサービスの内容を正確に理解することは，ほとんど不可能です。ケアマネジャーに頼らなくては，ケアプランを立てられないのは当然のことです。そして多彩なメニューのうち，ほとんど利用されていないサービスも少なくありません。著者は，メニューを多くすることより，利用者にわかりやすい形でメニューを整理する必要があると考えます。メニューを整理することで，介護費用の節約も可能となります。

ケアマネジャーや市町村の介護担当者は，図表2-4の介護サービスの中の，

複合型サービスと小規模多機能型居宅介護の違いを利用者にはっきり説明できるでしょうか。通所介護と地域密着型通所介護，訪問介護と地域密着型訪問介護の違いを利用者に説明できるでしょうか。

6 要介護認定者の増加と「生活援助サービス」の縮小・利用制限の歴史

さて要介護認定者数は2000年には218万人でしたが，2014年には586万人と，2000年の2.7倍に増加しました。このように2014年には65歳以上高齢者の18％，586万人が要支援・要介護者として，なんらかの公的介護サービスを利用する権利を持ったのです。

ただし介護保険を利用するのは，要介護認定者のうちつねに9割前後です。介護保険を利用しない理由としては，適当なサービスがない，家族の介護で十分である，などがあげられていますが，実際のところは「介護サービス利用料を支払うのがもったいない」というのが高齢者の正直な気持ちではないでしょうか。かなり裕福な高齢者でも，介護サービス料金支払いには強い抵抗を示します。介護保険が導入されて，まだ20年もたっていません。介護保険がなぜ導入されたのかを理解せず，無料の家族による介護を当たり前と思い込んでいる高齢者が多いのは当然なのかもしれません。

それでも最初は公的介護サービスの利用を拒んでいた高齢者も，一度利用すると，公的介護サービスが家族の負担を軽くすることを知り，またデイサービスなどで家族以外の人と知り合うことで生活の張りができるなど，介護保険のいいところを理解し始めます。それが，介護保険導入以降の介護保険利用者の急増を招きました。介護保険を利用できる要介護認定者数は，2000年には218万人でしたが，2001年258万人，2002年303万人，2003年349万人と，毎年40万人以上の規模で増加したのです。このような認定者数の急激な増加は政府や厚生労働省の想定を超えていました。それが2004年以降の介護需要抑制政策（介護給付適正化運動といいます）につながります。そのターゲットとされたのが，訪問介護サービスのうちの「生活援助サービ

図表 2-5　生活援助中心型の提供時間・報酬の推移と利用制限などの導入

	在宅介護サービス介護報酬改定率	生活援助中心型サービス提供時間	サービス価格	生活援助サービスに関係する事項
2000年		所要時間30分以上1時間未満	2,080円	
		所要時間1時間以上（30分ごとに830円を加算）	2,910円	
2003年	0.10%	所要時間30分以上1時間未満	2,080円	＊2000年には，「身体介護中心型」「家事援助中心型」，「複合型」の3つであったが，2003年に複合型が廃止され，「身体介護中心型」と「生活援助中心型」に再編された。
		所要時間1時間以上（30分ごとに830円を加算）	2,910円	
2006年	−1.00%	所要時間30分以上1時間未満	2,080円	＊要支援者に対する介護予防サービスの新設 ＊要支援，要介護1〜5の6段階から，要支援1，要支援2，要介護1〜5の7段階へ ＊生活援助サービスの上限が，1時間となる ＊同居家族のいる場合の生活援助中心型利用の制限
		所要時間1時間以上（加算なし）	2,910円	
2009年	1.70%	所要時間30分以上1時間未満	2,290円	＊30分の生活援助型の単価が引き上げられる
		所要時間1時間以上	2,910円	
2012年	1.00%	所要時間20分以上45分未満	1,900円	＊サービス時間の短縮（30分，1時間から20分，45分になる） ＊ただし，時間あたり介護報酬は引き上げられる
		所要時間45分以上	2,350円	
2015年	−0.85%	所要時間20分以上45分未満	1,830円	＊サービス単価の引き下げ ＊介護保険からの要支援者の切り離し開始（各市町村の「総合事業」のサービスに移行） ＊全員1割負担であったサービス利用負担に2割が導入（8月）。
		所要時間45分以上	2,250円	
2018年	（マイナス改定）	所要時間20分以上45分未満	1,810円	＊生活援助中心型の利用回数の多いケアプランには届出が必要になる ＊サービス単価の引き下げ ＊2018年4月から全市町村で介護保険からの要支援者の切り離しが開始される ＊サービス利用の3割負担が導入される（8月）
		所要時間45分以上	2,230円	

出典：各種の資料を用いて，著者が作成
注1：サービス価格は通常「単位」で示され，実際には各種の条件によって単位価格が異なる。ここでは最も標準的な1単位＝10円で換算して示した
注2：サービス利用者の負担割合は，2015年8月以前はすべての利用者について1割であったが，現在は収入に応じて，1割，2割，3割負担と分断されている
注3：2006年の大変革の原因は，小泉内閣による一律の歳出削減政策。2015年の大変革の原因は，安倍内閣による消費税率8%から10%への引き上げ延期による社会保障財源の不足

ス」でした。

　日本の介護保険では，訪問介護サービスは「生活援助サービス」と「身体介助サービス」に厳密に分類されました（他国ではホームヘルプサービスといわれ，一体的に提供されます）。介護保険創設当時から，生活援助サービスは介護の専門家が行うべき仕事ではないと，有力政治家は声高に述べ続け，その主張は男性高齢者を中心に支持されてきました。自民党政権はそのような国民の考えを受け止めて，生活援助サービスの縮小に邁進しました。特に小泉政権下での2006年の介護報酬改正が大きな分岐点となりました。

　図表2-5は，生活援助中心型の提供時間・価格の推移と利用制限の導入をまとめたものです。この表から，生活援助サービス利用時間の上限が下がっていることがわかります。2005年まではサービス時間の上限がなかったのですが，2006年には生活援助サービス提供時間の上限が1時間になり，2012年以降は45分に低下しました（45分以上提供しても何の見返りもないので，45分が上限になります）。

　そしてこのような生活援助中心型のサービス時間の縮小に対する反対の声は小さく，国民の総意にはなりませんでした。その結果，生活援助中心型の介護サービスを提供するホームヘルパーの仕事はあわただしくなり，要介護高齢者とのコミュニケーションも十分取れなくなっていきます。1時間が45分になれば，料理も簡単なものになり，掃除も十分できなくなります。このように十分な会話もなく急いで仕事をこなさなくてはならないことに対し不満を覚えたのは，要介護高齢者でも家族でもなく，ホームヘルパーです。ホームヘルパーのやりがいは急激に低下しました。第4章2節の図表4-1に示されたように，ホームヘルパーの求職者は急減しています。その理由は賃金水準の低さだけではなく，ホームヘルパーという仕事の魅力が失われてしまったこともあります。

　さらに，サービス時間の短縮だけではなく，2006年には生活援助中心型の利用制限も制度化されました。第1に，要支援者は介護サービスではなく，介護予防サービスを利用するという制度改正が実施されました。介護予防サービスは介護サービスと異なり，介護事業所に対し利用回数に応じた給付

（出来高払い）を行うのではなく，週1回通所や週2回の生活援助型サービスの利用で1ヶ月あたりの支払い額を固定しました（包括払い）。実質的に，介護予防サービスで提供されるサービス回数は抑えられ，介護予防サービスの介護報酬は介護サービスよりも低くなりました。要支援者が利用する在宅介護サービスは主に訪問介護と通所介護ですが，その利用回数制限が導入されたのです。第2として，「同居家族がいる場合」には原則として生活援助中心型を利用できなくなりました。もし「生活援助サービスは家族でもできる」という意見に対し国民が強く反発したならば，このような生活援助中心型の単価引き下げと利用制限が導入されることはなかったでしょう。

　日本の介護保険では，生活援助サービスと身体介護サービスを厳密に定義し，提供する訪問介護サービスを生活援助中心型と身体介護中心型の2つとしました（複合型もありましたが，現在は廃止）が，欧米諸国では，身体介護サービスと生活援助サービスはホームヘルプサービスとして一体化して提供されます。ドイツや北欧の訪問介護サービスの利用を直接目にし，そして各種の文献を読んでわかったことは，ホームヘルプサービスの大部分が日本でいう生活援助サービス（掃除，洗濯，食事の用意など）であることです。生活援助サービスは高齢者の自立を助け，高齢者の生活の質を高める専門的なサービスとして位置づけられており，要介護高齢者との会話も重要な仕事の一部と認識されています。言葉を交わすことにより心身の状況に対する多くの情報が得られ，得られた情報を専門知識を持つホームヘルパーが評価することになります。

　生活援助サービスは，要介護認定者ができるだけ長く自宅で生活できるよう支える役割を持っていたはずです。生活援助サービスを利用できなければ，規則的な食事ができなくなり清潔な生活もできなくなる単身高齢者は，介護施設に入るしかなくなります。たとえ家族と同居していても，生活援助サービスを利用できなければ，昼間一人で過ごす要介護高齢者は食事さえできないケースがあります。その場合，同居を解消して，要介護高齢者を一人にして，介護サービスを利用できるようにするしかないのでしょうか。

　なお介護サービス削減を断行した小泉内閣の目的は，財政再建のための一

律の歳出削減でした。2006年度以降，市町村は要介護者数の抑制を求められ，実際要介護者数の伸びには急ブレーキがかかりました（図表3-6を参照）。現在の介護認定には恣意性が入る余地のあることを示すよい例です（2節を参照）。さらに2006年には，介護予防の重要性が叫ばれ，要介護認定を受けていない高齢者や要支援者に対する介護予防事業を市町村が独自に実施することを求められました。社会福祉協議会などの公的団体が活動し続けている市町村や財政力のある市町村は独自の介護予防事業に取り組みましたが，そうでない自治体もあります。そういう意味で，2006年は介護保険が全国一律のサービス提供から，市町村独自の介護サービスを導入することで，介護の地域格差を認めはじめた年になります。

　第3章で取り上げる2015年以降の介護保険の解体は，2004年に開始された介護給付適正化運動の延長にあり，その完成形ともいえます。その背景には，大半の日本人が，介護保険と在宅介護サービスの重要性を理解することなく，介護保険とサービスの縮小という現実から目を背けてきたという事実があります。

7　介護費用の増加と保険料の引き上げの歴史，そして介護保険収入増のための提案

　この節では，介護保険給付費の推移と給付額の増加に伴う保険料の引き上げについて，まとめて説明します。

　どのような制度も必要な財源がない限り，継続的に運営することはできませんが，日本では財源に関する議論はあまり人気がありません。たとえば，公的介護サービス全般の充実が必要であるとか，公的介護施設の拡充とか，訪問介護サービスの利用が制限されていることへの批判は，新聞やテレビなどでしばしば取り上げられますが，政府に解決を要求するだけにとどまります。しかし介護・医療・年金などの社会保障サービスの充実には必ず財源が必要になります。

　どんなに美しい言葉で社会保障制度の改正・充実を語ったとしても，その

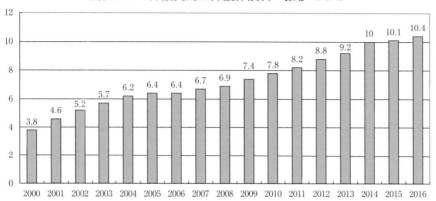

図表 2-6　介護費用と介護保険料の推移（兆円）

出典：2000 年から 2013 年は実績。2014 年以降は当初予算。著者が作成

〈65 歳以上の介護保険料（加重平均）〉

2000～2002	2003～2005	2006～2008	2009～2011	2012～2014	2015～2017	2018～2020
2,911 円	3,293 円	4,090 円	4,160 円	4,972 円	5,514 円	5,869 円

　裏づけとなる財源がなければ，制度の運営や社会保障サービスの充実は不可能です。それは誰にでもわかることです。つまり財源を語らない政策は実現されることのない口先だけの約束です。防衛費や公共事業などの削減などほかの歳出項目からの移転は一時的な財源であり，恒久財源（長期間，継続的に確保できる財源）ではありません。介護保険についても財源不足に陥れば，介護サービスの範囲は必ず縮小します。負担なしで多くを求めることはできません。

　では日本の介護費用はどのくらいなのでしょうか。**図表 2-6** は 2000 年以降の介護費用の推移を図示したものです。2000 年の介護費用は 3.8 兆円でしたが，2014 年には 10 兆円に達しました。「介護給付適正化運動」が熱心に行われた 2004 年から 2008 年までの間，介護費用はほとんど増加していません。特に 2005 年と 2006 年の介護費用は 6.4 兆円で，高齢者の増加にもかかわらず，まったく同じです。このように政権党の意思により，介護費用の抑制は可能なのです。政府がどのような政策を採るか，つまり国民がどのよ

うな政権を選ぶかにより，介護保険の未来が左右されるのです。

　さて現在の介護保険の財源構成によれば，介護費用の半分は介護保険料でまかない，残り半分を公費でまかなうことになっています。本章2節で述べたように，日本の介護保険はドイツの介護保険をモデルとして創設されましたが，ドイツの介護保険が公費負担なし保険料だけで運営されているのに対し，日本の介護保険は運営費の半分が公費負担（国2：県1：市町村1）です。公費負担があることで介護保険への政府の介入は強くなり，財政赤字は介護費用削減への要求を強めます。2004年に開始された「介護給付適正化運動」や2015年の介護保険解体政策の実施は，政府の介護保険への重大な介入例です。その強力な介護給付抑制政策により，2005年から2008年まで介護費用はほとんど増加せず，2014年以降も明らかに介護費用が抑制されています（図表2-6を参照）。

　介護保険料は40歳以上の全員に課せられ，65歳以上を第1号加入者，40歳から64歳までを第2号加入者としており，第1号加入者と第2号加入者の保険料負担額は，人数によって按分されます。つまり第1号加入者と第2号加入者は同額の保険料を負担することになりますが，65歳以上の介護保険料は市町村単位で計算するという制度設計になっており，市町村間の介護保険料の格差は3～4倍にもなっています。さらに，第2号加入者のうち雇用者は，その保険料の半額を企業が負担するので，第1号加入者や第2号加入者のうち個人業主や非正規労働者として働く労働者よりも，介護保険料の自己負担額が少なくなっていることです。日本の社会保障負担の妙なところです（下野2017を参照）。

　介護保険料の徴収方法は以下のとおりです。第1号加入者は65歳以上で年金受給者である場合が多いので，介護保険料は原則基礎年金から自動的に徴収されます。ただし月額4万円未満の場合には個別に支払うことになります。第2号加入者（40歳から64歳まで）で，雇用されている場合には企業の源泉徴収が義務化されているので，税金や年金保険料・健康保険料と同時に介護保険料も給与から自動的に差し引かれます（雇用者と被雇用者の負担は半々です）。自営業者や無職の場合には，全額自己負担で，国民健康保険

料と同時に自分で支払わなくてはなりません。

　ちなみに第1号加入者の介護保険料は，地域により大きな差があります。介護保険料は，介護施設が整っていて在宅介護サービス利用度が高い市町村ほど高くなり，介護施設がなく介護サービス事業所も十分にない市町村ほど安くなります。介護サービス供給に手を抜いている地域ほど介護保険料が安くなり市町村負担も少なくなるという介護保険の構造は，住民が強く要求しなければ，市町村が自発的に介護サービス充実に向かわない理由を説明しています。

　介護給付額の残り半分は，公費負担です。公費負担分の半分を国が，県と市町村が4分の1ずつを負担します。つまり2014年度の国の介護費用10兆円のうち，保険料の5兆円を差し引いた5兆円のうち，国の負担が2.5兆円で，県と市町村の負担は4分の1の1兆2500億円ずつになります。

　みなさんもご存じのように，現在日本はGDPの2倍以上の財政赤字を抱えています。それゆえ，政府・財務省は少しでも歳出を削減したいと考えています。そのような政府は介護保険の負担2兆5000億円を少しでも減らしたいと考えるでしょう。実際，2014年に消費税率引き上げ延期を決定した安倍政権は，2015年の介護報酬点数の−2.27％のマイナス改定と積極的な介護サービス抑制策にとどまらず，介護保険の解体に踏み出しました（第3章を参照）。消費税率8％から10％への引き上げ延期は，年間5兆円以上の社会保障財源の消失を招き，2015年10月から2019年10月まで4年間で社会保障財源は20兆円も減ったのですから，厚生労働省の役人にすれば，介護保険の解体もやむをえない対策なのかもしれません。

　では国民はこのような公的介護サービスの縮小について，どう考えているのでしょうか？　国民の介護保険縮小に対する反対の声は強くありません。逆に，「介護保険料が上がるならば，介護サービスの減少」を受け入れる高齢者は少なくありません（第8章6節を参照）。

　図表2-6の下段に示したように，介護給付の増加に伴う介護保険料の急激な引き上げが，多くの高齢者に介護保険の縮小を受け入れさせています。2000〜2002年には全国平均で2,911円であったものが，2015〜2017年には

全国平均で5,514円と月額5,000円を超え，2018〜2020年には月5,869円に達しました。年金収入しかない高齢者にとって，3年ごとに大幅に上がっていく介護保険料は大きな負担としてのしかかっています。年金を含めた収入額に応じた介護保険料の減額制度もありますが，基礎年金しか受給できない国民年金第1号加入者（零細企業従業員，非正規労働者，個人業者など）には大きな負担です。一方，収入が高い高齢者ほど，健康で要介護になることも少ない傾向があり，年金収入が多い高齢者で介護保険など必要ないと主張する人は少なくありません。その多くが妻や家族に介護を期待しています。彼らの声は大きく，人数以上の影響力を持っており，安倍政権を支持することにより，介護保険解体を進める原動力になっています。

　日本の介護保険の仕組みのもとでは，介護費用を抑制すれば，介護保険料も安くなります。それゆえ，将来介護保険を利用する可能性が低いと考える豊かで健康な高齢者は，介護給付額が増えて介護保険料が高くなることに抵抗します。一方，年金額の少ない高齢者は，どのような負担増にも抵抗します。そのように考えれば，日本で介護サービス供給の抑制政策に対する反対の声が小さいことも理解できます。

　そこで著者は，介護保険料が3年ごとに高くなっていく現在の制度の変更を提案します。介護費用と介護保険料を直接的に結びつければ，介護サービス抑制が現在の国民の選択になります。しかし将来の国民の選択は現在の国民と異なるかもしれません。そのためにも介護保険をできるだけ維持して，将来の国民に選択する余地を残したいのです。まず，介護保険のサービスメニューを減らして介護費用を削減し，さらに10年程度は収入の一定割合の介護保険料を固定し，同時に介護保険収入を少しでも増やす方法を考えていきましょう。

　その方法はいくつか考えつきます。第1は，介護保険料負担者を20歳以上（学生を除く）に拡大することです。これで第2号加入者が現在の1.5倍以上になります。第2が，第1号加入者に関して，マイナンバーを活用した正確な所得把握を行い，第2号加入者と同様に，収入の一定％の保険料に変更することです。引退した年金受給者の正確な所得把握は，マイナンバーな

しには不可能です。現在は市町村ごとに複雑な保険料減額制度を採っていますが，もし正確な所得捕捉が可能ならば，所得の一定％（たとえば2％前後）の保険料というわかりやすい制度にできます。第3は，公正な社会保障負担のための税制の簡素化と公正性の回復です。上限のない公的年金控除（高額年金受給者の優遇）や寡婦・寡夫に対する所得控除（既婚者の優遇，生涯単身者・離婚者の冷遇）などを廃止すれば，税や保険料算定の基礎となる所得金額が多くなります。さらに遺族年金や障害年金などの非課税所得制度の廃止は，税や保険料負担の公正性を回復させ，税収や保険料収入の増加をもたらします。下野・竹内（2011）では，遺族年金の非課税所得制度の廃止や寡婦・寡夫控除の廃止により，介護保険の保険料収入がどの程度増加するのかを具体的に試算しています。興味がある人はぜひ読んでみてください。ウェブサイト上からダウンロードできます（『日本経済研究』，https://www.jcer.or.jp/publications/jer_076.html からバックナンバーの No. 65 を捜す）。

8　まとめ

　この章では，最初に日本とドイツの介護保険を比較し，日本の介護保険の特徴を明らかにしました。そのうえで，著者が考える日本の介護保険の抱える大きな問題点を3つ取り上げました。第1は，日本の介護認定の方法です。たった一人の認定調査員の判断に依存していること，コンピュータによる一次判定のもとになる基礎データが介護施設での小サンプルの調査データであること，さらに，要支援2と要介護1の「要介護認定基準時間」がまったく同じで両者を区別する明確な基準がないことは大きな問題です。著者は，ドイツなどで実施されている医師，看護師，介護士（在宅ならばホームヘルパーが望ましい）などのチームによる介護認定が，日本でも実施されることを望みます。

　第2は，訪問介護を支えるホームヘルパー資格に関する問題です。ホームヘルパー1級・2級の資格が2013年3月31日限りで廃止されてしまい，介護職員のすべてが介護福祉士を頂点としたキャリアパスに従って，介護福祉士

資格取得を期待されるようになりました。訪問介護を支えてきたホームヘルパーを独立した資格と認めず，介護福祉士にいたる途中の資格としかみなさないのは妥当なことなのでしょうか？　しかもホームヘルパー1級資格をもっていても，追加的な座学を修めないと「介護福祉士実務者研修」の資格がとれず，介護福祉士国家試験を受験できません。介護福祉士養成学校を卒業すれば，自動的に介護福祉士資格を取得できる道を残しながら，ホームヘルパーには受験資格さえ与えないのは公正な扱いとは思えません。この改革は訪問介護と施設介護の違いを無視し，ホームヘルパー資格を低く評価しているようにも思えます。著者はこのキャリアパスには賛成しません。むしろ訪問介護分野のホームヘルパー1級と，施設介護分野の介護福祉士資格が同等の資格とみなせるように，ホームヘルパーが十分な研修を受けられるような労働環境の改善を期待します（第7章4節を参照）。

　第3は，日本の介護保険のサービス・メニューがあまりに多いことです。**図表2-4**に示したように，日本の介護保険は多様なサービスを提供していますが，利用者数が年間数百人から数千人のサービスも少なくありません。制度の維持とサービス提供には費用と人手がかかります。介護保険が提供するのは，訪問介護，通所介護，短期入所，訪問看護，通所リハビリなどの利用者の多い基本的なサービスに限定されていいのではないでしょうか。公的サービスには財源の制約がありますから，利用者の要望に100％応えることはできません。介護サービス提供に関しては，なぜ「選択と集中」が実施されないのか，不思議です。

　さて，介護保険が導入された2000年4月から2014年までを振り返ると，わずか15年の間に介護保険が大きく変貌を遂げていることがわかります。3年ごとの介護報酬改正ごとに，介護保険はより複雑になり，提供される介護メニューも増えています。その一方で，在宅介護の中心となる訪問介護サービス，特に生活援助中心型の削減・利用制限政策が継続的に実施され，在宅介護中心といわれてきた日本の介護保険は，姿を変えてきました。

　さらに，2000年4月の介護保険の導入時には将来の成長産業といわれた介護サービス産業も，政府の介護政策に翻弄されています。介護保険導入時

には，介護サービス産業の発展を後押しした政府ですが，すぐに介護需要抑制策に転換し，2003年，2006年には介護報酬を2%以上引き下げました。現在も続く在宅介護サービスの抑制政策は，訪問介護事業所，通所介護事業所の将来に暗い影を落としています。

　このように在宅介護サービス（特に訪問介護サービス）が自由に使えなくなっていくのを，黙ってみていてよいのでしょうか？　要介護者1～5の月額利用料を比較すると，在宅介護では月約20万円ですが，介護施設の平均利用料は月約30万円です（2016年度）。高齢者の介護施設への入居を遅らせることこそが介護給付の抑制につながるのですが，残念ながら日本では，在宅介護サービスの縮小・利用制限を進め，介護施設への入居を推進しているようにみえます。

第 3 章

消費税率引き上げ延期で始まった「軽度者」の切り離しと介護保険解体

1 はじめに

2014年には、介護保険の利用者は約600万人、介護給付額はほぼ10兆円に達しました。介護サービス産業も、介護職員だけでも200万人以上が就業する巨大産業に成長しました。しかし消費増税率引き上げ延期が決定された2014年には、社会保障給付の抑制政策が実行され、介護保険に関しても「介護の軽度者の介護保険からの切り離し（保険対象者の減少）」が内閣の方針となりました。さらに2015年の介護報酬は、−2.27％という大きなマイナス改定となり、2016年から通所介護事業所、2017年から訪問介護事業所の数が減少し始めました。介護サービス産業の崩壊の始まりです。

この章では、安倍政権下における介護保険の縮小・解体政策の内容を具体的に説明していきます。現政権はいろいろの方法を用いて、介護サービス利用者の削減を図っていますが、最も重要な政策は、介護保険からの「軽度者」の切り離しです。

2015年に介護保険からの要支援者の切り離しが始まり、2018年4月からは全自治体で実施されており、介護保険の利用者数は100万人以上（2割弱）減少しました。さらに政府は介護保険からの要介護1・2認定者の切り離しも計画しており、もし政府の計画通り進めば、介護保険の在宅介護サービス

を利用できるのは要介護3以上となり，介護保険対象者は要支援・要介護認定を受けた高齢者の3分の1以下の人数になります。

　繰り返しになりますが，厚生労働省がこのような介護保険の縮小・解体政策を採らざるをえなくなった背景には，政権党による消費税率の引き上げ延期という決定があります。社会保障に充てるべき税収が年間5兆円以上も減れば，介護保険を含めた社会保障水準を下げざるをえません。厚生労働省の役人が冷酷だから，このような介護サービス供給の縮小・解体を進めているわけではありません。役人の仕事は，既存の制度を維持するために与えられた財源を有効に使うことです。安倍内閣が消費税率引き上げ延期を決定し，それを国民が支持したことで大幅な財源不足が発生したことをうけ，優秀な役人たちは介護保険をなんとか維持するために，介護保険の縮小・解体政策を推進しているのです。

　残念なことに，日本では社会福祉の研究者を含めて，社会保障サービスの充実を求める一方で，財政負担について真剣に考えてきた人々が少なかったように思います。マスコミも弱者の救済を言いながら，必要な財源・負担増については口をつぐんできました。財源なしには何もできないのが，社会保障制度を含む政府という組織です。介護保険の場合，高齢者の増加に伴い要介護高齢者も増加するので，同じサービス水準を維持しようとすれば，必要な財源は当然増加します。野田民主党政権が，「税と社会保障の一体改革」として消費税率の5％から10％への引き上げを提案したのは，介護保険を含めて，超高齢社会における社会保障制度を維持するためでした。

　この章を丁寧に読んでいただければ，減税（所得税，消費税，法人税）が，国民が重要視しているはずの社会保障水準の低下に直結することを理解できるはずです。2012年以降継続している長期的な好景気にもかかわらず，短期的な景気への悪影響（「リーマンショック級」の経済不況）を言いたてて安倍内閣が決定した消費税率の引き上げ延期が，長期的には国民の生活を支えるはずの社会保障制度の縮小を通じて，国民の将来不安を増大させ，消費を抑制し日本経済を低迷させているのです。経済成長を優先して決定した消費増税の延期が，逆に消費を抑え経済成長を低迷させるという皮肉な結果を

招いているのです。

　なお減税で最も恩恵を受けるのは，高所得者（高資産者）と大企業です。そして減税による社会保障水準の低下で最もダメージを受けるのは低所得者です。社会保障水準の低下は，低・中所得者の生活不安と将来不安を増大させ，消費低迷・経済成長率の低下を招いています（下野 2017 を参照）。

2　野田民主党内閣の「税と社会保障の一体改革」と三党合意，そして合意の破棄

　さて消費税は 1989 年の自民党竹下内閣によって導入されました。将来の社会保障費の増加に備える新しい財源として，5％の消費税の導入を提案したのです。ちなみに 5％の消費税はその当時で 8 兆円以上の税収増をもたらす予定でした。しかし消費税導入に対する反対は非常に強いものでした。もちろん何が何でも税負担の増加は嫌だという不合理な反対も多かったのですが，将来の高齢化に備える税収増が必要であるという言い分に理解を示す人であっても，「なぜ所得税ではなく消費税なのか」という疑問を投げかけました。著者もその一人です。

　消費税の問題点は，低所得者ほど収入のうちの大きな割合を税金として支払う「逆進的」な税金であることです。つまり収入の大部分を消費に回す低所得者と，収入の半分程度しか消費に回さない高所得者を比べれば，「収入に占める消費税の割合」は低所得者のほうが高くなります。一方所得税は，高所得者ほど「収入に占める所得税の割合」が高くなる「累進的」な税金です。

　1989 年に新たな税として消費税が選ばれた理由は，所得増税に経済界の反対が強かったためです。所得税が高くなれば労働団体から必ず賃金の引き上げを求められるため，経営者団体は所得増税を避けようとします。それゆえ竹下内閣は 5％の消費税の導入を計画したのですが，国民の強い反対により，まず税率を 5％ではなく 3％に下げ，さらに消費税収を低所得者に対して多く分配される「社会保障財源」に充てると約束して，ようやく導入が可能となったのです。つまり，消費税は社会保障財源なのです。

1989年に導入された消費税の税率は3％でしたが，厚生労働省は高齢者の増加に伴って消費税率を引き上げていくことを前提として，社会保障制度の将来を計画してきました。ところが，1997年に税率を3％から5％へ引き上げた橋本内閣が不人気で短命に終わった結果，消費税率の引き上げは政治家にとって困難なミッションになりました。橋本内閣以後の自民党・公明党の連立政権は，増税を言えば選挙に負けるという過去の経験から，徹底して税率の引き上げを先延ばししてきました。その結果，2009年に民主党が政権についたときには，社会保障財源は枯渇し，小泉流の歳出削減では間に合わないほどの財源不足となっていることが明らかになりました。その最も大きな費用項目は，基礎年金の国庫負担の3分の1から2分の1への引き上げ分でした。第1次安倍内閣，麻生内閣は，基礎年金の給付水準の引き上げのための財源確保のために計画されていた消費税率の引き上げを避け続け，結局「年金特例債」という赤字国債発行に頼ったのです。

　社会保障制度の行き詰まりを見かね，その不人気な消費税率の引き上げに取り組んだのが，民主党の野田政権です。その政策は2012年2月17日に「税と社会保障の一体改革」としてまとめられました。消費税率5％から10％への増税分を，まず基礎年金の国庫負担分を3分の1から2分の1に引き上げるための財源に充て（税率引き上げが遅れたため国債発行で賄っていたのを解消する），さらに高齢者の増加に伴う介護や医療などの社会保障費の自然増に充てることを提案しました。この消費税率の引き上げに強く反対したのが野党の自民党・公明党で，増税には理由の如何を問わず反対するマスコミの声も大きく，残念ながら，「消費税率の引き上げは，社会保障制度維持のために必要な負担増」であるという「税と社会保障の一体改革」のメッセージに対する国民の理解は深まりませんでした。

　そこで民主党・野田首相は2012年12月に選挙を行うことを当時の野党の自民党と公明党に約束し（普通は首相が選挙の日を自由に決める），さらにどちらが勝っても消費税率の引き上げを実行するという「三党合意」を取り付けました。それが2012年6月でした。社会保障制度維持のためとはいえ，消費税率5％の引き上げは消費に与える影響が大きいとして，2014年4月に

5％から8％へ，2015年10月に8％から10％へと引き上げるという2段階での引き上げが，三党間の合意であり，簡単に覆せないはずの約束でした。

　予想通り2012年12月の総選挙で，野田民主党政権は大敗し，安倍自民党政権が誕生しました。2009年9月に本格的な政権交代により誕生した民主党政権は，大企業の優遇政策を見直し，自民党とは異なる国民を守るための政策（非正規労働者の待遇の改善，非正規労働の範囲の制約，学級規模の40人から35人への縮小，最低保障年金の導入，年金制度の統合など）を提案し，その政策の一部は実行されました。特に，高校の授業料無償化は大きな成果でした。しかし東日本大震災で起きた福島原子力発電所の崩壊に対する対応の不備，財源不足により多くの政策を実現できなかったこと，官僚をうまく使いこなせなかったことなど，政党として多くの初歩的な誤りを犯しました。さらに自民党・公明党という巨大野党の存在により民主党が約束した政策はなかなか実行されませんでした。その結果，政策の遅れにいらだつ国民の判断により大敗したのです。

　しかし自民党が政権政党だったら，福島原発の崩壊にもっとうまく対応できたのでしょうか？　そして巨額の財政赤字は歴代の自民党政権が作り上げてきたもので，新しい政策が実現できなかった大きな理由は財源不足のためだったのですから，民主党だけが無能だったわけではありません。個人的には，戦後初めての本格的な政権交代で生まれた政権を，もう少しだけ我慢して見守ってほしかったと思っています。政権交代の可能性のない弱小野党しかない国は，民主主義国家というよりは一党独裁国家のようにみえます。

　2012年12月の総選挙で勝利した安倍政権は，第一段階の2014年4月の5％から8％への消費税率の引き上げは実行したものの，第2段階の2015年10月に実施されるはずであった8％から10％への消費税率引き上げの延期を，2014年のうちに決めてしまいました。つまり政党間の約束である三党合意をいとも簡単に反故にしてしまったのです。

　延期の理由は景気への配慮です。2014年4月の消費税引き上げによって景気が後退したので，2015年10月の消費税の引き上げは景気がよくなるまで延期するというのが，安倍政権の言い分でした。しかし実際には2012年

以降、戦後で最も長く景気の上昇局面が継続しているのです。2014年にも深刻な景気後退は起きていません。それなのに、マスコミ、自民党・公明党以外の野党も含めて、消費税率引き上げ延期に反対する声はほとんどありませんでした。国民も負担増を嫌い消費税率引き上げに反対し、安倍内閣の決定を支持しました。

しかし、このとき消費税率引き上げの延期が何を意味するのか、国民に十分な説明が与えられたのでしょうか。消費税率2％は5兆円を超える税収に相当します。つまり消費税率引き上げ延期により、年間5兆円以上税収が減少するのです。しかも消費税が社会保障目的であることを考え合わせれば、消費税率引き上げの延期は、社会保障財源の減少を意味します。4年間の延期で、社会保障費に充てられるはずの20兆円が消えてしまったのです。

財務省や厚生労働省が社会保障給付の削減を図るのは、彼らの積極的な意思ではなく、安倍内閣が決定した消費税率引き上げの延期がもたらした歳入減少への対応です。公務員を責めるのは間違いです。政治家が社会保障費財源の縮小を決め、その政治家の決定を大多数の国民やマスコミが支持したのです。国のあり方を決めるのは政治家で、官僚ではありません。そして、その政治家を選択するのが、私たち国民です。私たちが、社会保障費を積極的に削る一方で、防衛費を毎年のように増加させる政権を支持し続けているのです。「政治家は誰がなっても同じ」ではありません。

3節では、消費税率引き上げの延期が介護保険以外の社会保障水準も引き下げていることを説明します。

3 消費税率引き上げ延期
——年5兆円の社会保障財源の消失と社会保障水準の低下

まず日本の社会保障制度について簡単に説明します。日本の社会保障制度は、主に社会保険料で支えられる5つの社会保険（一部公的負担もある）と、全額公費で負担される公的扶助と公費負担が主となる社会福祉制度からなります。社会保険は「年金保険」、「医療保険」、「介護保険」、「雇用保険（失

業)」「労働災害保険」で，公的扶助は「生活保護制度」です。社会福祉制度には，障害者福祉，児童福祉，高齢者福祉などがあります。

　なお日本の社会保険制度の特徴は，最も重要な社会保険である医療保険や年金保険がいまだに職業別や年齢別や地域別に細分化されていることです。たとえば，個人業者・零細企業の就業者・非正規社員は「厚生年金」に加入できず，「国民年金」にしか加入できません。基礎年金の平均月額は5万円程度で，厚生年金に加入できない零細企業雇用者・非正規労働者・個人業者などの老後は厳しく，働けなくなったら生活保護に頼らざるをえません。そんな高齢者が230万人を超える生活保護受給者の半数を占めているのが日本の現状です。さらに医療保険でも，地域保険である「国民健康保険」と民間企業従業員のための「健康保険」，公務員のための「共済組合」ではサービス内容に大きな違いがあります。

　図表3-1では，財源の国庫負担割合が高い順に社会保障制度を並べています。日本の社会保障制度の財源は，公的負担（税など）が4割，社会保険料が6割で，社会保険料のほうが多いのです。しかし社会保険料と公費負担の割合は，制度によって大きく異なります。政府の財政赤字に大きな影響を受けるのは，公費負担の大きな制度です。制度の規模が大きくて国の負担割合の高い制度は，「公的扶助」の生活保護制度（75％），「社会福祉」の児童手当（55.4％）や児童・障害福祉（50％）です。また社会保険のうち国の負担割合が高い制度は，国民年金（50％），医療保険のうち国民健康保険（41％）と後期高齢者医療制度（3分の1），そして，介護保険（4分の1）です。

　限られた財源を景気対策（公共事業の拡大）と防衛費充実に費やす安倍内閣が成立してすぐに生活保護の不正受給が問題となり，生活保護給付額が削減されたのは偶然ではありません。さらに生活保護給付額の引き下げだけではなく，生活保護申請の厳格化によって申請させないという方法もとられました。具体的には，三親等以内の家族に役所が「扶養照会」することを認めなくてはならず，生活保護の申請はより困難になりました。

　厚生労働省の推定でも，日本では生活保護水準以下の世帯の2割程度しか生活保護を受給していません（他の先進国は7割以上）。生活保護受給率の

図表 3-1　主な社会保障制度の財源割合（国庫負担の多い順）

		国庫負担	地方負担（都道府県）	地方負担（市町村）	保険料（本人）	保険料（事業主）
公的扶助	生活保護	75.0%	12.5%	12.5%		
社会福祉	児童手当	55.4%	13.8%	13.8%		17.0%
	児童・障害福祉	50.0%	25.0%	25.0%		
社会保険	国民年金（基礎年金）	50.0%			50.0%	
	国民健康保険	41.0%	9.0%		50.0%	
	後期高齢者医療制度	1/3	1/12	1/12	50.0%	
	介護保険	1/4	1/8	1/8	50.0%	
	雇用保険（失業給付）	1/4			3/8	3/8
	健康保険（協会けんぽ）	16.4%			41.6%	41.6%
	健康保険（組合健保）				50.0%	50.0%
	雇用保険（雇用保険二事業）					100.0%
	労働災害保険					100.0%
	共済組合				50.0%	50.0%
	厚生年金				50.0%	50.0%

出典：下野（2017）の図表1-7を書き直したもの。元データは厚生労働省ウェブサイトに掲載
注：2014年当初予算ベース。社会保障財源の内訳は，国庫負担31.1兆円，地方負担11.9兆円，保険料64.1兆円。このほかに資産収入等がある

低い理由は，法的には要求されていないにもかかわらず，実際の運用上，役所の窓口で家族による援助が期待できないことの確認を求められるからです。欧米では個人番号が導入されているので所得や資産の把握は簡単ですし，生活保護受給の審査は本人の所得と資産だけで，家族の所得や資産は関係ありません。

　日本の社会保障制度はいまだに，公的な援助の前に，家族の助け合いを期待するのです。この「家族に対する期待の高さ（家族への依存）」が，日本の社会保障制度を他の先進国と大きく異なったものにしており，同時に社会保障給付額を抑える役割も果たしています。かつて欧米とは異なる「日本型福祉」があるといわれ，その日本型福祉では，家族が「福祉の含み資産」と言われました。つまり，いまだに自助努力を強調する政治家の頭のなかには，家族の助け合いへの過剰な期待があります。

　社会保険に目を向けると，給付額が最も大きく，政府の公費負担割合が高

いのが，基礎年金です。「税と社会保障の一体改革」により消費税率の5％から10％への引き上げ分の半分を，基礎年金の公費負担を3分の1から2分の1へ引き上げる財源に充てようとした野田政権・厚生労働省の計画は，安倍政権による消費税率引き上げ延期によって水泡に帰し，基礎年金制度の維持のためには年金給付額を引き下げるほかなくなりました。その結果，年金受給者の増加と就業者の減少に見合う基礎年金給付の低下が制度化されました（マクロ経済調整の導入）。現在でも40年間の支払い期間でようやく月額6万5000円程度の基礎年金が，就業者数の減少とともに30年後には4万5000円になると試算されています。

このあまりに低額の基礎年金額を引き上げるために，厚生労働省は(1)年金受給年齢を65歳から70歳に引き上げる，(2)満額の基礎年金を受給できる保険料払い込みの期間を20歳から60歳までの40年間ではなく，65歳までの45年間にする，という案などを検討しています。もし野田民主党政権下で「税と社会保障の一体改革」が実行されていれば，基礎年金額は維持されるはずでしたから，年金受給年齢の引き上げや保険料支払い期間の延長などは考えなくてよかったことを想起してください。

さらに消費税率の8％から10％への引き上げ延期の影響は，医療保険のうち政府の負担の大きい国民健康保険と後期高齢者医療制度へも及んでいます。マスコミでは高齢者の医療費が他の年代の3倍以上になることがしばしば報道されます。しかし高齢者になるほど病気の割合が高くなるのは当然のことです。日本人だけが特殊なのではありません。高齢者数や疾病統計は充実しており，それらのデータをもとに将来の医療給付額を予測するのは簡単です。予測できなかったのは，政治判断による突然の財源不足です。国庫負担が医療給付額の3分の1を占める後期高齢者医療制度では，長く75歳以上の高齢者の自己負担割合を1割としてきましたが，財源不足を受けて2015年から相対的に所得の高い人の自己負担割合が3割に引き上げられました。

以上のように，2015年10月に予定されていた消費税率8％から10％への引き上げを2019年10月まで4年間も延期することにより，年5兆円以上，4年間で20兆円以上の社会保障財源が失われた結果，年金・医療・介護と

いう社会保険や公的扶助の生活保護，児童・障害者福祉などの福祉制度も大幅な削減に追い込まれています。

消費税は社会保障財源として導入されたものであり，野田政権下での「税と社会保障の一体改革」案における消費税率の5％から10％への引き上げは社会保障制度の維持に必要な手段でした。長い目で見れば，社会保障水準が維持されれば，日本経済も安定的に推移できたはずです。消費税を負担することで，社会保障という安心を買うことは，合理的な選択だったのではないでしょうか。

以下の4節から8節では，財源不足に陥った介護保険における介護サービス縮小・解体政策の内容とその影響を説明します。

4　介護保険の解体 ①
要支援1・2の「介護保険からの切り離し」と「総合事業への移行」

消費税率の引き上げ延期決定にあわせて，安倍内閣は2014年に「軽度者を介護保険から切り離すこと」を閣議決定しました。具体的には，各市町村に対して2015年度から2017年度の3年間に「介護予防・日常生活支援事業（総合事業）」の整備を求め，要支援者を介護保険から切り離し，総合事業に移行することになりました。その際，介護保険が提供する要支援者向けの介護予防サービスのうち訪問介護と通所介護を，総合事業の低報酬介護（介護予防サービス報酬より1～3割安い）の「訪問型サービス」と「通所型サービス」に代替します。

総合事業への要支援者の移行は，2015年度から始まり，2018年4月からはすべての市町村で実施されています。その結果，2018年度の介護保険対象者は，要介護1～5の認定者のみになっています。介護保険の介護予防サービスを利用している要支援1・2認定者は，要介護認定の更新時にあわせて，総合事業の「訪問型サービス」「通所型サービス」を利用することになります。今のところ，訪問介護と通所介護以外のサービスは，介護保険の介護予防サービスを利用できますが，政府は福祉用具貸与などの残りのサー

スも可能な限り総合事業に移行したいという計画を持っています。

　図表3-2に示したように「介護予防・日常生活支援総合事業（総合事業）」は，2006年に始まった「介護予防事業」を発展させたものです。介護予防事業は，主としてまだ介護認定を受けていない高齢者を対象として運動やレクリエーションなどのサービスを提供する地域独自の事業です。介護予防事業の財源は介護保険からの移転だったので，生活援助サービスをはじめ介護需要を厳しく抑えながら，新しく市町村が介護予防事業を始めることには批判もありました（沖藤2010を参照）。確かに介護予防とはあまり関係ないサービスも提供されましたし，事業が各市町村に委ねられたため，市町村規模による財政力格差やNPOなどの地域の活動力の差により介護予防事業の内容にははっきりした地域間格差が現れました。

　2015年に始まった総合事業は，図表3-2で説明されているように，この介護予防事業を改編・拡大したもので，要支援者に対する「訪問型サービス」と「通所型サービス」を提供するために「介護予防・生活支援サービス事業」を新設しました。

　しかし要支援者の「介護保険からの切り離し」・「総合事業への移行」という安倍政権の決定は多くの市町村にとって唐突でした。消費税率引き上げ延期とほぼ同時に2014年に決定され，2015年4月から2017年度末までのわずか3年で総合事業の策定を求めたのですから，介護保険に代わる独自の介護サービス供給体制を十分に整備できなかった自治体も少なくありません。そのうえ厚生労働省は，要介護認定者向けの「介護予防・日常生活支援総合事業」だけではなく，「生活支援体制整備事業」，「在宅医療・介護連携推進事業」，「認知症総合事業（認知症初期集中支援推進事業と認知症地域支援・ケア向上事業）」という高齢者の生活支援，在宅医療との連携，認知症高齢者を地域で介護する事業の整備を地方自治体に求めました。書類上では2018年4月から前記のすべての事業がすべての地域で100％実施されることになっていますが，実態はよくわかりません。

　「介護予防・日常生活支援総合事業」だけを取ってみても，図表3-3にまとめたようにその実施体制が順調に整えられているわけではありません。総

図表 3-2　介護予防事業から「介護予防・日常生活支援総合事業（総合事業）」への転換

「介護予防事業」（2006 年度〜2014 年度）
（市町村の事業）

（一次予防事業）
・介護予防普及啓発事業
・地域介護予防活動支援事業
・一次予防事業評価事業

（二次予防事業）
・二次予防対象者の把握事業
・通所型介護予防事業
・訪問型介護予防事業
・二次予防事業評価事業

→ 再編

「介護予防・日常生活支援総合事業」（2018 年度〜）
（市町村の事業）
＊2015 年度〜2017 年度は移行期間

（一般介護予防事業）
・介護予防把握事業
・介護予防普及啓発事業
・地域介護予防活動支援事業
・一般介護予防事業評価事業
・〔新〕地域リハビリテーション活動支援事業

（介護予防・生活支援サービス事業：新設）
・通所型介護予防事業
・訪問型介護予防事業

「介護保健」（2000 年度〜）
（5つ目の社会保険：全国一律のサービス）

介護保険の介護予防サービス（要支援者向け）
・要支援者1・2向けの訪問介護サービス
・要支援者1・2向けの通所介護サービス

移行 →

・要支援者向けの訪問介護サービス
・要支援者向けの訪問入浴サービス
・要支援者向けのショートサービス
・福祉用具貸与，など

介護保険の介護サービス（要介護1〜5向け）

出典：各種資料を用いて，著者が作成
注1：介護保険の介護予防サービス（要支援者向け）のうち，「訪問介護」と「通所介護」が，総合事業の介護予防・生活支援サービス事業に移行される。3年の移行期間を経て，2018年から全市町村で，総合事業を実施
注2：介護予防・生活支援サービス事業の財源は介護保険からの移転。ただし上限管理を求められる
注3：総合事業では介護サービスが緩和され，無資格の雇用者やボランティアを活用。図表5-1を参照
注4：政府は，将来的にはすべての介護予防サービスの総合事業への移行を計画している（介護保険からの要支援者の完全な切り離し）

図表 3-3 「介護予防・日常生活支援総合事業（総合事業）」の実施状況

	保険者数	実施率（累積）
2015 年度中	287	18.2%
2016 年度中	324	38.7%
2017 年度中	967	100.0%
全保険者数	1,578	

出典：厚生労働省調べ

合事業の実施時期を 2017 年度中とする自治体が 6 割を超えており，半数以上の自治体では，2018 年 4 月からの実施という形を整えるのが精一杯であったことを示しています。

　このような要支援者の「介護保険からの切り離し」と「総合事業への移行」の目的は，介護費用の削減です。もっとも要支援者の介護サービス利用額は介護費用全体の 0.5％程度なので，経費節約効果は大きくありません。政府の目標は，介護給付削減効果の大きい 2021 年度の介護保険からの要介護 1・2 の切り離しです。2018 年度に開始された要支援者の介護保険からの切り離しは，そのための地ならしです。

　では総合事業の介護サービスの財源が介護保険であるのに，「軽度者」を総合事業に移行すると，なぜ介護保険給付額を削減できるのでしょうか。まず第 1 に，総合事業の介護報酬は，介護保険よりも 1～3 割も低く設定されますから（低報酬介護といわれる），介護保険のときと同じ量の介護サービスを提供すれば，必ず介護費用は減少します。第 2 として，介護保険から総合事業への移転額は当期の介護給付の実績ではなく，過去の介護給付実績に応じた上限が設定されます。総合事業への移転額に上限額があることで，各市町村は上限額を意識し費用の節減に努めることになります（これを上限管理という）。以上が総合事業を利用した介護費用削減政策の手法です。

　しかし，総合事業では介護保険より 1～3 割も安い介護報酬を設定したために，総合事業の担い手が不足し，必要な介護サービスを提供できなくなっています（第 5 章を参照）。つまり上限管理をするまでもなく，総合事業の介護サービス供給は確実に低下しています。そのため市町村は，要支援者の

自立を支援するという名目で,「訪問型サービス」や「通所型サービス」の利用回数を減らしたり,利用の廃止を求めています。

　このような総合事業を利用した介護保険の縮小政策は,「介護を必要とする誰もが利用できる」ことを目的に創設された介護保険の大きな政策転換です。すでに 2018 年 4 月から,要支援者の総合事業への移行がすべての市町村で実施されていますが,さらに政府は 2021 年度に要介護 1・2 の「介護保険からの切り離し」・「総合事業への移行」を計画しています。政府のいう「軽度者」は要支援 1・2 だけでなく,要介護 1・2 を含んでいることに注意してください。

　厚生労働省『平成 29 年度　介護給付費等実態調査の概況』をみると,要支援者の「介護保険からの切り離し」が粛々と進められていることを確認できます。要支援 1・2 認定者で介護保険の介護予防訪問介護サービス・介護予防通所介護サービスの利用者数は,共に 2017 年度だけで 50％以上減少しています。要支援者で 2017 年度の介護保険の介護予防訪問介護サービス利用者（23 万人）と介護予防通所介護サービス利用者（31 万人）は,介護認定の更新時にあわせて,総合事業の「訪問型サービス」・「通所型サービス」の対象者に移行します。

	2016 年度の利用者数	2017 年度の利用者数	増減率
介護予防訪問介護サービス	51.3 万人	23.0 万人	△55.1％
介護予防通所介護サービス	66.1 万人	30.8 万人	△53.4％

　この介護保険からの要支援者の切り離しの効果で,高齢者数の増加とともに拡大してきた介護保険利用者数は,2016 年度の 614 万人が 2017 年度には 604 万人へと,10 万人の減少となりました（要介護 1～5 認定者の自然増による利用増加を含めても）。もし政府・厚生労働省・財務省の計画通りに,2021 年度から要介護 1・2 認定者を介護保険から切り離すことになれば,介護保険は一層身軽になります。

　このように要支援者の「介護保険からの切り離し」・「総合事業への移行」は,政府の計画通り順調に進んでいます。しかし著者が問題だと思うのは,

政府・厚生労働省・市町村による丁寧な説明がないために，2015年以降粛々と進められている介護保険の縮小・解体の内容，2018年度には要支援者が介護保険から切り離されたこと，総合事業の低報酬介護の実態に，ほとんどの国民が気づいていないことです。国民が安倍政権の進めている介護保険の縮小・解体政策の内容や結果に気づいたときには，要介護3以上にならないと介護保険が使えなくなっており，「軽度者」が利用できる総合事業の「訪問型サービス」も「通所型サービス」もなくなっている可能性さえあるのです（第5章を参照）。

5 介護保険の解体 ②
介護報酬の大幅な引き下げ（−2.27％）と介護事業所数の減少

2015年10月に予定されていた消費税率引き上げ（8％から10％へ）延期が，介護保険へ与えた直接の影響は，2015年介護報酬の−2.27％の大幅な引き下げでした。

図表3-4は，介護報酬と診療報酬の改定率を比較しています。介護報酬は3年に1回，診療報酬は2年に1回改定されています。まずこの表で診療報酬改定率（診療報酬本体，薬価，材料からなる）の動きをみると，2006年を除き，改定率は1％以内と小さく抑えられています。さらに「薬価」は一貫してマイナス改定されていますが，看護師や医師の賃金水準に大きな影響を与える「診療報酬本体」は，2006年でも−1.36％に抑えられており，ほぼプラス改定となっています。医師や看護師の賃金が高い水準を維持できるのは，診療報酬本体（医療サービス価格）が安定的にプラス改定されているためです。

一方，3年に一度行われる介護報酬改定率の動きをみると，大きな変動が観察されます。プラス改定は2009年，2012年，2018年の3回で，マイナス改定も2003年，2006年，2015年の3回です。しかし3回のマイナス改定は，いずれも2％を超えているのに対し，プラス改定は2009年の3％以外は，小幅なプラスとなっています。総合的にみれば，介護報酬点数（介護サービ

図表 3-4　介護報酬と診療報酬の改定率の推移

	介護報酬改定率	在宅サービス	施設サービス	診療報酬改定率	診療報酬本体	薬価など
2003	－2.30%	0.10%	－4.00%			
2004				－1.00%	0	－1.00%
2005						
2006	－2.40%	－1.00%	－4.00%	－3.16%	－1.36%	－1.80%
2007						
2008				－0.82%	0.38%	－1.20%
2009	3.00%	1.70%	1.30%			
2010				0.19%	1.55%	－1.36%
2011						
2012	1.20%	1.00%	0.20%	0.0%	1.4%	－1.4%
2013						
2014				0.1%	0.7%	－0.6%
2015	－2.27%	－1.42%	－0.85%			
2016				－0.8%	0.5%	－1.3%
2017						
2018	0.54%	（マイナス）	（プラス）	－0.09%	0.55%	－1.65%

出典：厚生労働省の公表データなどを用いて，著者が作成
注1：2003年，2006年の介護報酬改定率は，制度変更もあり，在宅分・施設分の合計になっていない
注2：2018年の介護報酬の在宅，施設別の改定率は2018年6月時点では公表されていない
注3：介護報酬点数は3年ごとに改定され，診療報酬点数は2年ごとに改定される

価格）は，介護保険発足時より低くなっています。その結果，2019年のホームヘルパーの時給は2000年よりも低くなっていますし，介護施設で働く介護職員の賃金は，厚生労働省の賃金引き上げ助成金にもかかわらず，低迷しています。有資格の介護職員の年収が，病院で働く無資格の看護助手よりも低いという事実を知っておられるでしょうか？

　介護報酬は介護サービスの公定価格です。介護報酬が引き上げられない限り，介護事業所の収益は上がらず，賃金引き上げは不可能です。2003年と2006年の施設サービス報酬の4%という大きなマイナス改定により，介護施設で働く介護職員の賃金の上昇が止まりました。2009年のプラス3%の改定では，介護職員の賃金引き上げをめざしたのですが，その後の介護報酬改定率を見れば，介護職員の賃金の低迷が続いていることが明らかです（介護職

員の賃金については第4章を参照)。

　介護サービスの公定価格を決定する介護報酬改定は3年に一度なのですが、2015年の改定時期が消費税率引き上げの延期と重なったことが、介護保険の将来にとって大きな不幸でした。高齢者の増加に伴って当然増加する介護サービス給付を前提に考えられていた介護保険財政は、消費税引き上げ延期による財源不足で、介護報酬点数の大幅な引き下げに追い込まれたのです。

　安倍政権は、好調な経済情勢のもとで、2015年に－2.27％という大幅な介護報酬の引き下げを断行することで、介護サービス産業に大きな打撃を与えました。介護報酬点数は介護サービスの公定価格です。突然価格の引き下げを求められれば、どんな企業でも経営不振、倒産に至ります。長期の好景気で産業全体の倒産件数は下がっていますが、介護報酬の大幅な引き下げのあった介護サービス産業は例外です。2015年以降、倒産件数は高い水準で推移しており、廃業や閉鎖、サービスの縮小も目につきます。通所介護事業所数は2015年度に減少に転じ、訪問介護事業所数も2016年度にはじめて減少しました(『介護給付費実態調査』3月分の比較による)。

　倒産、廃業、サービス縮小などが続く介護サービス産業の低迷のなか、介護職員の賃金引き上げ余力のある事業所が多いとは思えません。介護職員不足の主要因である低賃金は、介護報酬点数の引き下げの当然の結果です(第5章を参照)。

6　介護保険の解体 ③
　　特別養護老人ホームの利用制限(要介護3以上)と「介護医療院」の導入

　日本では介護保険で利用できる公的施設の整備が遅れています。介護を必要とする高齢者のために用意されている公的介護施設には「介護老人施設(特別養護老人ホーム)」、「老人保健施設」、そして「介護療養病床」の3種類があります。特別養護老人ホームは介護を受けて生活する介護系施設で、老人保健施設と介護療養病床は6ヶ月を限度としてリハビリや治療を行う医療系施設です。

これら3種類の公的介護施設のベッド数は，合計しても65歳以上人口の3%にも達しません。他の先進国の多くが65歳以上人口の5%〜6%のベッド数が整備されているのとは大きな違いです。このような公的介護施設不足に対する政府の解決策は，「終の棲家」となる特別養護老人ホームの増設ではなく，2015年から特別養護老人ホームへの入居資格を，要介護1から原則要介護3以上にするという利用制限の導入でした。特別養護老人ホームの利用者を要介護3以上に引き上げれば，確実に入居希望者数は減少し，待機者リストも短くなります。

　なお体が元気な認知症高齢者はせいぜい要介護1か要介護2にしかなりません。つまり文字を書けず言葉を理解できなくても，食事の用意も掃除もできなくても，寝たきりなどの深刻な身体障害でない限り，特別養護老人ホームに申し込むことさえできなくなったのです。

　では要介護度3未満であっても，深刻な認知症などで介護施設への入居を希望する高齢者はどうするのでしょうか。まず第1に民間介護施設の利用があります。年金額が多く保有資産が十分あれば有料老人ホーム，保有資産が少なくても厚生年金受給者なら入居一時金が安いサービス付き高齢者住宅や認知症高齢者のためのグループホームの利用が考えられます。第2は，要介護3になるまで家族が面倒をみることです。保有資産が少なく年金受給額が少ない高齢者は，零細企業従業員，非正規労働者，個人業者など基礎年金しか受給していない国民年金第1号加入者のなかに多く存在しています。第3として，要介護1以上なら利用できる老人保健施設や介護療養病床を6ヶ月ごとに移動することです。しかし公的介護施設の不足を考えれば，この方法はあまり実際的な解決策にはならないかもしれません。現実には，第2番目の「家族介護」が増加します。

　日本では残念ながら，公的介護施設を含む公的住宅の建設に資金を投じてきませんでした。なぜならば，住宅購入・住宅の確保は自助努力で行うものであり，さらに高齢者の介護は家族の役割と考える人が多く，高齢者向けの公的住宅（要介護老人ホーム）の整備を求める声が小さかったからです。しかしヨーロッパ諸国では，年齢に関わらず家族に頼らないのが原則で，低所

得者だけではなく中所得者向けの公共住宅（イギリス，ドイツなどでは社会住宅という）の整備に力を入れており，その延長上で高齢者向けの公的介護施設の整備も進められてきたのです。

　2019年10月に予定されている消費税率8％から10％への引き上げで，年間5兆5000億円（2019年度だけなら半年なので2.75兆円）も歳入が増えます。その増収分に等しい額を景気対策に使うのではなく，一部であっても特別養護老人ホームの増設に向けてほしいと思いませんか？

　しかし安倍政権の介護施設に関する政策は，特別養護老人ホームの増設ではありません。2018年度から介護保険対象の新しい介護施設として，「介護医療院」が導入されました。介護医療院とはなんでしょうか？　図表3-5を見てください。

　介護医療院はもともと介護療養病床の受け皿として創設されました。利用できるのは，要介護1以上です。介護療養病床と介護医療院の違いは，前者が治療を行う施設であって生活の場ではないとして入所期間が3〜6ヶ月に限定されている一方で，介護医療院では長期入所が認められている点です。ただし生活の場ですから，老人保健施設並みの設備と，一人当たり面積も6.4平米ではなく8平米を要求されます。

　介護医療院には，介護療養病床だけではなく老人保健施設からの移行も予想されています。さらに医療保険対象の医療療養病床からの移行も予想されています。介護保険対象の介護療養病床と医療保険対象の医療療養病床は，どちらも医療法人が経営しており，利用者の属性もほぼ同じです。両者の違いは，出来高払いの医療保険対象の医療療養病床のほうが，介護度で給付上限のある介護療養病床よりも病院収入が高くなることですが，目下，医療保険の医療療養病床の報酬の引き下げが計画されており，介護保険対象の介護医療院への転換を積極的に促しています。今後3年間は報酬加算をつけることで，早期の転換を図っています。多数の医療療養病床が，介護医療院という介護保険対象の介護施設に転換すれば，介護施設への給付額が増加し，介護保険支出が大幅に膨らむことが予想されます。

　この介護医療院の創設も，ほとんど国民の注意を引かないうちに決定され

図表 3-5　介護保険対象の介護施設の変化

2000 年度	2006 年度	2015 年度	2018 年度
特別養護老人ホーム （「終の棲家」。10.64 平米以上）	要介護 1 以上	要介護 3 以上	
老人保健施設 （リハビリ，6 ヶ月上限。8 平米以上）	要介護 1 以上		介護医療院への移行，可能
介護療養病床群 （治療，6 ヶ月上限。6.4 平米以上）	要介護 1 以上， 2011 年に廃止， 老健への転換を決定	＊2011 年度に廃止時期が 2017 年度まで延長される	2018 年 3 月末に廃止。介護医療院に移行。 ただし 2024 年 3 月まで 6 年間の移行期間あり。
			介護医療院の創設，要介護 1 以上 （医療を必要とする要介護高齢者の長期入所を認める，「終の棲家」。8 平米以上）

出典：各種資料を用いて，著者が作成
注 1：老人保健施設と介護療養病床群は，もと老人病院や精神科病院などの医療施設から移行した施設
注 2：介護医療院には，医療保険対象の医療療養病床からも移行すると予想されている
注 3：月額利用料は，特別養護老人ホーム 27.5 万円，老人保健施設 29.7 万円，介護療養病床 38.9 万円（2017 年 4 月審査分の平均値）

ました。そして介護の医療化が進展していきます。在宅介護中心といわれていた介護保険は，いつのまにか施設介護サービス中心となり，医療保険を補完する制度になっていくでしょう。

7　介護保険の解体 ④
　　自己負担引き上げによる介護サービス利用の抑制

　消費税率引き上げの延期をきっかけとして，前述のように在宅介護サービスと施設介護サービスの利用者を制限する政策が実施されました。それだけではなく，介護サービス利用の抑制を目的とした自己負担の引き上げも実施されました。
　介護保険導入後，介護サービス利用時の自己負担は 1 割でした。しかし消

費税率引き上げ延期決定後，2015年8月から一定上の所得（現役並み所得）のある世帯について，自己負担の2割への引き上げが決定されました。単身者で280万円以上，夫婦世帯で346万円以上です。対象者は利用者の1割にも満たない約50万人であったこと，高所得者の負担増ということで，ほとんど反対の声もなく自己負担の引き上げが決まりました。しかし「現役並み所得」を得ている世帯は，基本となる介護保険料の3倍もの保険料を負担しています。高い介護保険料を負担している世帯に対し，利用時にも1割ではなく2割の自己負担を課すのは公正な扱いなのでしょうか。

厚生労働省の委託調査によれば，自己負担が2割になった世帯の3.8％が，介護サービスの利用を減らしたり中止したりしています。そのうち35％の世帯が「負担が重い」という理由を挙げています。たとえば，要介護者の通所介護サービスの利用料金は約9,000円なので，1割負担ならば900円ですが，2割負担になると1,800円になり，決してささいな引き上げではありません。また1ヶ月にもし20万円分の公的介護サービスを利用する場合（要介護2の上限額に近い。図表2-2を参照），自己負担1割ならば2万円ですが，2割になれば自己負担は4万円になります。決して無視できる金額ではありません。自己負担の引き上げには，確実に介護サービスの利用を減らす効果があります（下野・大日・大津2003の第5章）。

さらに2018年8月1日には，「現役並み所得」世帯の中で相対的に所得が高い世帯の介護サービス利用の自己負担が，3割に引き上げられました。単身者340万円以上，夫婦世帯で463万円以上がその基準です。自己負担の3割への引き上げの対象となる介護保険利用者は，約12万人です。この12万人は収入が多いとはいえ，負担が重いとして介護サービスを減らしたり中止したりする世帯が出ることでしょう。

では金銭的負担の重さゆえに介護サービスの利用を減らすと，何が起きるのでしょうか。たとえば，週2回利用していた通所介護を週1回にすれば，週1回分は在宅介護になる可能性が高くなります。つまり介護サービス利用の減少や中止は，家族介護に代替され，家族の介護負担が大きくなることになります。それでいいのでしょうか？

8 介護保険の解体 ⑤
　介護認定の厳格化による介護保険対象者数の抑制

　これまで述べてきたように，安倍政権・財務省・厚生労働省は，国民への丁寧な説明なしに介護保険の解体を進めています。2015年介護報酬改正時に実施された具体的な解体政策は，介護保険からの要支援者の切り離し（4節），介護報酬の大幅な引き下げ（5節），特別養護老人ホーム利用を要介護3以上に制限（6節），介護サービス利用の自己負担の引き上げ（7節）です。これらの政策に加えて，2015年を境に介護認定が厳格化されていることも忘れてはなりません。

　介護保険財政の逼迫を受けて，年々介護認定が厳しくなっているという印象を持っている介護保険利用者やその家族は，著者を含めて少なくありません。その印象はたんなる勘繰りではなく，統計データによって裏付けることができます。そのデータは，65歳以上人口に対する要支援・要介護認定者の割合です。65歳に達した人の平均余命は毎年のように伸びており，高齢者のなかでもより高齢者の割合が増加しています。より高齢者の割合が高くなれば，65歳以上人口に占める要支援・要介護認定者の割合は高くなるはずです。たとえば，2010年は16.3％でしたが，その後は16.9％，17.3％，17.7％，17.8％と，毎年のように上昇していました。

　ところが，2015年以降の3年間の65歳以上高齢者の要支援・要介護認定者の割合はほぼ18％で推移しています。要支援・要介護認定者の割合が一定であることを，どのように評価すべきでしょうか。2015年以降も高齢者のなかでより高齢者の割合が高くなっていることを考慮すれば，この数値は2015年以降，介護認定が厳しくなっていることを意味しています。

　さらに，近年の介護認定の厳格化をよりはっきり示す統計データがあります。図表3-6は介護度別の要支援・要介護認定者数の推移を図示したものです。ここで要介護5の人数に注目してください。2013年までは，平均余命の伸びにより，高齢者の中でもより高齢者の割合が高くなったことを反映して，要介護5の人数は毎年増加してきました。ところが2013年をピーク

として，要介護5の認定者数が毎年少しずつ減少し始めました。2013年には612,113人であった要介護5認定者数が，2014年604,770人，2015年603,667人，2016年602,442人，2017年601,086人と，毎年減少しています。もし要介護5の基準が同じであれば，このようなことが起きるはずがありません。この要介護5認定者数の推移は，安倍政権下で介護認定基準が明らかに厳しくなっていることを示しています。

　図表2-2に示したように，介護サービスの利用限度額は，要支援1の50,030円から要介護5の360,650円まで，大きな差があります。介護サービス利用の自己負担は1割～3割ですが，上限額を超えた介護サービス利用は全額自己負担になります。たとえば要介護4と要介護5の利用限度額は，それぞれ308,060円と360,650円なので利用限度額の差は月52,590円になり，この差は決して小さなものではありません。仮に要介護5と判定されてほぼ満額のサービスを利用していた高齢者が，次の認定で要介護4と判定されれば，介護サービスの利用は確実に下がるでしょう。つまり介護認定を厳格化すれば，介護サービス利用は減少し，自動的に介護給付額を抑えることができます。

　第2章3節で説明したように，日本の要介護認定は，コンピュータによる一次判定を基に，介護認定審査会による二次判定で決定されますが，**図表2-2**で示したように厳密な判断基準があるとは思えません。最も重要なコンピュータ判定の基になるデータは，ただ一人の評価員がチェックする標準化された基本調査です。著者の経験からいっても，人によって判断は大きく異なります。第2章3節で詳細に述べたように，日本の介護認定システムは恣意的な判断が可能なシステムであり，政治的な判断による介護度判定の厳格化も可能です。

　2015年以前にも介護認定が厳格化された時期があります。**図表3-6**を見れば明らかなように，その時期は2004年に開始された「介護給付適正化運動」の結果が現れた2005年から2008年の間です。この期間における要支援・要介護認定者の増加率は非常に低く抑えられました。この時期は小泉政権による強力な歳出削減政策が採られた時期と重なります。このように，日

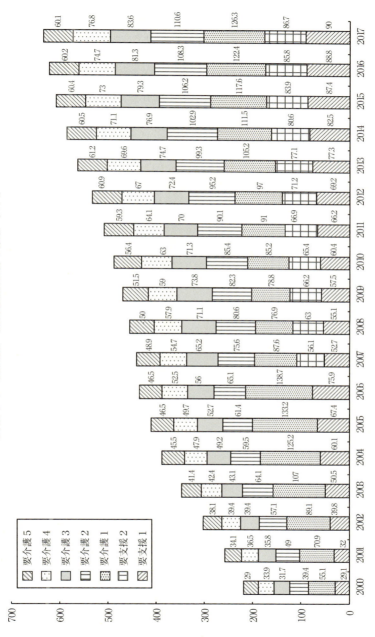

図表 3-6 要支援・要介護認定者の推移（万人）

出典：厚生労働省「介護保険事業状況報告」、4月末の数値
注1：2006年度から要介護1が要介護1と要支援2に分割された。なお要支援2と要介護1の要介護認定・基準時間は同じ（図表2-2を参照）
注2：2006年の要支援者数、2007年と2008年の要支援2に、経過的措置者を含む。2011年、2012年には福島県の一部が含まれていない

本の介護認定制度は，政府が要支援・要介護認定者数そのものを左右できるような恣意性をもつことを認識しておいたほうがよいと思います。

たとえば，著者の母は脳梗塞による失語症で，言葉を理解できずお金を管理できず，食事も作れず掃除もできない認知症高齢者でしたが，2014年以降の介護認定の更新では，最初の介護認定は要介護1にしかなりませんでした。そこで著者は介護判定のたびに，ケアマネジャーを通じて介護認定のやり直しを申請し（更新申請），そのつど要介護2に変わりました。もし申し立てをしなければ，要介護1のままでした。

著者の経験や母と同じような要介護高齢者を見ていてわかったことは，日本の介護保険における介護認定には絶対的な基準がないことです。特に認知症に関しては，認定調査員によって判断基準が大きく異なります。もし納得できない場合には，不服を申し立ててください。もし不服を申し立てる人が少なければ，今後介護度は低めに評価され，平均的な要介護度は下がっていくことになります。

日本の介護認定制度の下では，政府・厚生労働省が介護認定の厳格化を地方自治体に求めれば，簡単に要支援・要介護認定者数を減らすことができます。日本でもオーストラリア，ドイツや北欧諸国のように，必要な介護サービスの種類や量を，専門家である医師・看護師・介護士のチームで決定する制度にならないものでしょうか。

9　まとめ

この章で説明したように，消費税率引き上げ延期の決定により，社会保障水準の引き下げは決定的になりました。生活保護給付の引き下げ・申請の厳格化，基礎年金の引き下げなどと並んで，介護保険も一気に解体に向かっています。

第1に，2015年から開始された総合事業は2018年4月から全自治体で実施され，介護保険からの要支援者の切り離しが始まりました。2018年4月末の介護保険対象者は要介護1〜5までの467万人で，要支援1・2の176万

人は介護保険の対象者ではなく，総合事業の対象者になりました。第2に，2015年の介護報酬点数の2%を超える大きなマイナス改定は，介護サービス産業の低迷を招いています。介護サービス事業所の倒産，廃業も増加しています。第3に，終の棲家となりえる唯一の公的介護施設である「介護老人福祉施設（特別養護老人ホーム）」は，2015年から入所条件が原則要介護3以上になりました。第4に，年金収入の高い利用者の自己負担が，1割から2割に引き上げられ，確実に介護サービス利用を減少させました。第5は介護認定の厳格化です。介護認定の厳格化により，確実に介護保険利用者を減少させられます。

　結局，介護保険の解体の理由は，野田民主党内閣がまとめた「税と社会保障の一体改革」を安倍自民党内閣が放棄し，社会保障財源である消費税の税率引き上げを延期したことによる介護保険財政の悪化です。財源がなければ，提供するサービスが縮小され，介護サービス利用の自己負担は引き上げられます。そして現在進められている介護保険の解体により，家族の介護負担は確実に重くなります。年間10万人前後の女性を中心とする介護離職者数が増加することで，企業の人手不足はより深刻化することになり，日本経済にも決していい影響を与えません。

　このまま介護保険の解体が進めば，介護が必要になれば誰でも使うことができるはずだった介護保険は，要介護3以上でないと利用できない制度になってしまいます。一度は成長産業といわれた介護サービス産業は介護保険の縮小・解体とともに崩壊し，介護職員の低賃金は解消されず，職員不足はより深刻化するでしょう。

　介護保険の役割と財源について，今こそもう一度考え直さければならないのです。

第 2 部

政府の介護職員不足対策

無資格の介護労働者の導入

第2部では，介護職員の確保の問題を扱います。第4章では，介護職員不足が深刻化したのは，2012年以降であることを明らかにします。介護保険創設時には，介護職の人気は高く，求職者数が求人数を上回っていました。2004年の「介護給付適正化運動」以降，介護職に対する期待は薄れましたが，それでも2011年までは，求人数と求職者数はほぼつりあっていました。求人・求職者のバランスが崩れ始めたのが2012年で，2015年の介護報酬の大幅なマイナス改定が，介護職員不足を一層深刻化させました。

　第5章では，在宅介護サービスの働き手を取り上げます。政府は，2018年度から全市町村で，「軽度者」向けの介護サービスを，総合事業の低報酬介護に移しました。低報酬介護の担い手として期待されるのは，無資格の低賃金介護労働者，ボランティア，元気な高齢者です。2025年までに予定されている低報酬介護の担い手22万人を確保できるのでしょうか？

　第6章では，介護施設の職員に注目します。1人の求職者に対して5件の求人という深刻な介護職員不足対策は，さまざまの在留資格による外国人介護労働者の受け入れです。特に，2019年4月に新設された「特定技能1号」の介護分野では，2019年度だけで5000人，今後5年間に6万人という大量の外国人介護労働者の受け入れが予定されています。

　日本人・外国人にかかわらず，このような低賃金・無資格の介護

労働者の受け入れは，介護の現場を大きく変える可能性があります。Sumonazzi（2009）は，介護分野への無資格者の導入（外国人介護労働者，家政婦，家族など）が，専門職による介護サービス体制を崩壊させ，無資格の介護労働者と家族介護に移行させることを見出しました。無資格者が有資格者と同じ仕事をするのを許せば，介護サービスの担い手は，賃金の高い有資格者から，賃金の安い無資格者に代わっていきます。

現在の介護職員不足は深刻ですが，日本人の介護人材は十分存在します。2018年度末の介護福祉士登録数は156万人です。ただし介護福祉士として就業しているのは80万人程度で，残りの75万人は介護現場にいません。ホームヘルパーとして就業できる資格の保有者は380万人と推定されていますが，300万人は介護現場にいません。介護職員として就業していない理由は，介護職員の低賃金と労働条件の悪さです。

介護は人です。介護の現場は働く人々によって変わっていきます。第2部では，「なぜ介護職員不足が起きたのか」，「政府の無資格・低賃金の介護労働者の導入政策によって，在宅介護や介護施設がどのように変わっていくのか」について，統計データをみながら，丁寧に考えていきます。ちなみに，みなさんは，介護に関する知識をほとんど持たない無資格の介護労働者（日本人，外国人を問いません）に，親や自分の介護を任せられますか？

2012年以降の介護職員不足の深刻化と政府の介護職員不足対策

1 はじめに

　厚生労働省は2015年に，団塊の世代が75歳以上になる2025年には介護職員（常勤換算）が38万人不足すると公表しました（2013年データを用いた推計）。この推計により，日本国民は将来深刻な介護職員不足が起きることに気づき，政府は介護職員の確保に動き始めました。そして介護職員不足の対策として，外国人の受け入れが正当化され，介護の現場にITや介護ロボットを積極的に導入することも提言されています（外国人労働者受け入れや介護ロボットに関しては第6章を参照）。

　しかし政府が言わない「不都合な真実」があります。昔から介護職員不足だったわけではありません。介護職への求職者が求人を大きく下回るようになり，介護職員不足が深刻化したのは2012年以降のことです。介護職員不足の深刻化の理由は明白で，2012年の介護報酬改定率は1.2％と低く，好景気にもかかわらず介護職員の賃金が引き上げられなかったからです（2009年の改定率は3％）。そして2015年の介護報酬改正の大きなマイナス改定（−2.27％）は，介護職員不足を決定的にしました。賃金上昇の兆しがなければ，介護職の資格を持つ人材が介護職員として就職しなくなります。2012年以降日本経済は好調で，労働人口は減少しています。どんな仕事でも選べ

るときに，賃金が相対的に低下している介護職を志望する人が減少するのは当然でしょう。精神論ではなく，大幅な介護報酬の引き上げ（＝賃金の上昇）がない限り，日本人・外国人を問わず十分な介護職員数を確保することは難しいでしょう。

　日本には十分な数の介護人材が存在します。厚生労働省は介護保険の創設と同時に，ホームヘルパー1級，2級，介護福祉士などの介護専門職の育成に力を尽くしてきました。その結果，2018年度末の介護福祉士登録者数は156万人，ホームヘルパーに従事できる資格を持つ人材は380万人と推定されています。ホームヘルパーとして就業できる資格は，介護福祉士，介護職員初任者研修・介護福祉士実務者研修，2013年度末で廃止されたホームヘルパー1級・2級です（第2章の図表2-3を参照）。しかしせっかく育成された介護人材のうち介護職員として就業しているのは，介護福祉士で80万人，ホームヘルパーも80万程度です。介護職を選ばない理由は，低賃金と労働条件の悪さです。常勤のホームヘルパーや介護福祉士の賃金は月収22万円程度で，産業平均の月額32万円よりも月に10万円も低いのです（賃金構造基本統計調査，2013年）。再就職者で常勤職員としての就業が困難な中高年の既婚女性なら受け入れるかもしれませんが，労働力不足で転職先を自由に選択できる若い世代にはとうてい受け入れられない賃金水準です。

　この章の2節では訪問介護サービスを支える「ホームヘルパー」の求人数と求職者数の推移，3節では「ホームヘルパー以外の介護職員」（主に介護施設で働く介護職員）の求人数と求職者数の推移をみます。**図表4-1と図表4-2**は，昔から介護職員不足だったわけではなく，2012年以降に職員不足が深刻化したことを教えてくれます。4節では，介護職員数の推移から，訪問系職員数の低迷と施設系職員数の急増を確認し，その意味を考えていきます。5節では，介護福祉士養成校の入学者の急激な減少を通して，若い世代にとって介護職が魅力のない職となっている現状を明らかにします。介護職員の賃金と雇用条件を改善しない限り，若い世代は介護職に背を向けることになるでしょう。6節では，介護職員の賃金の決まり方を説明します。医師や看護師の賃金水準が診療報酬点数によって決まるように，介護職員の賃

金水準は介護報酬点数によって決まります。介護報酬の引き上げがない限り，介護職の賃金は上がらず，介護職員不足が続きます。7節では，深刻な介護職員不足に対する政府の対策を簡単に説明します。それは介護職員の賃金の引き上げや労働条件の改善ではなく，介護サービス分野への無資格の低賃金労働者の導入です。

なお第5章では訪問介護分野，第6章では介護施設への無資格の介護労働者の導入政策とその影響について詳しく説明します。

2　2012年以降のホームヘルパーの求職者の急減
── 2016年にはわずか1,700人

2節と3節では，訪問系介護職であるホームヘルパーと介護施設で働くホームヘルパー以外の介護職に分けて，求人・求職者の変化の理由を説明していきます。というのは訪問系介護事業所と介護施設では，介護職員の働き方も賃金体系も異なりますし，事業所の経営状態にも差があるからです。

この節では，訪問介護サービスを支えるホームヘルパーの求人・求職者の動向をみながら，2012年以降，ホームヘルパーの求職者が激減している理由を考えていきます。

図表4-1は，第1回目の介護報酬改定（−2.3％）が決まった2003年以降のホームヘルパーの求人数と求職者数の推移を著者が図示したものです。ただし2007年に統計数字の定義の変更があり，2006年までと2007年以降に分けてみる必要があります。ちなみに統計数値の違いを簡単に述べると，2006年までは求人，求職者とも有効期限が厳密に適用されず，希望が合わず延長された場合も求職者数や求人数に含まれていますが，2007年以降は有効期限内の求人数と求職者数のみを集計しています。つまり2006年以前の数字は，2007年以降の数字よりも過大になっています。

まず同じ定義を用いた2003年から2006年までのホームヘルパーの求職者数の推移に注目すると，2000年4月の介護保険導入時には存在したホームヘルパーという新しい職業に対する期待が，2000年代前半には急速に醒め

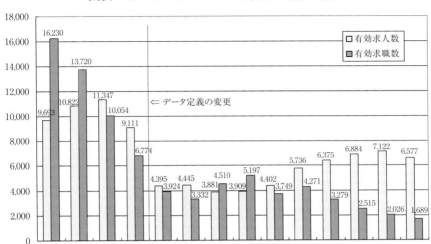

図表 4–1　ホームヘルパーの求人・求職の動向

出典：毎年の『福祉人材の求人・求職の動向』を用いて，著者が作成
注1：2006年までは希望が満たされず求人・求職期間が延長されたケースも含まれるため，新規だけではないので数字が大きく現れている
注2：2007年以降は求人・求職期間の有効期間が明確にされ，新規求人・求職者に近い数字となっている

ていったことがわかります。2003年度には有効求人数9,700件に対して有効求職者数は16,000人と，今からは考えられないことですが，求職者のほうが求人よりもはるかに多かったのです。しかし2004年に開始された「介護給付適正化」運動のターゲットは，訪問介護のうちでも生活援助サービスの利用制限でした。その影響で2005年には，求人数よりも求職者数が少なくなり，ホームヘルパーの雇用が困難になり始めました。2006年には状況はさらに悪化し，求人数9,100件に対して求職者は6,800人となっています。

しかし2007年以降のデータをみると，リーマンショックから2011年までは求人数と求職者数には大差はなく，ホームヘルパーの雇用が逼迫している状態ではありません。人手不足が深刻化したのは，2012年以降です。2012年以降のホームヘルパーの求人数は6,000人～7,000人程度で推移していますが，求職者数が急減したため，有効求人倍率（有効求人数／有効求職者

数）は年々悪化しています。有効求人倍率は，2011年1.17倍，2012年1.34倍，2013年1.94倍と緩やかに悪化していきましたが，その後の悪化は急激でした。2014年は2.74倍，2015年は3.51倍，そして，2016年には3.89倍です。つまり2016年度には，求職者1人に対して求人数が4件です。当然ながら，訪問介護事業所の25％が「大いに人手不足」の状況にあり，「不足している」事業所も含めると，訪問介護事業所の半数以上の53％が人手不足と回答しています（『福祉人材の求人・求職の動向』を参照）。

　一番の問題は，ホームヘルパーの求職者数が激減していることです。2007年以降の求職者数のピークは2010年度で5,197人でしたが，2016年度にはなんと3分の1の1,689人に低下しています。ホームヘルパーの求職者が激減している原因は，時間給の低下だけでなく，雇用形態の問題も大きいのです。みなさんもご存じのように，訪問介護事業所のホームヘルパー募集広告のほとんどは，非常勤の「登録ヘルパー」です。「登録ヘルパー」とは，ホームヘルプサービスの希望があったときにのみ働くという就業形態で，パートタイムのような一定の労働時間の保障がありません。労働時間が一定でないので，収入額も不安定です。いくら社会的に意義がある仕事であっても，月収がいくらになるのかわからないような働き方を選びますか。

　ホームヘルパーの求人・求職を見ると，求人の7割が「登録ヘルパー」ですが，求職者の6割は「常勤職員」を希望し，「登録ヘルパー」でもいいとする求職者は2割程度です。訪問介護事業所が求職者の望む常勤職員の募集ができないのは，民間訪問介護事業所の多くが小規模で経営状況がよくないためです。

　実際，現在就業しているホームヘルパーの8割は「登録ヘルパー」です。著者は，登録ヘルパーは一定の収入が保証されていないので，雇用形態として問題があると考え，登録ヘルパーという雇用形態をなくす必要性を昔から主張してきました（下野2006, 2009を参照）。しかし登録ヘルパーという雇用形態はなくならず，訪問介護サービスは崩壊寸前です。

　本書では，ホームヘルパー不足の深刻化という現状の指摘にとどまらず，もう少し踏み込んで，訪問介護サービスの維持とホームヘルパーの待遇改善

のためには訪問介護事業所の公営化が必要であるという提案をします。訪問介護サービスの公営化（社会福祉協議会，自治体など）を提案する最も大きな理由は，訪問介護サービスは在宅介護の中心であって，訪問介護事業所の経営悪化によってサービスがなくなると，住民が困るからです。そして訪問介護事業所も，普通の企業と同じように，規模が大きいほど経営が安定し効率的に運営することができます。訪問介護事業所の3割が従業員10人未満の小規模の民間事業所です。逆に従業員50人以上の事業所は15％で，非営利団体が多く経営収支もよいのです。第8章7節で訪問介護事業所の公営化の根拠について，詳しい議論を行っていますので，参照してください。

3 介護施設で働く介護職員不足の深刻化
―― 2016年の有効求人倍率は4.8倍

図表4-2は，「ホームヘルパー以外の介護職」の求人数と求職数の推移を図で表しています。ホームヘルパー以外の介護職とは，ほとんどが介護施設で働く介護職員です。ホームヘルパーと異なり，求人の8割が正規職員の募集なので，ホームヘルパーよりも雇用条件はよいといえます。しかし賃金は産業平均よりも10万円も低い22万円程度なので，好景気で労働人口が減少する日本で，介護施設で介護職員として働こうとする人は減少し続けています。介護施設で就業する介護職への求職者数は，ホームヘルパーと同様に，2012年以降減少の一途です。2011年には16,600人の求職者がありましたが，2016年度には半分以下のわずか7,700人にまで減少しています。

一方，介護施設の介護職員に対する求人数は，2010年代に入り，グループホームやサービス付高齢者向け住宅など高齢者向けの民間介護施設の拡大に伴って，大きく伸びています。2010年には15,000件程度であった介護施設の介護職員の求人数が，2016年には倍以上の37,000件に膨らんでいます。

その結果，有効求人倍率（＝有効求人数／有効求職者数）は急速に悪化しています。2011年度の有効求人倍率は1.22でしたが，2014年度以降は3を超え，2014年度3.27，2015年度3.97になり，そして2016年度にはとうと

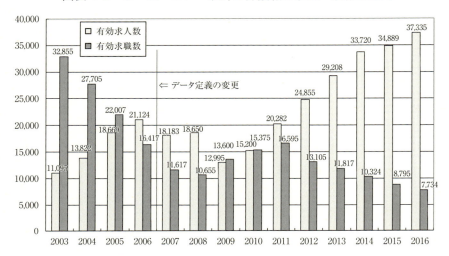

図表 4-2　ホームヘルパー以外の介護職の求人・求職の動向

出典：毎年の『福祉人材の求人・求職の動向』を用いて，著者が作成
注1：2006 年までは希望が満たされず求人・求職期間が延長されたケースも含まれるため，新規だけではなく数字が大きく現れている
注2：2007 年以降は求人・求職期間の有効期間が明確にされ，新規求人・求職者に近い数字となっている
注3：介護施設などで就業するホームヘルパー以外の介護福祉士や介護福祉士をめざす介護職員を対象とする

う 4.83 と，有効求人倍率 5 に近づきました。有効求人倍率 5 ということは，求職者 1 人に対して 5 件の求人があることを意味します。2014 年以降の介護施設は，必要な介護職員を補充することがほぼ不可能な状況に追い込まれています。求職者が減った理由は，好景気のなかで改善されない介護職員の低賃金です。2015 年の介護報酬点数のマイナス改定は，もともと低い介護職員の低賃金を固定化してしまい，介護福祉士資格の取得をめざす若者を激減させてしまいました。

　その結果，2016 年には介護施設の 11％が「大いに人手不足である」と回答しており，「不足である」を含めると介護施設の 32％，つまり 3 割以上の介護施設が人手不足の状況にあります（『福祉人材の求人・求職の動向』を参照）。介護職員の採用が困難になり，施設が完成してもすべての介護室を

オープンできない介護施設も出てきています。

　介護施設の職員不足深刻化への対策として，日本政府は積極的に外国人介護労働者の導入を図っています。2008年にはEPAによる外国人介護福祉士候補（同時に外国人看護師候補も）の受け入れが開始され，2017年11月から技能実習制度に新しく介護分野が追加されました。さらに2019年4月に「特定技能1号」，「特定技能2号」の在留資格が新設され，「特定技能1号」の介護分野では2019年度中に5,000人，今後5年間で6万人の受け入れが計画されています。

　しかし特定技能1号での大量の介護労働者の受け入れを考慮しても，外国人労働者受け入れによって介護職員不足に対応できる保証はありません（外国人介護労働者の受け入れについては，第6章を参照）。日本語の壁もありますし，アジア諸国の高齢化も進んでいます。経済的にも豊かになりつつある自国を離れて家族と離れて，遠い日本で外国人介護労働者が何万人も就業すると期待するのは夢物語かもしれません。

　継続的な雇用がみとおせない外国人介護労働者に期待するよりは，現在就業していない介護資格者を介護職員として雇用することを，なぜ考えないのでしょうか。巨額の財政赤字をかかえて，介護報酬点数の引き上げによる賃金引き上げが困難であることはよく理解できますが，EPA看護師候補・介護福祉士候補に日本の看護師や介護福祉士資格を取得させるためには，一人当たり4,000万円以上の税金が投入されています（下野2016を参照）。技能実習制度や特定技能制度の介護分野での外国人介護労働者の受け入れにも，税金が投入されており，将来的には日本語教育への公費投入が必ず必要になります（下野2009を参照）。

　著者は，介護報酬のプラス改定により介護事業所の収支改善を図れば，介護職員の賃金引き上げも可能と考えています。もし現在就業している介護職員の賃金引き上げが実現すれば，ホームヘルパーや介護福祉士の資格を持ちながら他産業で働く日本人の介護人材も介護分野に戻る可能性があります。外国人介護労働者の大量導入は，日本人の介護職員の低賃金と過酷な労働環境から目をそらせることになり，長期的な介護政策としては間違っているの

ではないでしょうか。

4　訪問系介護職員数の低迷と入所系介護職員数の伸び
——在宅介護中心から施設介護中心へ

　前節まで，ホームヘルパーと「ホームヘルパー以外の介護職」の求人や求職者の動向を丁寧に見てきましたが，そこで明らかになったことは，訪問介護サービス・施設介護サービスのどちらについても介護職員不足が深刻化し始めたのは2012年以降であることです。昔から介護職員不足があったわけではありませんし，高齢者数の増加によって急に介護職員不足が起きたわけでもありません。

　高齢者数の増加と介護職員不足が平行して報道されているため，介護を必要とする高齢者数の増加が介護職員不足を招いていると思い込んでいる方が多いようですが，介護職員不足が深刻化した理由は，2012年以降の好景気が続くなか，介護産業の賃金が低迷したためです。2012年の介護報酬点数（介護サービス価格）の低い伸び（1.2％），それに続く2015年のマイナス改定（－2.27％），2018年のほぼゼロ改定の影響で，介護職員の賃金が相対的に低下したことが，介護職員不足の原因です。

　労働人口の減少と好景気でただでさえ労働が逼迫しているときに，介護サービス産業の賃金は低迷し，結果として他産業との雇用獲得競争に負けたのです。くどいようですが，介護を必要とする高齢者の増加が，介護職員不足の原因ではありません。介護職員の低賃金こそが，介護職員不足の原因です。

　さらに図表4-1と図表4-2から読み取れることがあります。『福祉人材の求人・求職者の動向』は，「ホームヘルパー」と「ホームヘルパー以外の介護職」に分けて，求人数と求職者数をまとめています。介護職が「ホームヘルパー」と「ホームヘルパー以外の介護職」の2種類に分割されているのは，介護保険の理念として「日本の介護サービスは在宅介護サービス中心」とされていたからです。実際，2003年時点の求人数は，ホームヘルパー9,700人，ホームヘルパー以外の介護職11,000人と，ほぼ同数でした（介護職に対す

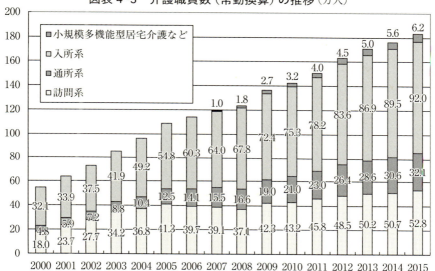

図表 4-3 介護職員数（常勤換算）の推移（万人）

出典：厚生労働省『高齢者白書 平成29年版』の図1-2-20を著者が書き直した。介護職員に看護師も含む

注1．原データは厚生労働省『介護サービス施設・事業所調査』で各年10月1日現在の常勤換算介護職員数

注2．2008年以前は全数調査，2009年以降は回答から推定。また特定施設の範囲が拡大。2011年からサービス付高齢者向け住宅が加わる

注3：訪問リハビリテーション，通所リハビリテーションなど，年度により含まれていない介護職員が存在する

る求職者数のほうが求人よりもはるかに多いことにも注意してください）。

しかし図表4-1と図表4-2を比較すると，近年の「ホームヘルパー」の求人数が横ばいである一方で，「ホームヘルパー以外の介護職」の求人数が大きく伸びていることがわかります。特に2010年代に入ると，「ホームヘルパー」の求人数が2012年からの5年間は6,500人前後で低迷している一方で，「ホームヘルパー以外の介護職」への求人数は2012年の25,000人から37,000人へと急増しています。いつのまにか日本の介護サービスは，「訪問介護サービスから施設介護サービス」へと比重を移しています。このことは，介護職員数の推移を図示した図表4-3によっても確認できます。

図表4-3は，介護保険が導入された2000年4月以降の介護職員数の推移をまとめたものです（各年10月1日現在，介護事業所の報告を集計）。ただし図表4-3の介護職員数は，実際に働いている介護職員数ではなく，常勤換算した数字で，実際に働いている人数は，この図に示された数字の2割以上多くなります。介護職員数を実際の就業人数ではなく常勤換算（週40時間で1人とみなす）の介護職員数で示す理由は，介護職員には短時間勤務者が多く含まれるからです。特にホームヘルパーは，パートヘルパーや常勤ヘルパーなど労働時間が固定している場合が少なく，ヘルパーの8割が短時間で不規則な就業形態である「登録ヘルパー」（利用したい高齢者が近くにいた場合だけ働くヘルパー）なのです。
　2000年の介護職員数は常勤換算で55万人でしたが，2005年には108万人と100万人を超えました。その後も介護職員数は増加し続け，2010年143万人，2015年176万人，利用可能な最も新しい2016年の数字では183万人となっています。実際に介護職員として働く人数は200万人を超えています。いまや介護サービス産業は巨大産業です。その就業者の9割近くが女性で，介護保険の導入とともにホームヘルパー1級，2級や介護福祉士などの介護資格を取ったのです。
　この図表4-3からも，「訪問系の介護職員数の低迷」と「入所系の介護職員数の伸び」を読み取ることができます。日本の介護サービスは在宅介護中心といわれてきましたが，介護職員数をみる限り，必ずしもそう言えなくなっています。在宅介護サービスで働く介護職員は，通所系（デイサービスなど）と訪問系（訪問介護，訪問入浴など）の合計です。通所系職員数が一貫して増加しているのに対し，訪問系職員数は生活援助サービスの利用制限などの介護サービス抑制政策の影響を受け，2006年から2008年にかけて職員数自体が減少し，その後の伸びもゆっくりしています。
　訪問介護サービスは在宅介護サービスの重要な柱とされ，2001年から2005年までは，訪問系職員数の割合は38％前後を維持してきましたが，2006年から比率は低下し続け，2012年には30％を割りました。訪問介護サービスを必要とする要介護高齢者数は増加しているはずですが，2012年か

ら2015年の訪問系介護職員数は，常勤換算で49万人から53万人とほとんど増加していません。2節でみたように，ホームヘルパーの求職者は激減しており，ホームヘルパーを取り巻く体制が現在のままであれば，将来的に訪問系職員数の増加は見込めないでしょう。一方，民間・公営を含めた介護施設数は一貫して増加を続け，介護施設で働く職員数は順調に増え続け，2000年の32万人が2015年には約3倍の92万人に達しています。

このような介護サービスの変質（訪問介護の低迷と施設介護の比重拡大）が近年加速化していることを理解したうえで，「今後も訪問介護サービスの縮小を受け入れていくのか」という問いを，自分や親，子供の将来の問題として，一度は真剣に考えてみる必要があります。訪問介護サービスが縮小すれば，家族の介護負担は必ず重くなります。お金も家族もあり健康で介護不安とは無縁な国会議員や官僚に，あなたやあなたの家族の未来を任せておいてはならないのです。

5　介護職の不人気──介護福祉士養成校入学者が激減

介護保険の導入を契機として，介護福祉士に加えて，ホームヘルパー1級，2級ケアマネジャーなどの専門資格が新しく設けられ，介護人材の育成を目的とする多数の介護専門学校が設立され，介護福祉士やホームヘルパーが育成されてきました。ホームヘルパー資格で就業できるのは訪問介護分野だけですが，介護福祉士はどちらでも働けます。介護福祉士のなかには訪問介護分野で就業する人もいますが，大半は介護施設で就業しています。訪問介護よりも賃金や雇用条件がよく，常勤職員として就業できるからです。

介護福祉士になるためには，大きく2つの方法があります。2年以上の介護福祉士養成校を卒業するか，介護施設などで3年以上働いたうえで介護福祉士国家試験に合格することです。ただし2013年度から，介護福祉士国家試験を受験するためには，3年間の就業経験に加えて，介護福祉士実務者研修の資格が必要となりました。2015年前後の介護福祉士に関するデータを見ると，国家試験で介護福祉士の資格を得る者8万人に対して，養成校を卒

図表 4-4 介護福祉士養成校の定員と入学者の推移

出典:日本介護福祉士養成施設協会調べ
注1:入学者数と一般入学者の差は,離職者訓練受け入れ数である
注2:2018年度の入学者のうち,6人に1人は外国人

業して介護福祉士資格者を得るのは1万人程度にとどまり,実務経験をつんで国家試験を受験する者が圧倒的に多くなっています。

　この節では,介護福祉士養成校の実態を報告します。その理由は,介護福祉士養成校が若者の資格取得手段となっており,若い世代にとっての職業としての介護職の評価を知ることができるからです。

　図表 4-4 は,統計が利用可能な 2006 年以降の,介護福祉士を育成する大学や専門学校などの定員と入学者の推移を描いています(日本介護福祉士養成施設協会調べ)。これをみると,2006 年の入学者は 19,200 人,定員に対する入学者の割合は 72%でしたが,2017 年には定員 15,900 人に対して入学者 7,300 人で,定員に対する入学者割合は,離職者訓練受け入れ者を含めても 46%と,定員の半数にも達していません。

　リーマンショックから始まった世界金融不況時には,手堅く資格を取りたいという若者が増えて一時的に持ち直したものの,景気の回復とともに介護

福祉士人気は低迷しています。特に2014年以降，介護福祉士養成校の入学者は離職者訓練受け入れ数を含めても，大幅に減少しています。このような入学者の減少傾向は，若い世代にとって，介護職がまったく魅力のない職になってしまったことを如実に示しています。消費税の8％から10％への引き上げ延期による2015年の介護報酬のマイナス改定（－2.27％）を含む介護保険縮小政策は，介護を志す若者の数を決定的に減少させてしまったのです。

　介護福祉士の人気低迷の原因は明らかです。どのようなアンケート調査，聞き取りからも，介護職以外の職を選ぶ理由や離職の理由のなかで最も大きな要因は，介護職の「低賃金」です。全産業の平均賃金32万円に対して，介護福祉士の平均賃金は22万円と，月に10万円もの差があります。その上，経験年数を重ねても昇給がほとんど期待できないような仕事に，「人に役立つ仕事だから」就業しろと，誰が言えるでしょうか。

　このような介護福祉士の賃金実態が明らかになるにつれ，介護福祉士養成校の入学者が減少するのは，あまりに当然のことでしょう。むしろ著者は，それでも介護職をめざす若者がいることに驚きます。高齢者を含む弱者を助けたい優しい若者が決して少なくないことは喜ばしいことです。しかし彼らの善意に頼ることなく，仕事に見合う賃金水準を保証したいものです。

　もし今後も介護職の賃金水準が低いままならば，大不況でも来ない限り，若者が積極的に介護福祉士をめざすことはないと断言できます。厚生労働省はもちろん，介護職の賃金などの待遇改善を進めない限り必要な介護職員の確保は困難であると認識しており，予算の許す範囲で介護職員の賃金引き上げを進めてきました（賃上げした事業所に対する補助金支給など）。しかし安倍政権による消費税率の8％から10％への引き上げ延期により年間5兆円（4年間で20兆円）の社会保障財源が失われ，その結果介護保険財政も悪化しています。介護人材の確保のために必要な大幅な介護報酬点数の引き上げ（＝賃金引き上げ）にあてるための原資も枯渇しており，介護職員の賃金改善は遅々として進んでいないのが実情です。

　なお介護福祉士養成校の数も定員数も，人気低落を受けて，大幅に減少しています。2006年には409校（定員26,800人）でしたが，2016年には377

校（定員 16,700 人）と，10 年間で養成校は 32 校減少し，定員数も 1 万人以上減少しています。このように，介護保険の財政悪化は，介護人材の育成にも悪影響を与えているのです。

6　人手不足でも介護職員の賃金が上がらない理由

　この節では，介護分野が明らかに人手不足であるにもかかわらず，介護職員の賃金が上がらない理由を説明します。コンビニやスーパーでは，人手不足になれば時間給が上がります。景気がよくなり人手不足になれば，サラリーマンの月給も上がり始めます。しかし介護職員の賃金は，景気がよくなっても人手不足が起きても，変わりません。なぜでしょうか。

　介護労働安定センター「平成 28 年度介護労働実態調査」によると，介護職員が「大いに不足」「不足」「やや不足」していると回答した介護事業所が 6 割を超えています。事業者からみた採用が困難である一番の理由は，「賃金が低い」（57%）ことで，半数の事業所が「今の介護報酬では人材の確保・定着のために十分な賃金を払えない」としています。つまり，介護職員の賃金の低さは，介護報酬が低いことと深く関係しているのです。事業者が介護職員の賃金を引き上げようとしても，「介護報酬」がそれを許さないのです。

　介護職員の賃金の決まり方は，普通の就業者とは違っており，医者や看護師と同じです。医者や看護師の賃金水準が「診療報酬点数（医療サービスの公定価格）」によって決まる医療機関の収益によって決定されるように，介護職員の賃金は「介護報酬点数（介護サービスの公定価格）」によって決まる介護事業所の収益によって決定されます。

　つまり介護職員の賃金は，労働需要と労働供給によって決定される「市場賃金」ではなく，介護保険制度のもとで決定される介護報酬点数によって決まる「公定価格」なのです。介護報酬点数（介護サービス価格）が低ければ，介護事業所の収入は低迷し，当然介護職員の賃金を上げる余裕もなくなります。

　第 3 章の図表 3-4 に示したように，介護報酬点数は 3 年ごとに改定され

ます。介護保険は2000年にスタートしたので、第1回目の介護報酬点数改定は2003年でした。介護サービスの利用が想定以上に伸びたため、2003年と2006年の介護報酬改定は－2.30％，－2.40％と、大幅なマイナス改定となりました。特に、介護サービス事業所のうち、両年とも－4％と介護報酬点数を大きく引き下げられた介護施設の収益は大きく悪化しました。介護施設と訪問介護事業所の経営悪化により、介護職員の賃金は低迷し、2節、3節で確認したように、2003年から2008年にかけて介護職の求職者数は一気に減少しました。

その後、2009年と2012年の介護報酬改定では、3％、1.2％とプラス査定となりました。2009年の3％のプラス改定の影響は大きく、2009年から2011年までの3年間は求職者数が求人数を上回る年もありました。リーマンショックによる景気低迷による失業者の増加もあり、相対的に安定した介護職の人気が高まった時期でもありました。

しかし、2012年以降の景気の回復とともに、介護職の人気は下がり始めました。そして好景気の中で、－2.27％という大幅なマイナス改定となった2015年の介護報酬点数の改定が、介護職員不足、介護事業所の倒産、介護職の不人気を決定的にしました。第3章で説明したように、2015年の介護報酬改正は、安倍内閣が2015年10月に予定されていた消費税の引き上げ延期を決めた直後のことでした。社会保障財源の不足が、介護報酬点数の－2.27％という大幅なマイナス査定を招きました。2018年の介護報酬改定もほぼゼロ査定なので、2020年までは介護職員の賃金上昇は期待できません。

2016年の「ホームヘルパー」の有効求人倍率（求人／求職者の比率）は3.8、介護施設職員を主とする「ホームヘルパー以外の介護職」の有効求人倍率は4.8と、求人を出してもほとんど必要な介護職員を雇えない状況になっています。しかし、このような深刻な介護職員不足でも、介護報酬点数（介護サービスの公定価格）の引き上げがない限り、介護事業所は賃金を上げることができません。事業所の収入は介護報酬点数で決まるので、もし賃金を上げれば、倒産するしかありません。実際、2015年以降、好景気の継続で日本の倒産件数は減少しているのですが、介護サービス産業のみ倒産件

数が増加しています。

　介護職員が不足すれば，介護事業所は介護サービスの供給を減らすので，要介護高齢者が必要な介護サービスを利用できない状況が生まれます。しかし政府・厚生労働省は，事業者が賃金を引き上げられるような介護報酬点数の引き上げではなく，介護保険対象者の縮小に舵を切りました。2015年以降に実施された介護保険の具体的な縮小・解体政策については，第1章の4節から8節で説明しているので，もう一度確認してください。

　もしも私たちが介護サービスの水準を維持したいと願うならば，介護事業所が十分な介護職員を雇用できるだけの収益を上げることのできる介護報酬点数を保障する必要があります。そして介護報酬点数の引き上げには，増税（消費税でも所得税でもよい）による介護保険財源の確保が必要なのです。

7　政府の介護職員不足対策
——無資格の雇用者，ボランティア，外国人労働者の活用

　この節では，政府の介護職員不足対策を簡単に説明します。詳しくは，次の5章，6章をお読みください。

　さて，2025年には団塊の世代が後期高齢者である75歳に達し，介護を必要とする高齢者数の大幅な増加が予想されています。2015年6月24日に公表された厚生労働省の予測は，2013年の介護職員数をベースとした予測で，2025年度に必要とされる介護職員数は常勤換算で253万人に対し，現状推移シナリオによる介護職員の供給見込みは215万人なので，介護職員の不足は38万人となります。このような予測は，これが初めてでも最後でもありません。しかしこの数字が2015年に公表されたことにより，将来の介護職員不足に注目が集まり，介護サービスの利用規制，自己負担増，外国人介護職員の受け入れという政府の介護政策を国民が受け入れるきっかけになりました。

　なお2025年に必要となる介護職員数の予測は著者を含め多くの研究者・研究機関が行っていますが，ベースとなる年が最近時点になるほど大きく推

定されています。その理由は、介護保険の対象となる介護施設の種類が拡大し施設数も増えており、介護施設が必要とする介護職員数が近年急増しているからです（図表4-2，図表4-3を参照）。特に増加しているのは民間介護施設で、認知症高齢者向けのグループホーム，2011年から導入された「サービス付き高齢者向け住宅」です。

ちなみに、サービス付き高齢者向け住宅は，有料老人ホームと似た民間施設ですが、入居費用が安いことで、公的介護施設不足で入居できない要介護高齢者の受け皿になっています。しかし本来自立して生活できる高齢者が対象で、義務化されているのは、居室が25平米以上、見守りサービスと生活相談だけです。所管官庁は厚生労働省ではなく、厚生労働省と国土交通省の両省となっており、有料老人ホームとは異なり、必ずしも高齢者を保護する保証がないことを理解しておく必要があります。

では2015年に公表された厚生労働省による2025年の介護職員38万人の不足という予測（2013年データを基礎に推定）に対して、政府・厚生労働省はどのような対策を打ち出しているのでしょうか。介護職員不足は、需要と供給との関係で決まります。たとえば、介護需要を十分抑えれば、必要な介護職員数は少なくなります。2000年前半ですでに日本政府は介護需要抑制政策に転換しましたが、第3章で見たように、安倍政権は露骨な介護需要の抑制政策を採り、介護保険で必要な介護職員数の減少を図っています。

同時に無資格・低賃金の介護労働者の導入政策も進めています。安倍政権の介護職員不足対策は、介護職員の賃金引き上げや労働環境の改善による介護職員数の増加政策ではありません。賃金の引き上げや労働環境の改善には費用（税金）が必要ですが、消費税率の引き上げ延期を続けたために社会保障財源は枯渇しています。そこで、無資格の雇用者やボランティア、外国人を安い賃金で働く介護労働者として活用することが、安倍内閣の介護職員不足への対策になりました。具体的にいうと、まず第1に、「軽度者」への介護サービスを、介護資格を持つ介護職員ではなく、無資格の雇用者やボランティアに委ねることです（目標は22万人）。そのために全市町村で、2018年から要支援者が介護保険から切り離され、総合事業への移行が実施されて

います。第2が，外国人介護労働者の受け入れです。その中心が，2019年4月から新たに創設された「特定技能1号」の介護分野での大量の労働者の受け入れです（今後5年間で6万人）。

このように，2015年以降の大規模な介護保険の縮小政策（介護保険からの「軽度者」の切り離し，介護認定の厳格化，介護サービス需要の抑制など）と，無資格の雇用者・ボランティア・外国人の導入政策を組み合わせて，厚生労働省は2025年の38万人の介護職員不足に対応しようとしています。在宅介護分野では，今後5年間で無資格の雇用者，ボランティア（元気な高齢者）を22万人程度，介護施設では外国人介護労働者6万人を確保することが，政府の目標です。

介護保険からの「軽度者」の切り離しが順調に進めば，2021年度からは要支援1・2に加えて要介護1・2が介護保険から切り離されるので，有資格の介護職員は介護施設か要介護3以上の在宅の高齢者の身体介護に特化することになります。

介護保険導入時の専門職による公的介護サービスの提供という理念は打ち捨てられ，無資格者による介護サービスの提供が政府の方針となりました。

8 まとめ

この章で明らかになった最も重要な事実は，昔から介護職員が不足していたのではなく，介護職員不足が問題化したのは2012年以降であることです（**図表4-1と図表4-2を参照**）。2011年以前には，求人数と求職者数がほぼつりあっていたことを無視してはなりません。

2012年以降に介護職員不足が深刻化した原因は，好景気にもかかわらず，介護報酬点数（介護サービス価格）が上がらず，介護職員の賃金が上がらなかったことです。消費税の8％から10％への引き上げ延期の影響で介護保険財政が悪化した2015年の介護報酬点数は，－2.27％のマイナス改定となりました（2018年の改定ほぼゼロ）。好景気のなか，介護事業所の経営は悪化し，介護職員の賃金も低迷しました。他産業の賃金が上昇するときに介護職

員の賃金が低迷すれば，介護職員不足は深刻化します。最近時の常勤介護職の賃金は月22万円で，産業平均の賃金32万円（サービス業平均28万円）と比べると，大きく見劣りします。

　介護職の賃金の引き上げを早急に行わない限り，介護職員数の増員・維持どころか，介護職員の離職の増加により絶対数の減少さえ起こりかねないのです。このような深刻な介護職員不足に，政府・財務省・厚生労働省はどのように対応しようとしているのでしょうか。安倍内閣は介護職員の賃金引き上げに必要な介護報酬引き上げのための財政措置を採りませんでした。2015年の－2.27％の大幅なマイナス査定に続き，2018年もほぼゼロ査定で，介護報酬点数の引き上げはなく，介護職員の賃金引き上げは今後も難しいでしょう。

　介護職員の賃金を引き上げて介護職員不足を解消する代わりに，安倍政権が実施した介護職員不足対策は，「介護保険対象者の削減」と「無資格の介護労働者の導入」です。まず2018年4月以降すべての市町村で，要支援者の介護保険から総合事業への移行が実施されています。さらに政府は要介護1・要介護2認定者についても，「軽度者」として総合事業への移行を計画しています。もし政府の計画通りに進めば，2021年度から介護保険対象者は要介護3以上となり，要支援・要介護認定者の3分の1になるので，介護保険対象者が必要とする有資格の介護職員数は大幅に減少します。

　「軽度者」に対する介護サービス（生活援助型サービスと通所型サービス）は，無資格の雇用者やボランティアが提供し，身体介護の一部は医療者に委ねる計画です（第5章を参照）。そして無資格の外国人介護労働者が介護施設の職員不足を補う重要な働き手になります。

　以上のように，介護職員の待遇改善ではなく，介護サービス需要の抑制と無資格の介護労働者の活用という現政権の介護政策は，あなたにとって将来の日本にとって望ましい政策なのでしょうか。

　次の第5章では在宅介護サービスを取り上げ，「軽度者」が介護保険から移行する先の総合事業の担い手について説明するとともに，「軽度者」の利用の多い訪問介護サービスについて考えます。第6章では施設介護サービス

を取り上げ，外国人介護労働者の受け入れ政策とその意味について説明します。さらに介護ロボットに期待する人も多いかもしれませんので，第6章7節では介護ロボットの将来性にも触れます。

第5章

在宅介護サービスへの
無資格の雇用者・ボランティアの導入

1 はじめに

　この章では，政府・厚生労働省の進める介護職員不足対策の柱の1つである，「在宅介護サービスへの無資格の介護労働者，ボランティアの導入」について説明します。

　在宅介護分野で働くホームヘルパーには，低賃金だけではなく，8割が「登録ヘルパー」という不安定な雇用形態で働くという問題があります。労働時間が決まっていない登録ヘルパーという働き方を，資格を持つ介護職員が選択する理由はありません。好景気になっても雇用形態が変わらず，時間給も上がらないことで，2012年には4,000人を超える求職者があったものが，2016年のホームヘルパーの求職者はわずか1,700人にまで減少しました。

　この2012年以降の深刻なホームヘルパー不足への政府の対策は，ホームヘルパーの賃金引き上げでも雇用条件の改善でも労働環境の改善でもありません。安倍内閣の回答は，「軽度者」の介護を無資格の介護労働者に任せ，有資格者を要介護度の高い高齢者に対する身体介護中心型に集中させることです。政府は，2025年までの無資格者の導入数を22万人と想定しています。

　「軽度者」向けの介護サービスを引き受ける総合事業では，介護保険よりも1～3割以上低い介護報酬を設定するので（市町村が決定），介護事業所の

大半は低報酬介護に参加せず，総合事業独自の「多様なサービス」だけが残ることになるでしょう。そして総合事業の多様なサービスの担い手は，資格のない雇用者とボランティアです（図表5-1を参照）。つまり専門職による介護サービスの提供という介護保険の理念が放棄されようとしています。

　さらに，総合事業の原資は介護保険ですが，事業内容は地域によって異なります。もともと就業年齢人口の少ない地域やボランティア活動の不活発な地域では，総合事業を支える担い手が見つからず，総合事業そのものが成り立たないかもしれません。そして総合事業に移された要支援1・2に対する介護サービスがなくなってしまう市町村が出現するでしょう。介護サービスのない市町村に高齢者は住むことができず，高齢者も流出していくことになります。

　ちなみに安倍政権の用いる「軽度者」とは，要支援1・2だけではなく，要介護1と要介護2も含みます。政府・厚生労働省は，要介護1・2認定者の介護保険からの切り離しを，2021年度から実施することを計画しています。介護保険から切り離されることは，専門資格を持つ介護職員のサービスから切り離されることを意味します。著者の母は，体は丈夫でしたが，脳梗塞による認知機能の低下により，食事の用意もできず掃除もできずお風呂の用意もできないのに，要介護2でした。母は有料老人ホームの職員による見守り，掃除や食事，ホームヘルパーによる生活の援助，デイサービスでの入浴サービスなしには，健康で清潔な日常生活を送ることができませんでした。在宅介護サービスの利用なしでは生活できない母のような高齢者を，「軽度者」として介護保険の利用から切り離し，介護の資格を持たない労働者やボランティアに委ねることに，何の問題もないのでしょうか。

　しかし，総合事業において無資格の介護労働者が高齢者の介護をすることに対する国民の反対の声は，決して大きくありません。その理由は，政府も市町村も，総合事業の内容，介護保険と総合事業の違い，政府の介護保険解体策について，丁寧な説明を行わないからです。ケアマネジャーも積極的に説明するように求められていません。マスメディアも2015年の介護保険の大きな変更の意味を十分説明していません。その結果，2018年4月から全

市町村で要介護認定更新に合わせて要支援者が総合事業に移されていること，介護の担い手が無資格の介護労働者に移ろうとしていることを，要支援者自身もその家族もほとんど理解していません。少なくとも著者の身近にいる要支援者を含む人たちで，介護保険の変質に気がついている人はいませんでした。総合事業という言葉さえ知らない人ばかりでした。このような介護保険の大きな変更について，丁寧な説明のないことに疑問を感じずにいられません。

さらにこの章では，国際比較をとおして，日本人の訪問介護サービス（ホームヘルプサービス）利用率が低いことを明らかにします。その理由として考えられるのは，家族との同居率の高さ，そして訪問介護サービスが生活援助と身体介護に厳密に分けられていることです。少なくとも高齢者の家族との同居率は今後も下がるのは確実で，その分，訪問介護サービスに対する需要は高まることでしょう。そのときあなたの住む地域では，総合事業の介護サービスは提供され続けているでしょうか？

2 「介護予防・日常生活支援総合事業（総合事業）」と介護保険の違い

最初に，介護保険と総合事業の違いを説明します。第1の違いは，介護保険は全国一律の介護サービスを提供しますが，総合事業の提供する介護サービスは，地域によって質も量も異なることです。つまり介護サービスの一部を各市町村の運営する総合事業に移すという政府の決定は，介護保険による全国一律のサービス提供体制を崩壊させたことを意味します。第2は，介護報酬の違いです。総合事業は介護保険よりも1〜3割も低い介護報酬を前提とした制度設計になっています。そのため，総合事業の介護サービスは「低報酬介護」といわれます。介護報酬の決定権は，各自治体にあります。第3は，介護サービスの提供者の違いです。介護保険では，介護の知識を持つ専門家によって介護サービスが提供されます。しかし，総合事業の低報酬介護では，「賃金の高い」有資格者を雇用することはできないので，介護サービ

スの提供者として期待されるのは，無資格で「賃金の安い」介護労働者・ボランティア・元気な高齢者です。

　ところで，ほとんどの要支援者やその家族が，2018年4月に介護保険から切り離され，総合事業に移されたことに，気づいていません。なぜでしょうか？　第1の理由は，政府・市町村の丁寧な説明がないことです。たとえば，通所介護の利用が週1回から月1回に減らされたことに疑問を持った要支援者に対して，ケアマネジャーは「高齢者の増加で，介護サービスの利用が難しくなった」と説明したそうです。国も市町村も，総合事業について利用者（現在は要支援者のみ）に丁寧に説明していないので，ケアマネジャーは「低報酬介護から介護事業者が撤退するのは当たり前，総合事業では介護保険と同じ水準での介護サービス利用は無理です」という正直な説明ができないのです。

　第2の理由は，現在のところ，総合事業でも介護保険と同じ介護サービスが提供されているからです。図表5-1で示されるように，総合事業の提供する介護サービスのなかには，「現行の介護相当のサービス」が含まれており，総合事業に移された要支援者の9割が，利用回数を減らされながら介護予防サービスと同等のサービスを利用しており，介護保険から総合事業に移行した実感がないためです。そして2018年4月からは，以前と同等のサービスが，介護保険よりも1〜3割も低い介護報酬で提供されているとは，想像もしていないでしょう。

　介護報酬の低さに耐えられず，総合事業から撤退する訪問介護事業所や通所介護事業所が増えれば，要支援者のサービス利用回数はさらに減らされます。たとえば，週1回のサービス利用が月1〜2回に減らされますし，最悪の場合，自立支援という美しい言葉で，今まで利用できていた介護サービスの利用が中止されるかもしれません。総合事業からすべての介護事業所が撤退すれば，要支援者向けの介護サービスは，介護の知識を持たない介護労働者・ボランティアによる「多様なサービス」だけになります。そのとき初めて，要支援者やその家族は，介護保険から切り離されることの意味，低報酬介護の実態に気づくのかもしれません。

総合事業開始前の 2014 年度の統計で介護保険利用者数を確認すると，介護予防サービス（要支援者向けの介護サービス）150 万人，介護サービス（要介護者）498 万人で，合計 648 万人が介護保険のサービスを利用していました（介護予防サービスと介護サービスの両方でカウントされているケースがあることに注意）。そして 2018 年 4 月からはすべての自治体で総合事業が始まり，すべての要支援認定者が総合事業の対象者になりました。この大量の要支援者の移行により，介護保険対象者は 2 割以上減少します。そして，介護保険の介護予防訪問介護と介護予防通所介護を利用していた要支援者 102 万人が，介護認定の更新を経て，総合事業の「訪問型サービス」と「通所型サービス」の利用者になります。

　さらに現政権は要介護 1 と要介護 2 認定者も総合事業へ移行させる方針で，2019 年度のうちに法案を通し，2021 年 4 月からの実施をめざしています。そうなれば，要介護 1・2 で介護保険の通所介護と訪問介護を利用者する約 135 万人は，総合事業のサービスを利用することになります。要支援 1・2 に加えて，要介護 1・2 が利用できるほどの介護サービスを総合事業の低報酬介護として提供できるのでしょうか？

　総合事業による介護サービスを充実できる自治体もあるかもしれませんが，大多数の自治体では総合事業の介護サービスの担い手を確保できず，介護保険よりも少ない介護サービスしか提供できないでしょう。総合事業への参加者が少なければ，対象者への介護サービスがほぼなくなる市町村も出てくるでしょう。そのような市町村では，国・都道府県・市町村の公費負担が軽くなり，介護保険料も確実に安くなります。そして重くなるのは，家族の高齢者介護負担です。

　なお要支援 1・2 に加えて，もし要介護 1・2 も総合事業に移行されるならば，介護保険対象者は総合事業実施前の 3 分の 1 まで縮小します。つまり安倍内閣を支持し続ければ，「要介護 3 以上でないと介護保険の在宅介護サービスを利用できなくなる日」がすぐにやってきます。このような介護保険対象者の縮小に伴って，介護保険で必要とされる介護職員数も確実に減少します。

3 無資格の雇用者とボランティアの活用
――総合事業の「訪問型サービス」と「通所型サービス」

図表 5-1 に示したように，総合事業の訪問型サービスと通所型サービスには，それぞれ「現行の介護保険相当のサービス」と「多様なサービス」があります。「現行の介護保険相当のサービス」を提供するのは介護事業所ですが，介護事業所の大半は営利企業なので，介護報酬が介護保険よりも 1～3 割も低いのに同程度のサービスを求められる総合事業には参加しないでしょう。低報酬で経営収支を悪化させることがわかっている総合事業には，最初から参加しないと決めている介護事業者は少なくありません。たとえば訪問介護事業所の 3 割を占める 10 人未満の小規模事業所では，低報酬介護を引き受ければ，経営が破綻します。そして全国展開する介護会社の大半が総合事業から手を引くことを決めたのは，低報酬に加えて，市町村ごとに異なる形式の書類作成の負担の大きさです。結局，総合事業への参加を決めた事業所は，介護保険で介護予防サービスを提供してきた事業所の 1～3 割程度にとどまりました。つまり，大半の訪問介護事業所，通所介護事業所は，要支援者向けの低報酬介護の提供を中止し，要介護者向けの介護保険内のサービス提供に特化していくことになります。

前節で述べたように，介護保険で提供される「介護予防サービス」と総合事業で提供される「低報酬介護」とはまったく別物です。介護予防サービスは全国一律の基準で介護の専門職によって提供されますが，低報酬介護では，各自治体の裁量で異なる価格の介護サービスが，介護の知識を持たない無資格の介護労働者やボランティアによって提供されます。政府によれば，総合事業は「地域の特性を活かした多様なサービスを提供する制度」だそうです。しかし，多様なサービスの実体は，無資格の低賃金介護労働者による介護サービス提供です。

そしてサービス業の研究者・経営者の誰もが同意する事実は，有資格者のサービスと無資格者のサービスとでは，サービスの質が違うことです。どのようなサービス業であれ，サービスの質の向上のために活用されるのが，資

図表 5-1　総合事業の「訪問型サービス」と「通所型サービス」

(1) 訪問型サービス

サービス種別	現行の訪問介護相当	多様なサービス			
		(緩和した基準によるサービス) 訪問型サービスA	(住民主体による支援) 訪問型サービスB	(短期集中予防サービス) 訪問型サービスC	(移動支援) 訪問型サービスD
サービス内容	ホームヘルパーによる身体介護，生活援助	生活援助など	住民主体の自主活動 生活援助など	保健師などによる在宅での相談・指導など	移送前後の生活支援
サービス提供者	ホームヘルパー	主に雇用労働者	ボランティア主体	保健・医療の専門職（市町村）	ボランティア主体
対象者とサービス提供の考え方	・すでにサービスを利用しており，継続した利用が必要な場合 ・ただし，状況を踏まえながら，多様なサービス利用を促進	状態等を踏まえながら，住民主体による支援等「多様なサービス」の利用を促進		・体力の改善に向けた支援が必要なケース ・3～6ヶ月の短期間で実施	訪問型Bに準じる
実施方法	事業者指定	事業者指定／委託	補助（助成）	直接実施／委託	
基準	介護予防の基準を基本とする	人員等を緩和した基準	個人情報の保護などの最低限の基準	内容に応じた独自の基準	

(2) 通所型サービス

サービス種別	現行の通所介護相当	多様なサービス		
		(緩和した基準によるサービス) 通所型サービスA	(住民主体による支援) 通所型サービスB	(短期集中予防サービス) 通所型サービスC
サービス内容	通所介護と同様のサービス 生活機能の向上のための機能訓練	ミニデイサービス 運動・レクリエーション等	体操，運動等の活動や自主的な通いの場	生活機能を改善するための運動器の機能向上や栄養改善等のプログラム
サービス提供者	通所介護事業所の従業員	主に雇用労働者＋ボランティア	ボランティア主体	保健・医療の専門職（市町村）
対象者とサービス提供の考え方	・すでにサービスを利用しており，継続した利用が必要な場合 ・ただし，状況を踏まえながら，多様なサービス利用を促進	状態等を踏まえながら，住民主体の多様なサービスの利用を促進		・ADLやIADLの改善に向けた支援が必要なケース等 ・3～6ヶ月の短期間で実施
実施方法	事業者指定	事業者指定／委託	補助（助成）	直接実施／委託
基準	介護予防の基準を基本とする	人員等を緩和した基準	個人情報の保護などの最低限の基準	内容に応じた独自の基準

出典：厚生労働省のウェブサイト。厚生労働省が市町村に示した多様なサービスの案
注：サービス提供者の部分は著者が強調した。さらに，情報の順番を変更し，文章を編集している

格制度です。介護分野でいうと，欧米では，介護事業所や介護施設の質の評価として，資格別の有資格者数や介護職員に占める有資格者の割合などのデータを公表しています。軽度者への介護サービス提供者が，有資格の介護専門家から無資格の介護労働者やボランティアに代われば，軽度者向けの介護サービスの質は確実に低下します。

　さらに，もし無資格の低賃金労働者やボランティアが不足すれば，介護や高齢者に関する知識を持たない家族が，高齢者介護を担うことを期待されるでしょう。「無資格の介護労働者にできることは，介護の素人である家族でもできるはず」と考えるのは，自然な流れです。2015年の総合事業の介護サービスへの無資格の介護労働者の導入は，軽度者の介護が「誰にでもできるサービス」になったことを意味します。生活援助や通所介護サービスの提供者が，介護の専門職であった時代は終わりました。政府・厚生労働省は国民に対し，このような介護保険の大きな制度変更をもっと丁寧に説明する義務と責任があると，著者は考えます。

　前述のように，総合事業で提供される「訪問型サービス」と「通所型サービス」には，「現行の訪問介護・通所介護相当」のサービスも含まれていますが，介護保険よりも低い価格で今までと同じサービスを期待されるなら，営利企業である介護事業所は，事業者の申請を行わないでしょう。介護保険との差額を補填し介護事業所を引き止める豊かな市町村もありますが，補填がなくなれば，ほぼすべての介護事業所が総合事業から撤退するでしょう。

　結局，総合事業に残るのは，「多様なサービス」です。専門資格を持たない介護労働者に支えられる総合事業の「多様なサービス」は，安い賃金で労働者を雇用するブラック企業か，やりがい搾取といわれかねない安い報酬で働く有償ボランティアを活用するNPOが提供します。そのような事態を避けるには，社会福祉協議会に頼らざるをえなくなるかもしれません。さもなければ，就業年齢の住民の少ない地域，ボランティア活動の不活発な地域では，要支援者への介護サービスがなくなり，「家族介護」の時代に戻る可能性さえあります。

　さらに図表5-1は，訪問型サービスでも通所型サービスにおいても，多

様なサービスのなかに短期集中型サービスとして医療の専門職の行うサービスが入っていることに注目してください。介護保険では，訪問介護サービスも通所介護サービスも介護職員が担ってきましたが，総合事業の多様なサービスからは，介護職員の姿が消え，介護資格をもたない雇用者・ボランティアに加えて，医療者が登場します。

今後，要支援者だけではなく，要介護1と要介護2も総合事業に移行されることになれば，在宅介護サービスの姿は大きく変わります。介護保険の利用者の8割が，在宅介護サービスを利用しながら，在宅で介護を受けています。その在宅介護サービスで最も利用されている「訪問介護」と「通所介護」が，有資格の介護職員の実施する介護保険のサービスから，介護資格を持たない雇用者・ボランティアの提供する「多様なサービス」に置き換えられていくのです。要支援1・2，要介護1・2向けの在宅介護サービスは低価格になりますが，質は低下し，サービス量も大幅に減少します。

総合事業を利用して，「軽度者」の在宅介護に介護資格を持たない雇用者やボランティアを活用し，資格を持つ介護職員は要介護3以上の要介護者が利用する身体介護サービス中心の訪問介護や介護施設に移動させること，それが厚生労働省による在宅介護分野での介護職員不足対策です。あなたは，厚生労働省のプランに賛成しますか？

4　総合事業の低報酬介護の課題——担い手不足と地方経済の衰退

さて総合事業の実施は，消費税率引き上げの延期が決定された2014年に決まりました。そして2015年4月から実施が開始され，2018年4月には全市町村で実施することを求められました。しかし第3章の図表3-3に示したように，2015年中に体制を整えた市町村はわずか18％，2016年中が20％で，市町村の6割以上が，最終年の3年目の2017年中にようやく体制を整えたのでした。

この遅れの大きな原因が，低報酬介護に参加する団体の少なさでした。全市町村に対するアンケート調査によると，総合事業の課題として「事業への

参加率が低い」ことをあげていた市町村が，6割を超えていました（三菱UFJリサーチ＆コンサルティング2015を参照）。政府は総合事業における担い手不足の現状を認識したうえで，介護保険からの要支援者向け訪問介護・通所介護の切り離しを決定したのでしょうか？　介護の担い手が確保できなければ，要支援者は必要な介護サービスを利用できなくなります。

　介護保険関係の記事で介護職員不足以外の記事が取り上げられることは少ないのですが，『毎日新聞』2018年6月21日朝刊「クローズアップ2018」では総合事業の低報酬介護を取り上げており，介護事業者が低報酬介護から撤退していること，低報酬介護の担い手が確保できないことを伝えています。しかし残念ながら，この記事を読んでもその内容を理解できる読者はほとんどいないだろうと思いました。制度の変更の意味が説明されていませんし，介護保険と総合事業の違いも明確にされていません。安倍政権が2014年に介護保険からの「軽度者」の切り離しを決定したことが，低報酬介護の原因であることが説明されていません。なかなか取り上げられない低報酬介護を取り上げ，大きなスペースを割いて書かれているだけに，残念な気がしました。以下では，この記事を引用しながら，低報酬介護の問題点を明らかにしていきます。

　この記事の中では，介護事業者撤退の具体例を説明しています。それは著者が身近な人から聞いた例と同じで，リハビリに力を入れてきて人気があった通所介護施設の閉所です。東京都北区の通所介護「フィットネスデイ　もあ」の例では，総合事業の介護報酬が介護保険より約4割も低く設定され，収入が3割も減少したため，閉所に追い込まれたのです。北区がなぜ4割も低い報酬で経営を継続できると考えたのか，著者には信じられません。補足説明をすると，「フィットネスデイ　もあ」は，利用者が要支援者（介護予防通所介護利用）だったので，介護保険にとどまることができず，総合事業に移らざるをえなかったのです。通所介護だけではなく，訪問介護でも同じことが起きているはずです。

　さらに担い手不足も深刻です。『毎日新聞』の記事では大分市の例を取り上げています。大分市では介護保険よりも25％低い介護報酬で「訪問型サ

ービス」を導入しましたが，低報酬介護を引き受ける事業者がありません。結局，社会福祉協議会が運営する介護事業所が，総合事業の訪問型サービスを引き受けることになりました。有資格のホームヘルパーの賃金は介護保険サービスで決定されており，低報酬介護で想定されていた賃金と有資格者のホームヘルパーの賃金との差は社会福祉協議会（つまり最終的には市が負担）が負担しています。大分市のように，低報酬介護を引き受ける事業所がなく，社会福祉協議会が総合事業の訪問型サービスの主体にならざるをえない地方の市町村は少なくないと思われます。

　一方，毎日新聞の記事によれば，都市部では別の問題が起きています。第3章で述べたように，6割の市町村が猶予期間の最終年である2017年度にようやく総合事業の整備を終えたのですが，大都市の多くは初年度の2015年度に総合事業の整備を終えていました。大都市で起きている問題は，利用者（要支援者）の多くが総合事業の「多様なサービス」を利用しないで，「現行（介護保険）の介護相当」のサービスを選択することです（図表5-1）。多様なサービスの利用率は，総合事業の介護サービス利用全体の1割程度にとどまります。この選択は，要支援者が「有資格者が提供する介護サービス」を選択していることを意味しています。無資格者の質の低い介護サービス（多様なサービス）に対する不安も大きいのでしょう。

　このような状況に対し，総合事業の整備を進めてきた大都市では，介護保険相当の介護サービスから多様なサービスへの強制的な移行をはかっています。毎日新聞が把握しているだけで大阪市，神戸市など少なくとも15市で，自由なサービス選択を制限しはじめました。具体例を示すと，名古屋市は2017年度に，要支援者のサービス利用を「介護保険相当のサービス」と「多様なサービス」に振り分ける基準を作りました。その基準は，介護保険相当のサービスを利用できるのは，一人で外出できない寝たきり程度か，認知症で「たびたび道に迷う」程度とし，それ以外は多様なサービスを利用するという厳しいものです。この基準に従えば，要支援1・2認定者なら，ほぼ全員が「多様なサービス」の対象となります（第2章の図表2-2の介護度の目安を参照）。その結果，多様なサービス（訪問型・通所型）の利用者数は，

総合事業発足時の10倍になったそうです。

　ここで，この基準の意味を考えてみましょう。著者は，このような基準を作らざるをえないこと自体が，総合事業に大きな問題があることを示していると考えます。要支援者の自由な選択に任せていたら選択されない総合事業の多様なサービスですが，その整備には多くの税金が投入され，ボランティア・NPO・民間企業を組織化し，無資格者による「多様なサービス」の提供体制を整備するには，担当者の膨大な時間が費やされています。もし総合事業の「多様なサービス」が利用されなかったなら，税金と時間の無駄遣いになってしまいます。大都市において，要支援者の介護サービス利用を「多様なサービス」に誘導する基準が作られた理由は，よく理解できます。

　しかし，多様なサービスの整備・維持が可能なのは，おそらく大都市だけです。首都圏を除き，ほとんどの自治体では，人口の流出，労働力の減少が止まりません。総合事業の「介護保険相当のサービス」を低報酬で引き受ける介護事業所もみつからず，「多様なサービス」を支える無資格の雇用者もボランティアもいない市町村のほうが多数派でしょう。軽度者向けの介護サービスを介護保険から総合事業に移すことは，介護サービスの地域間格差の拡大を意味します。財政力が弱く総合事業の低報酬介護を維持できない市町村では，若者だけでなく，要介護高齢者も流出していくかもしれません。

　介護保険は，日本中に介護サービス産業（介護事業所の開設）を生み育て，既婚女性に新しい職場を提供することで，地方経済を活性化させてきました。総合事業の低報酬介護は，逆に，介護事業所の閉鎖，介護職の減少をもたらし，首都圏以外の地方経済を衰退させるでしょう。地方経済の活性化を声高にいう現政権は，地方経済における介護事業所の重要性を本当に理解しているのでしょうか？

5　低報酬介護の担い手を継続的に確保できるか？

　この節では，総合事業が地域の特性を活かした多様なサービスを提供し続けられるのか，という疑問を取り上げます。政府による総合事業の説明はつ

ねに，「地域の特性を活かした住民主体の事業」であるというものです。総合事業を支える担い手として，政府は無資格の雇用者とともに，地域住民の共助（地域の介護力）に期待しています。

しかし，労働人口の減少する日本において，総合事業で営業する介護サービス事業所も新しく参入した民間企業も，無資格であれ介護職員以下の低賃金で介護労働者を雇用することは困難にも思えます。実際のデータによって，総合事業の多様なサービスの実態と担い手を詳細に見ていきましょう。

この節で用いる主なデータは，総合事業が全市町村で実施される直前にNTT経営研究所が行った「平成29年度老人保健健康増進事業「介護予防・日常生活支援総合事業及び生活支援体制整備事業の実施状況に関する調査研究事業」調査結果等の概要」です。この調査は2017年10月に実施されており，総合事業がすべての市町村で実施される2018年4月の半年前の状況が確認できます。1,741市町村のうち94.5％の，1,645市町村からの回答を得ています。政府調査の回収率の高さにはいつも驚かされます。

この調査によれば，2017年6月時点で，訪問型の多様なサービスを提供する事業所数は11,159，通所型の多様なサービスを提供する事業所は10,161と，訪問型も通所型もそれぞれ1万を超える事業所が活動しています。多様なサービスを提供する事業所の割合は，訪問型サービス事業所の26％，通所型で20％と，かなり高い比率を占めています。多様なサービスとは，介護事業者や民間企業による介護保険より基準を緩和したサービス（無資格の介護労働者による介護サービス），住民主体による支援，医療専門職による集中介護予防サービスなどです（図表5-1を参照）。

しかしすべての市町村で，多様なサービスが提供されているわけではありません。多様なサービスを提供する市町村の割合は，訪問型で883市町村（53.7％），通所型で1,006市町村（61.1％）にとどまります。つまり4割程度の市町村では，総合事業の多様なサービスを提供することができず，介護事業所による介護保険相当のサービスしかないのです。多様なサービスが提供されない市町村とは，財政力が弱く，介護労働者として働こうとする人もなく，ボランティア活動をする地域住民もいない市町村です。このような地

方の市町村では，もし介護事業所が低い介護報酬に耐えられず総合事業から撤退すれば，総合事業の介護サービス自体がなくなります。

　ちなみに2017年6月に総合事業で活動する事業所のうち，訪問型サービスに参加する事業所の74%，通所型サービスの8割が，介護資格を持つ職員を雇用する介護事業所で，介護保険相当のサービスを提供しています。しかし総合事業では介護報酬が低く設定されるため，総合事業実施前の2014年10月と開始後の2017年6月を比較すると，介護保険相当のサービスを提供する介護事業所数は2年半で6.5%減少しています。この調査はまだ4割の市町村しか総合事業を実施していない時期のものです。すべての市町村で総合事業が実施されるのは2018年4月からです。つまり2018年以降，すべての市町村で要支援者向けの介護報酬が引き下げられるので，営利企業である介護事業所は総合事業から撤退していくことでしょう。その減少分を多様なサービスで代替できるでしょうか？　多様なサービスを提供する事業所のない4割の市町村はいったいどういう対策をとるのでしょうか？

　図表5-2の(1)を見てわかるように，訪問型サービスの「多様なサービス」を提供する事業所の9割は，基準を緩和したサービス事業所です。住民主体による支援はわずか3.7%で，医療関係者によって実施される短期集中予防サービス事業所が6.3%となっています。一方，通所型サービスの「多様なサービス」を提供する事業所では，68%が基準を緩和したサービス事業所で，住民主体による支援は9%，医療関係者による短期集中プログラムを実施する事業所が23%となっており，医療系事業所がかなり高い比重となっています。

　図表5-2の「(1)多様なサービスの内訳」から読み取れることは，第1に，ボランティア，地域住民の提供する介護サービスに多くを期待することはできないことです。第2は，医療関係者による短期集中予防サービスの比重の高さです。総合事業でも医療サービスの比重が高まっていることが確認できました。

　次に総合事業の多様なサービスの実施主体を，図表5-2の(2)で見ていきましょう。多様なサービスの担い手の6割以上が介護サービス事業者です。

図表 5-2　総合事業における「多様なサービス」の提供事業所の内訳と実施主体

(訪問型サービス)

(1) 多様なサービスの内訳　11,159 事業所

訪問型サービス A	基準を緩和したサービス	89.6%
訪問型サービス B	住民主体による支援	3.7%
訪問型サービス C	短期集中予防サービス	6.3%
訪問型サービス D	移動支援	0.4%

(2) 多様なサービスの実施主体

介護サービス事業者	64.4%
介護サービス事業者以外	21.2%
不明	14.3%

うち介護サービス事業者以外の内訳 (2,369 事業所)

民間企業	26.1%
社会福祉法人	25.5%
社団・財団	11.5%
NPO	7.3%
協同組合	2.4%
市町村	7.4%
その他	19.7%

(通所型サービス)

(1) 多様なサービスの内訳　10,061 事業所

通所型サービス A	基準を緩和したサービス	67.6%
通所型サービス B	住民主体による支援	9.0%
通所型サービス C	短期集中予防サービス	23.3%

(2) 多様なサービスの実施主体

介護サービス事業者	60.9%
介護サービス事業者以外	37.6%
不明	1.5%

うち介護サービス事業者以外の内訳 (3,783 事業所)

民間企業	22.0%
社会福祉法人	27.7%
社団・財団	1.9%
NPO	7.0%
協同組合	1.6%
市町村	6.9%
その他	32.9%

出典：NTT 経営研究所「平成 29 年度老人保健健康増進事業「介護予防・日常生活支援総合事業及び生活支援体制整備事業の実施に関する調査研究事業」調査結果の概要」。2017 年 10 月調査。1,741 市町村のうち 1,645 市町村が回答 (回答率 94.5%)。概要はネット上に公表
注：データは 2017 年 6 月現在

　つまり介護保険でのサービス提供と並行して，無資格の介護労働者を雇用して総合事業のサービスを提供しているのです。多様なサービスとして安い価格の介護サービスを提供する無資格の介護労働者の賃金は，もちろん介護保険で働く介護職員の賃金 (時間給) よりも低くなります。

　介護サービス事業者以外が実施主体となる割合は，訪問型サービスで 35％，通所型サービスで 39％と，通所型のほうが高くなっています。その内訳は，民間企業，社会福祉法人，社団・財団，NPO，協同組合，医療法人，

地縁団体などが挙げられていますが，民間企業と社会福祉法人とで半分を占めています。著者が驚いたのは，市町村が実施者となって直接要支援者に低報酬の多様なサービスを提供しているケースが少なくないことでした。

ちなみに「訪問型の多様なサービス」では，市町村の4割が基準を緩和したサービスを増やしたいとしており，住民主体の支援を増やす計画を持つのは24%です。「通所型の多様なサービス」についても，市町村の34%が基準を緩和したサービスの増加を望んでおり，住民主体のサービスの増加を期待する市町村は23%にとどまっています。そして，訪問型サービス・通所型サービスとも，「多様なサービス」のうち，住民主体による支援の創設の予定なしの市町村の割合が35%を占めます。つまり，中央政府ではなく市町村の担当者から総合事業の多様なサービスを支えることを期待されているのは，元気な高齢者などの地域住民主体の事業所ではなく，資格を持たない低賃金の介護労働者を雇用する事業所です。

しかし介護労働者の確保は決して簡単ではないと思われます。介護保険の訪問介護分野は深刻な介護職員不足なので，介護職員初任者研修（ホームヘルパー2級と同等）を修了すれば，ホームヘルパーの職を得るのは簡単です。ホームヘルパーよりも低い賃金で，総合事業の多様なサービスで働こうとする就業希望者がどれほどいるでしょうか？　労働人口が減少し続ける日本で，誰が低賃金の介護労働者として働こうとするでしょうか？

総合事業がうまくいく市町村は財政力があり，社会福祉協議会が妥当な賃金を設定し総合事業を支える介護労働者を確保できる場合に限られるでしょう。財政力の弱い市町村では，総合事業を支える介護労働者を確保できず，要支援者に対する介護サービス提供がなくなる可能性も考えなくてはなりません。

6　「軽度者」の介護を考える——訪問介護サービス利用の国際比較

この節では，訪問介護サービスについて考えていきます。日本では，訪問介護サービスが生活援助中心型と身体介護中心型，そして移乗介助の3つに

分類されていますが，欧米諸国ではホームヘルプサービスとして一体的に提供されています。

　日本で，介護サービスの内容が生活援助と身体介護に厳密に区別されたのは，生活援助サービスを介護サービスと認めない医療関係者や政治家の強い意向がありました（沖藤 2010 を参照）。もちろん一般国民についても，生活援助サービスを介護職員がすべき仕事ではないと考える人が多かった，という背景があります。身体介護サービスには医療的な要素もあるので，専門家の仕事と認められやすかったのですが，生活援助サービスは主婦の仕事の延長とみなされることが多かったのです。

　65 歳以上高齢者が含まれる世帯に占める高齢単身世帯や高齢夫婦世帯の割合は年々増加していますが，2016 年でも 6 割弱で，4 割は家族と同居しています。家族と同居する高齢者の割合が 1 割程度の欧米諸国とは大きな違いです。この家族との同居率の高さが，日本人の介護保険サービス利用の特徴を決定しています。

　ここで理解してほしいことは，日本の介護保険が在宅介護サービス中心になったのは，在宅介護が施設介護よりも望ましいという判断に基づくものではなく，公的な介護施設数の絶対的な不足という事実の反映です。北欧諸国だけではなく，ドイツやフランス，イギリスなどのヨーロッパ諸国やオーストラリア，ニュージーランドでは，65 歳以上人口の 5〜6％程度の公的介護施設が存在しますが，日本では特別養護老人ホーム，老人保健施設，介護療養病床の 3 種類の公的介護施設を合計しても 65 歳以上人口の 3％にも達しません。日本の公的介護施設が少ない理由は，日本の政権党が家族に高齢者介護を丸投げし，1997 年の介護保険法成立までの長期間にわたり，公的介護施設に投資しなかったからです。

　介護施設が整っているドイツなどの高齢者は体が不自由になったり認知症になったりすれば，公的介護施設を利用することができます。しかし日本では，介護施設の不足のために，要介護 5 であっても在宅介護サービスを利用して，家族が介護を行っているケースは少なくありません。

　ここで，日本とドイツ，スウェーデンの高齢者の介護サービス利用や介護

保険に対する考え方の違いを見ておきましょう（アメリカも調査対象ですが，介護保険がないので省きます）。用いたデータは，内閣府『第8回高齢者の生活と意識に関する比較調査』（2015年）です。調査期間は2015年9月から11月，調査対象は60歳以上の男女で一国あたり1,000人前後，調査員による個別面接聴取調査です。

家族の同居の状況をみると，60歳以上の男女で，ドイツでは単身者と夫婦世帯が88％，スウェーデンでは95％を占めています（日本は52％）。第1章2節では日本においても65歳以上高齢者を含む世帯のうち高齢単身世帯や高齢夫婦世帯の割合が増加していることを指摘しましたが，国際比較をすれば日本は，現在も子供など家族との同居率が非常に高い国です。逆に単身世帯割合は，日本15.5％に対し，ドイツ40.6％，スウェーデン47.9％と，大きな違いがあります。

日本とドイツ・スウェーデンとの同居率の違いを念頭において，**図表5-3**の在宅介護サービスの利用状況をみてください。日本の在宅介護サービス利用はデイサービスに偏り（3％，他国は1％台），在宅介護サービスの中心とされるホームヘルプサービスの利用はわずか1.5％です（ドイツ，スウェーデンは5％以上）。日本でホームヘルプサービス利用率が低く，デイサービス利用に偏っているのは，家族と同居する高齢者が多いことが大きな理由です。さらに2006年の制度改正により，家族が同居する場合には，生活援助サービスの利用に制限がかかり，その結果，ホームヘルパーサービスの利用率にブレーキがかかりました。また契約時に提供する介護サービス内容を厳密に定義し，それ以外のサービス提供を断る日本では，訪問介護を利用しにくいという現実もあります。高齢者の体調は変化しやすく，必要とする介護サービスも異なってきますが，あらかじめサービス内容を決める方式の日本の訪問介護は必ずしも利用しやすいものではありません（著者の実感でもあります）。

一方，ホームヘルプサービスとして内容を限定することなく提供するドイツやスウェーデンでは，60歳以上の9割前後が単身世帯か夫婦世帯であることもあり，ホームヘルプサービスを利用しやすい状況にあります。なお両

図表 5-3　在宅介護サービスの利用状況：国際比較

	日本（1,105 名）	ドイツ（1,008 名）	スウェーデン（1,000 名）
デイサービス	3.0%	1.7%	1.2%
ホームヘルプサービス	1.5%	5.5%	5.1%
ショートステイ	0.1%	0.6%	0.2%

（利用頻度）	日本	ドイツ	スウェーデン
ほぼ毎日	8.5%	36.6%	33.7%
週に4〜5回くらい	6.8%	5.4%	1.2%
週に2〜3回くらい	40.7%	21.5%	10.8%
週に1回くらい	35.6%	23.7%	9.6%
月に2〜3回くらい	1.7%	3.2%	15.7%
月に1回くらい	6.8%	3.2%	16.9%

出典：内閣府「平成27年度　第8回高齢者の生活と意識に関する国際比較調査（概要版）」
2015年9月〜11月調査。日本・アメリカ・ドイツ・スウェーデン各国の60歳以上の男女1,000名前後を対象とする。総回答数は4,116名。調査員による個別面接聴取調査
注1：著者が作成。公的介護サービスのないアメリカを除いた
注2：利用頻度の対象者は，在宅介護サービス利用者

国では，食事，掃除，洗濯などの生活援助はホームヘルプサービスの重要な要素となっており，コミュニケーションをとりながら，高齢者の健康状況を確認することは，ホームヘルパーの重要な職務の1つと認識されています。

在宅介護サービスの利用頻度を見ても，ホームヘルプサービス利用が少なく，デイサービス利用がメインの日本では，在宅介護サービスの利用は週に2〜3回が最も多くなっています。一方，ホームヘルプサービスの利用者の割合が5%を超えるドイツやスウェーデンでは，在宅介護サービス利用者の約35%がほぼ毎日介護サービスを利用しています。

つまり日本では夫婦世帯を含めて家族と同居する高齢者が多く，同居家族のいることが，ホームヘルプサービスの利用を難しくしています。家族介護が長く続いたことによる介護者の思い込み，親戚や近隣住民の社会的プレッシャーも無視できません。さらに追い討ちをかけたのが，2006年以降の家族と同居している高齢者の生活援助サービスの利用制限です（第2章の5節を参照）。なお日本と異なり，スウェーデンでは，たとえ同居していたとし

ても，素人の家族が高齢者の介護を期待されることはありません。高い税金と必要に応じた介護サービス利用は，コインの両面です。

7 まとめ

　この章では，介護保険からの要支援1・2の切り離しの受け皿となる「介護予防・日常生活支援事業（総合事業）」の担い手に注目しました。安倍政権は，2015年10月に予定されていた消費税の引き上げ延期と同時に，社会保障給付の削減に取りかかりました。消費税は社会保障制度の財源ですから当然の動きです。介護保険に関しては，2014年に「介護「軽度者」は介護保険から切り離す」ことを正式に決定し，各市町村が実施する総合事業を要支援認定者の受け皿にしたのです。

　しかし，各市町村にとって総合事業の体制整備は，簡単なものではありませんでした。一番の問題は，総合事業の担い手の確保です。総合事業は2015年度に開始され，3年間の猶予が与えられましたが，6割の市町村は，最終年度の2017年中に，ようやく実施体制を整えたのです。

　総合事業の要支援者向けの介護サービスは，**図表5–1**に示したように「介護保険相当のサービス」と「多様なサービス」からなります。政府・厚生労働省の計画では，前者は介護事業者が提供し，後者は資格を持たない雇用者やボランティアを活用する民間企業やNPOが提供することになっています。しかし総合事業の介護報酬は介護保険よりも1～3割低いので，営利企業の介護事業所は，儲からない総合事業から撤退し，長期的には「介護保険相当のサービス」は消えていくでしょう。

　そのとき「多様なサービス」を提供できるのは，6割程度の自治体です。「多様なサービス」を支えるのは，資格を持たない介護労働者とボランティアですが，介護職員初任者研修資格（ホームヘルパー2級相当）を取れば簡単に介護職員として働けるのに，総合事業の安い賃金で働こうとする人がいるでしょうか？　政府・厚生労働省はありえない楽観的な想定をしているとしか思えません。将来的には，担い手不足で総合事業の介護サービス供給は

減少し，最悪の場合には「措置」時代と同じように厳しい介護サービスの利用制限が導入されるようになるかもしれません。介護保険の解体により，「家族介護」に戻る市町村が出現するでしょう。

ところで，要支援者が介護保険から切り離され総合事業に移されるきっかけは，消費税率引き上げの延期でしたが，そのターゲットはデイサービスの利用縮小とともに，生活援助サービスの縮小です。この章では国際比較データを用いて，日本の在宅介護サービス利用の特徴を明らかにしました。そして家族との同居率が高いことが，日本のホームヘルプサービスの利用率の低さ，デイサービス利用率の高さに結びつくことを明らかにしました。現在でも日本は先進国の中では家族との同居率が非常に高い国で，そのことが高齢者介護を家族に依存する風潮を作り上げています。特に高齢男性の9割以上が妻を将来の介護者と考えており，現在でも介護者の7割は，妻や娘，嫁などの女性です。

しかし介護保険による在宅介護サービスがまだまだ維持されている2016年でも，60歳以上の介護者の33％が「介護に対する限界を感じ，投げ出してしまいたくなる」を選択しています（内閣府「平成28年　高齢者の経済・生活環境に関する調査結果（概要版）」）。高齢者介護は，子育てと異なり，終わりが見えません。どんなに優しく忍耐強い人でも，5年，10年，20年続く介護を笑顔で担うことは不可能です。高齢期が長くなっている時代に介護保険を解体し，「家族介護」に戻すことは，介護される高齢者にとっても介護者にとっても不幸です。

これからも生涯独身者の増加，平均寿命の延びなどで，高齢単身者世帯の割合は増加を続けます。そして団塊の世代が後期高齢者になる時代を迎える2025年以降，在宅介護サービス（特に訪問介護サービス）はより必要とされるでしょう。そのときに，「軽度者」の利用できる介護サービスの質や量に大きな地域差が生まれ，家族介護しか選べない市町村が生まれてしまってもいいのでしょうか？

「軽度者」（要支援1・2と要介護1・2）の介護保険からの切り離しは，生活援助サービスを民間の家事援助サービスと混同した間違った考え方の上に

立って進められています。このような安倍政権による介護保険の解体を傍観することは，将来の高齢者と将来の介護者の両方を不幸にすることになります。どうすれば，われわれ将来の高齢者と子供や孫世代の介護者の両者が笑顔で生きていけるのでしょうか。

　公的な介護サービスを維持するためには，担い手の確保が大きな課題ですが，その解決策は簡単です。もし高齢者介護の知識を持つ介護職員を確保したいならば，介護資格を評価した賃金水準を提供すればよいのです。そのためには介護報酬の引き上げが必要で，介護報酬を引き上げるためには増税と保険料の引き上げを受け入れる必要があります。

　残念ながら，日本人にはまだその覚悟ができていません（第8章6節を参照）。その結果，マスコミも介護保険の解体の現状を報道せず，反対を述べることなく傍観しています。しかし将来のために，一度は自分で考えてみてほしいと思います。将来の自分，子供，孫のために介護保険の充実に投資することは，自分と将来世代の生活を守ることにつながるのではないでしょうか？

介護施設の職員不足と
外国人介護労働者・介護ロボット

1　はじめに

　この章では，政府が介護施設の職員不足の切り札として期待している外国人介護職員と介護ロボットに焦点をあてます。安倍首相の「社会保障の充実に努めてまいります」という決まり文句が意味するのは，介護職員の待遇改善のための介護報酬点数の引き上げではなく，低賃金の外国人労働者の受け入れやロボット・AIによる高齢者介護への期待のようです。しかし各種の資料や統計を見る限り，残念ながら外国人介護職員の受け入れや介護ロボットへの投資が介護職員不足への対策になるとは思えません。この章では，その理由を各種の資料を用いて明らかにしていきます。

　なお，外国人介護労働者が就業するのは，在宅介護ではなく，介護施設です。在宅介護の現場では，高齢者や家族とコミュニケーションをとり，ひとりで判断し行動できることが必要なので，介護保険や日本社会についての十分な理解がなく，片言の日本語しか話せない外国人にはできない仕事です。介護施設でも一人前に働くためには高い日本語能力が必要とされますが，外国人が介護技術を学びながら，時間をかけて十分な日本語能力を身につけ，日本の制度を理解していくことも可能です。

　さて，日本において外国人介護労働者を雇用する主なルートは，次の５つ

です。第1は日系人です。バブル期の人手不足を背景として1990年に入国管理法が改正され，ブラジル，ペルーを中心に日系人の受け入れが合法化されました。日系人はどのような職種でも日本人と同様に働くことができ，男性は主に自動車産業を中心とする製造業の派遣労働者として働いてきました。その配偶者のなかから，滞在期間の長期化とともに高い日本語能力を身につけ，人手不足の介護施設で働く人も出てきました。第2が経済連携協定（EPA）による介護福祉士候補の受け入れです（同時に看護師候補の受け入れも実施）。2008年のインドネシアとの経済連携協定により，外国人介護福祉士候補の受け入れが開始され，その後フィリピン（2009年），ベトナム（2014年）に拡大されました。第3は留学生です。留学生はどの職種でも週28時間以内ならば働くことができ，時間給の高い介護の仕事で働く留学生もいます。さらに2016年11月の入管法改正により，2017年9月に専門的・技術的在留資格のなかに「介護」が創設され，介護福祉士養成校で学んで介護福祉士の資格を取れば，卒業後も日本で働き続けることが可能になりました。第4が技能実習制度の介護分野での受け入れです。2017年11月には技能実習制度に介護分野が追加され，低賃金の介護労働者の受け入れが始まりました。以上のいずれかの在留資格によって雇用されている外国人介護労働者数は3,500人程度で，その4割がフィリピン人です（角田2017を参照）。

　深刻化する介護施設の職員不足を受けて，第5番目のルートとして，2019年4月に新設された在留資格「特定技能1号」の介護分野での介護労働者の受け入れが開始されました。2019年中に5,000人，今後5年間に最大6万人を受け入れます。最低限の日本語と介護に関する知識は求められますが，無資格なので技能実習生と同様に，最低賃金で就業することになります。

　出井（2009），塚田編著（2010）の第Ⅲ部実践篇では，外国人介護労働者の受け入れ施設や送り出し国の状況を具体的に報告しています。日本の外国人受け入れ態勢の不備には暗澹たる気持ちにさせられます。両者が共に日本が抱える大きな問題として指摘しているのは，来日した外国人労働者に対する日本語学習の機会が公的に保証されていないことです。ただしEPA介護福祉士候補の受け入れは国家間の協定なので，日本語教育が組み込まれています。

この章では，5つの外国人受け入れルートのうち「EPA介護福祉士候補の受け入れ」と，「特定技能1号による介護労働者受け入れ」に焦点をあてます。著者は経済学者なので，外国人介護職員受け入れの費用対効果，さらに介護労働市場やマクロ経済への影響に興味があります。6万人もの大量の低賃金外国人介護労働者の受け入れは，介護施設で働く職員の賃金引き下げ圧力となるでしょう。今後も無資格の外国人介護労働者の大量受け入れを継続するならば，日本人介護職員は減少し，その代わりに無資格・低賃金の外国人介護労働者が増加していくでしょう。

　ここで注意しておきたいことは，介護資格保有者と無資格者では，提供する介護サービスの質が異なることです。介護に関する知識が限られる無資格者の介護サービスの質が，介護福祉士などの介護専門職が提供する介護サービスよりも低いのは当然です。無資格者と有資格者のサービスの質の違いを無視して，外国人労働者の導入を議論することは間違っています。

　さらに介護職員不足対策として介護ロボットに期待する向きがありますので，7節では介護ロボットの現状と未来について簡単に説明します。現在の介護ロボットは，人型のロボットではなく，「介護職員の負担を軽減する」「高齢者の満足度をあげる」という売り文句付きの介護機器です。政府は，介護ロボットの開発のための助成金だけではなく，多額の補助金を用意して強引にもみえる高額の介護機器，高額のソフト・IT製品の導入を進めています。このような政府の介入・税金投入は，合理的な政策といえるでしょうか？

2　外国人介護労働者の受け入れ制度
——必要とされる日本語のレベルと介護知識

　2019年4月に新設された「特定技能1号」による外国人介護労働者の受け入れを含めて，今後，外国人が介護分野で働くルートは5つになります。この5つの受け入れ制度をまとめたものが，図表6-1です。そのうち最大の受け入れルートになるのが，最も新しい5番目の「特定技能1号」という在留資格です。以下では，図表6-1にそって，受け入れ制度を順に説明し

ていきます。

　日本が外国人労働者を初めて受け入れたのは，第1の「日系人ビザ」と言われる在留資格「定住者」創設によります。バブル期の人手不足を背景として，1990年に入国管理法が改正され，現在もブラジル，ペルーを中心に大勢の日系人2世，3世が，主に自動車などの製造業の現場で派遣労働者として働いています。日系人は日本人と同様に，転職は自由で，就業期間の制限もありません。そのため，最初は出稼ぎのつもりで来日した日系人も，日本滞在期間が長くなるにつれて，子供が生まれたり，地域とのつながりができたりして，定住する人も多くなりました。そして滞在期間が長くなるにつれ日本語が堪能になり，人手不足の介護施設で働く人も出てきています。介護施設に雇用されている外国人介護労働者約3,500人のうち，8％がブラジル人で，3.6％がペルー人です（角田2017を参照）。人数は400人程度です。

　第2がEPA介護福祉士候補の受け入れです（看護師候補の受け入れも同時に実施）。2008年のインドネシアとの経済連携協定により外国人介護福祉士候補の受け入れが開始されました。その後フィリピン（2009年），ベトナム（2014年）からもEPA介護福祉士候補を受け入れています。介護福祉士資格取得のためには，介護施設で3年間働いて，4年目に国家試験に合格する必要があります。2019年度までの受け入れ数は3,529人で，資格取得者数は757名です。ただし資格取得者の4人に1人は資格取得後，母国に帰国しています。EPAの建前に沿った行動なので非難できないはずですが，受け入れた介護施設では資格取得者に長く就業してほしいと望むあまり，帰国者に対する不平が聞こえます。

　第3は留学生です。留学生はどの職種でも週28時間以内ならば働くことができるので，コンビニエンスストアよりも時間給のよい介護施設で働く留学生もいます。さらに2016年11月の入管法の改正により，2017年9月から専門的・技術的在留資格（「高度人材」の受け入れ）のなかに「介護」が創設されました。介護福祉士養成校で学んで介護福祉士の資格を取れば，卒業後も日本で働き続けることができるようになりました。その結果，介護福祉士養成校の外国人入学者数は激増し，2018年度には1,100人を超え，6人

図表 6-1　外国人介護労働者の受け入れ制度

	在留資格「定住者」の創設	経済連携協定（EPA）による介護福祉士候補の受け入れ	専門的・技術的在留資格に「介護」を創設	技能実習制度に「介護分野」を追加	新しい在留資格「特定技能1号」「特定技能2号」の介護分野
制度の開始時期	1990年	2008年（インドネシア）2009年（フィリピン）2014年（ベトナム）	2017年9月	2017年11月	2019年4月
受け入れ条件	日系2世・日系3世、およびその家族（日系4世は扶養家族の場合のみ）	日本語レベルを満たすこと、看護師資格あるいは介護士養成校などで介護の経験があること	外国人として、介護福祉士養成校に留学して、2年以上学ぶ	実習する介護施設などでの受け入れ	介護の基礎的知識を身につけている（9カ国のみで、テスト有）
日本語のレベル	レベルは問われず	インドネシア、フィリピンはN5程度以上ベトナムはN3以上	留学にはN2以上必要	入国時N4、2年目にN3が要件	N4以上
介護の経験・学歴などの制約	なし	インドネシア、フィリピン：高等教育機関卒業＋国による介護士認定または看護学校卒業　ベトナム：看護課程修了	高等学校卒業以上あるいはそれに対応する教育年数	なし	基礎的な介護に関する試験あり
労働期間の期限	日系2世と日系3世は制限なし（日本人と同様の就業の自由）	介護施設などで3年間働いた後、4年目に介護福祉士国家試験を受験。合格すれば、期限の定めなしに就業可能	制限なし（介護福祉士として就業）	最大5年間	「特定技能1」は最大5年間「特定技能2」になると制限なし
賃金水準	最低賃金～日本人並み	日本人並み（月収を保証）	日本人並み	最低賃金以上（時間給）	最低賃金以上（時間給）
家族の帯同	可能	可能	可能	禁止	「特定技能1号」は禁止。「特定技能2号」になると可能
就業者数（2018年）	400名程度	3,000名弱	117人（2018年6月）	247人（2018年10月末）	2019年度の受け入れ予定は5,000人
特記事項	2018年7月から18歳～30歳の日系4世のうち基本的な日本語を理解できる者の在留、就労が可能となる。半年から1年更新で、上限5年まで滞在可能。しかし家族帯同は禁止	・在留期間の上限は4年。（試験不合格者は1年の延長が可能）・介護福祉士取得者の4分の1が帰国。・2017年度までの受け入れ数は約3,500名・介護福祉士国家試験合格率は45%（2017年まで）	・就学資金等の貸付として予算140億円（2017年）・養成校の入学者は、2017年591人、2018年1,142人で、ベトナム人が最も多い	・日本語レベルが高いため、応募者が少ない。・2ヶ月の日本語研修あり	・5年間で6万人の受け入れを予定・「特定技能1号」は、職場の異動が可能・「特定技能2号」の技能レベルは現在のところ、不明

出典：各種の資料を基に、著者が作成

に1人が外国人です。

　第4が，2017年11月の技能実習制度の改正（就労期間が3年から5年に延長）にあわせて追加された，「介護分野」による介護労働者の受け入れです。政府は介護施設の人手不足を受けて，技能実習制度に介護分野を追加しました。しかし求める日本語の水準が比較的高く設定され，日本語研修が2ヶ月必要とされたため，2017年と2018年の介護分野の技能実習生の受け入れ実績はごく少数にとどまっています。

　以上のいずれかの在留資格によって就業している外国人介護職員数は3,500人足らずです。介護施設の求人数と求職者の差の3万人（2016年，図表4-2を参照）に比較すれば，圧倒的に少数です。

　そこで，第5のルートとして2019年4月に在留資格「特定技能1号」「特定技能2号」が新設され，「特定技能1号」の介護分野での受け入れが始まりました。5年間で6万人を受け入れる計画です。この大量の受け入れにより，「特定技能1号」が一挙に外国人介護労働者の主流を占めることになります。彼らの賃金は，技能実習生と同様に，最低賃金水準です。EU諸国の経験から考えると，この大量の低賃金の外国人介護労働者の受け入れは，介護職員の賃金水準を引き下げるおそれがあります（7節を参照）。そして，結果的に介護サービス業に日本人が就業しなくなる傾向を生むでしょう。日本の中小製造業や農業が低賃金の技能実習生に頼りきり，日本人を雇えなくなっているのと同じことが，介護サービスでも起きるかもしれません。

　ここで，各制度で必要とされる日本語のレベルについて，説明します。日本語能力のレベルをまとめた図表6-2を見てください。現在の日本語能力試験のレベルの目安と，試験の内容をまとめてあります。日本語能力試験は国際交流基金と日本国際教育支援協会によって，1984年から開始されました。2010年から大幅に再編され，N1〜N5の5段階の評価になっています。国内外で年に2回開催され（1回の年もあります），2010年から全世界で60万人以上が受験するようになりました。4択のマークシート方式で，語彙・文字・文法などの言語知識と読解力に加えて，聴解（聞き取り）の試験も行っています。

図表 6-2　日本語能力試験のレベル

	認定の目安	言語知識	文法・読解	聴解（聞き取り）	合計
N1	幅広い場面で使われる日本語を理解することができる	110分		60分	170分
N2	日常的な場面で使われる日本語の理解に加え、より幅広い場面で使われる日本語をある程度理解することができる	105分		50分	155分
N3	日常的な場面で使われる日本語をある程度理解することができる	30分	70分	40分	140分
N4	基本的な日本語を理解することができる	30分	60分	35分	125分
N5	基本的な日本語をある程度理解することができる	25分	50分	30分	105分

出典：日本語能力試験 JLPT のホームページ
注1：主催は、国際交流基金と日本国際教育支援協会（旧日本国際教育協会）。1984年に開始
注2：2009年に年2回になり、2010年から試験の内容を改定し4段階から5段階の新しい試験となった
注3：2010年以降、年間60万人前後が受験していたが、2010年後半から増加し、2017年の受験者は89万人
注4：応募者の44％が大学・大学院生、就業者が28％
注5：受験理由で多いのは、実力が知りたい35％、自国での仕事や就職に役立つ24％。日本での仕事や留学に必要・役立つは23％
注6：2017年には、国内47都道府県に加えて、海外80カ国、239都市で試験を実施

　日本で働くためには、十分な日本語能力が必要とされるはずですが、図表6-1をみると、日系人ビザの取得には、日本語能力の確認はなされません。日系2世、日系3世ならば日本語を話せて理解できるのは当然だという楽観的な仮定がなされています。しかし実際には、現地校で学んだ日系3世になると日本語をほとんど理解できなくなっています。その事実を無視して、日本政府は公的な日本語教育の機会を提供することなく、日系人を受け入れたのです。来日した日系人の配偶者や日本人と結婚した外国人女性は、個人で努力して日本語を身につけていったのです。
　EPA 看護師・介護福祉士候補受け入れ制度でも、インドネシアとフィリピンの当初の協定における受け入れ条件に、日本語能力は入っていませんでした。来日して半年で日本語を理解できるという、超楽観的な制度設計だったのです。現在ではインドネシア、フィリピンについては来日時に N5 以上、来日前と来日後の6ヶ月間ずつの日本語研修で、N3 以上の日本語能力を身

につけることを求めています。インドネシア，フィリピンの経験に学び，2014年から受け入れが開始されたベトナムのEPA候補者の日本語の条件は，最初からN3以上となっています。

　留学生の場合にはN2以上という高い日本語能力が求められているので，日本語の問題はないと考えられます。ただし介護の知識はありませんから，介護施設で就業するのは簡単なことではありません。

　技能実習制度に2017年11月に付け加えられた介護分野で求められる日本語能力は入国時N4，2年目にN3になることでした。外国人介護労働者にはハードルが高く，受け入れ数は約250名（2018年10月）にとどまりました。

　2019年4月には，安倍首相の強い指導力の下で，新しい在留資格「特定技能1号」「特定技能2号」が創設されました。特定技能1号の介護分野では5年間で6万人という大量の介護労働者を受け入れる予定ですが，必要とされる日本語能力は，技能実習生より甘くN4以上で，N3になることは条件になっていません。そのうえ，技能実習生には2ヶ月の日本語研修期間が保証されていましたが，この研修もありません。

　N4は基本的な日本語を理解することができるレベルであり，日本で生活するためには，N3以上の日本語能力が必要とされます。介護は対人サービスなので，介護業界で必要とされる日本語能力はさらに高く，N2以上の日本語力が必要というのが介護現場の平均的な意見となっています。その意味で，特定技能1号の介護分野で受け入れられる日本語能力の低い大量の介護労働者が，介護の現場でどのように活用されるのか，個人的には非常に不安です。

　特定技能1号の介護分野での受け入れについては5節と6節で取り上げますが，その前に3節と4節で経済連携協定（EPA）を通じた介護福祉士候補の受け入れ制度について説明します。その理由は，現在日本で就業している外国人介護労働者のなかで最も多い3,000名以上が就業している，重要な外国人介護労働者の受け入れ制度だからです。

3　EPAによる介護福祉士候補の受け入れの目的と実態

　EPA（経済連携協定）による看護師・介護福祉士候補の受け入れは，2008年のインドネシアとのEPA締結から始まり，2009年からフィリピンとの間でも受け入れプログラムが実施され，2014年度からはベトナムからも看護師・介護福祉士候補者を受け入れています。これら3つの国からは，看護師候補者と看護福祉士候補者の両者の受け入れを実施していますが，この節では介護福祉士候補者の受け入れのみに集中します（看護師候補者やEPAの問題点については，下野2016を参照）。

　厚生労働省はこの受け入れ政策の目的を，「これら3国からの受け入れは，看護・介護分野の労働力不足への対応として行うものではなく，相手国からの強い要望に基づき交渉した結果，経済活動の連携の強化の観点から実施するもの」と述べています。厚生労働省は，「EPAによる看護師・介護福祉士候補の受け入れは，労働力不足への対応ではない」と，明確に述べているのですが，多くのメディアはなぜかEPA看護師・介護福祉士候補の受け入れを「看護師・介護労働者不足」への対応策として報じていますし，日本人のほとんどが厚生労働省の言い分ではなく，報道を信じているようです。

　その理由は厚生労働省の言い分が妙だからです。もしも厚生労働省の言葉通りであるならば，なぜ看護師・介護福祉士候補を日本で就業させ，多額の税金を投入して日本語を学ばせて，日本の資格取得を援助するのでしょうか。もし母国の高齢化に備えるために看護師・介護福祉士の養成を援助するプログラムならば，母国で母国語での教育を行うべきでしょう。

　それゆえ，国民の多くが，このEPAプログラムを実質的な外国人看護師・介護福祉士の受け入れ開始とみなしています。さらに受け入れ機関へのアンケート調査結果によれば，EPA看護師・介護福祉士候補の受け入れ病院の6割，介護施設の8割は，候補者が資格を取得し就業を継続することを期待しているとはっきり回答しており，厚生労働省の建前とは異なります（総務省2013の241頁）。

ここで，EPA介護福祉士候補の受け入れ数と合格者数を見ていきましょう。2008年度から2017年度までのインドネシア人の受け入れ数は1,494名，2009年度から2017年度までのフィリピン人の受け入れ数は1,400名となっています。2014年から開始されたベトナムからの受け入れ数は598名です。3カ国からの受け入れ人数は，3,492名を数えます。EPA介護福祉士候補は介護施設で働きながら，4年目に介護福祉士国家試験を受験します。合格すれば，介護福祉士として就業期間の期限なしに日本で働き続けることができます。

　当初，不合格の場合には直ちに帰国することになっていました。しかしこのルールは初めての介護福祉士国家試験（2011年）の結果を受けて，直ちに変更されました。不合格でも次の年に合格する可能性があれば，就業を継続し5年目の介護福祉士試験に挑戦することができるようになりました。2011年の介護福祉士国家試験の結果は，受験者95名に対して合格者は36名で，合格率は38％でした。不合格者59名は直ちに帰国しなければなかったのですが，不合格でも一定の得点をとった候補者には滞在期間の1年延長が認められたのです。

　図表6-3をみると，2011年から2017年までのEPA介護福祉士候補の介護福祉士国家試験の合格率は38〜51％の間で変動しており，平均は45％です。受験者全体の合格率は58〜72％ですから，EPA介護福祉士候補者の合格率は20％程度も低くなっています。しかもEPA介護福祉士の受験に際しては，試験時間の延長，難しい漢字に振り仮名をつける，専門用語には英語の説明をつけるなどの多くの優遇措置を設けています。それにもかかわらず，介護福祉士候補の合格率はなかなか上がりません。

　その理由として最も大きいのは日本語の壁ですが，高齢者介護の理念を理解することが難しいという文化の違いもあります。フィリピン，インドネシア，ベトナムには介護の専門職がありません。介護を必要とする高齢者の世話は，介護保険導入以前の日本と同じで，家族が行うのが常識となっています。さらに，EPAプログラムで日本に来る介護福祉士候補者には，母国で看護師の資格を持っている人も多いのです。彼らが介護福祉士に応募するの

図表 6-3　EPA 介護福祉士候補の受け入れ数と合格者数（就労コースのみ）

	受け入れ数				受験者数				合格者（合格率）			
	インドネシア	フィリピン	ベトナム	合計	インドネシア	フィリピン	ベトナム	合計	インドネシア	フィリピン	ベトナム	合計
2008	104			104								
2009	189	190		379								
2010	77	72		149								
2011	58	61		119	94	1		95	35 (37%)	1 (100%)		36 (38%)
2012	72	73		145	184	138		322	86 (47%)	42 (30%)		128 (40%)
2013	108	87		195	107	108		215	46 (43%)	32 (30%)		78 (36%)
2014	146	147	117	410	85	89		174	47 (55%)	31 (35%)		78 (45%)
2015	212	218	138	568	82	79		161	48 (59%)	34 (43%)		82 (51%)
2016	233	276	162	671	109	100		209	68 (62%)	36 (36%)		104 (50%)
2017	295	276	181	752	161	164	95	420	62 (39%)	62 (38%)	89 (94%)	213 (51%)
合計	1,494	1,400	598	3,492	822	679	95	1,596	392 (48%)	238 (35%)	89 (94%)	719 (45%)

出典：厚生労働省社会・援護局福祉基盤課福祉人材確保対策室「介護分野における外国人人材に関する諸制度や動向について～技能実習制度など～」(2019)
注1：介護福祉士国家試験を受験するには，3年間の介護施設での就業経験が必要になるため，4年目に受験。当初は不合格になった場合には，直ちに帰国することになっていた
注2：不合格者について，2011年に，条件を満たす場合には5年目にもう一度受験できるように制度が改正された
注3：フィリピンとベトナムには，就学して介護福祉士資格を得る「就学コース」があるが，2009年と2010年のフィリピン37名のみで，ベトナムは送り出し実績なし

は，母国よりも高い給与水準を保証されて，4年間日本で働けるからです。介護福祉士が看護師とまったく違うことを理解せずに日本に来て，その仕事内容にショックを受ける看護師が多いことは容易に想像できます。介護職という専門資格のない世界から，日本語能力も不十分なまま EPA プログラムに応募して日本で働くことになった介護福祉士候補者の驚きと戸惑いを想像してみてください。

4　EPA介護福祉士の受け入れは合理的な政策か
——プログラムの内容と税金投入

　この節では、EPA介護福祉士受け入れプログラムの内容を説明し、この受け入れプログラムの問題点を指摘していきます。

　当初のEPAによる介護福祉士候補の受け入れプログラムの内容は、介護施設で働きながら日本語と介護技術の習得を求めるものでした。著者が驚いたのは、介護福祉士には高いコミュニケーション能力が必要とされるにもかかわらず、インドネシア、フィリピンとの当初の協定において、候補者の選抜条件として日本語能力がまったく問われなかったことです。訪日後に半年の日本語研修があり、その後は受け入れ施設で就労しながら日本語を学び、4年目の介護福祉士国家試験の合格をめざすことになっていました。訪日前の日本語研修も半年間実施されていましたが、強制ではありませんでした（その後、訪日前の日本語研修が強制となり、期間も延長されています）。

　このように日本語能力が問われなかった理由は、EPA介護福祉士候補者に高い学歴が求められていたためであったと思われます。インドネシア人の場合、候補者は「3年以上の高等教育機関を卒業＋インドネシア政府による介護士認定」または「インドネシアの3年以上の看護師学校卒業」である必要がありました。フィリピン人の場合も、「4年制大学卒業＋フィリピン政府による介護士認定」あるいは「フィリピンの看護学校（学士、4年）卒業」という要件を満たす必要がありました。どちらの国にも、介護士養成校はなく、介護士という専門職はありません。すでに就業している看護師（介護士ではない）が、介護福祉士候補として来日したのです。

　母国で看護師として働くインドネシア・フィリピン人が、EPA介護福祉士候補者としてでも来日しようとした理由は、高い賃金を得られる日本で働く機会を求めたためです。EPAによる受け入れプログラムでは、候補者と受け入れ機関とが雇用契約を交わし、「日本人と同等の賃金」を保証することになっています。日本人と同等の賃金保証（月収約22万円）は、インドネシア人・フィリピン人には魅力的です。

しかし高い学歴や看護師としての職歴をもっていても，介護の経験・知識を持たず，ほとんど日本語能力のない介護福祉士候補者が，4年間の滞在期間の間に，日本人と一緒に働けるほどの日本語能力と介護の専門知識を身につけることは至難の業です。当初のEPAプログラムでは，介護福祉士候補は3年間介護の現場で就業した後，4年目に一回だけ介護福祉士国家試験を受験し，合格して資格を取得すれば日本で働き続けられるものの，試験に不合格となった場合には直ちに帰国することになっていました。この厳しいルールは，2011年の国家試験の結果（合格率の低さ）を受けて，ただちに緩和されました。

　最も大きな変更は，不合格者の滞在期間の延長です。不合格者は直ちに帰国するのが当初のルールでしたが，厚生労働省はEPA看護師候補と同様EPA介護福祉士候補に対しても，不合格でも一定の得点であれば，滞在期間の1年延長を認めました。さらに，来日前の日本語研修の期間も延長されました。介護福祉士国家試験では，試験時間が延長され，漢字にはすべてひらがながつけられるなどの特別措置がとられています。

　このようにEPAを通じた看護師・介護福祉士候補受け入れプログラムは非常に場当たり的です。EPA看護師・介護福祉士候補に次々と優遇措置を与えながら，このプログラムを継続することに，どのようなメリットがあるのでしょうか。この受け入れプログラムに投入されるのは日本人の負担する税金です。このEPAによる看護師・介護福祉士候補の受け入れ事業には，外務省，経済産業省，厚生労働省が関わっています。以下では，確認できる記録や数字を基にしてEPAプログラムの実施費用をあげておきます（下野2016を参照）。

　外務省と経済産業省は訪日前の日本語研修を中心に負担し，訪日後の日本語研修や受け入れ施設とのマッチングなどについては，厚生労働省が国際厚生事業団に委託しています。2006年度から2011年度まで6年間の事業費の合計は，外務省16億5,928万円，経済産業省12億7959万円，厚生労働省14億1949万円で，総額43億5836万円です（総務省2013の125頁）。

　2012年までに合格した看護師は66名（合格率10％），介護福祉士は36名

（合格率40％弱）なので，資格取得者1人あたりでみると，4,000万円もの税金が投入されていることになります。一人当たり4,000万円もの税金を投入して，外国人看護師や外国人介護福祉士を育成するのは合理的な政策なのでしょうか。

ここで，訪日後の看護師・介護福祉士候補に対する助成の内容を，2012年度の厚生労働省関係予算のEPAに関連する概算要求額でみましょう。総額は3億8000万円で，そのうち候補全体に関わる研修や巡回指導，相談窓口，国家試験の翻訳，受け入れ担当者の研修などで1億6000万円となっています。看護師候補受け入れ関係は，施設に対する研修支援が1施設あたり46万円，施設が行う日本語学習支援として候補あたり12万円，日本語能力向上を含めた学習支援としてeラーニング費用1億円です。介護福祉士候補受け入れに関しては，候補者の学習支援が一人当たり23万5000円以内，日本語や介護分野など専門知識の習得に関する支援1億2000万円となっています。つまり，訪日後も日本語研修に多額の費用をかけていることが確認できます。

このように多額の税金を投入しても，介護福祉士国家試験の合格率は38％～51％（**図表6-3を参照**）で，受験者全体の合格率58％～72％に比べると，20％も低くなっています。さらに受験者は受け入れ人数の8割程度で，受験するまでに2割の候補者が帰国しています。そのうえ介護福祉士の資格を取得しても，4人に一人は日本国内で就業することなく帰国します。その理由としては，家庭の事情が最も多くなっています。母語で語れる家族や知り合いもなく，日本語の不自由なEPA看護師やEPA介護福祉士が日本で生活し就業し続けることは，簡単なことではありません。

なぜ日本人の税金を用いて，外国人の看護師候補や介護福祉士候補が日本で働くための資格取得を応援しなくてはならないのでしょうか。日本では新規の看護師資格取得者が年間5万人，介護福祉士資格取得者も年間8万人以上誕生しています。さらに日本人で資格を活用していない潜在的な看護師は約60万人，潜在的介護福祉士は75万人以上になります。資格を持ちながら看護師や介護福祉士として働かない理由は，看護師の場合には労働環境の悪さ（特に夜勤），介護福祉士の場合には低賃金です（日本の看護師の労働環

境の苛酷さについては下野・大津 2010 を参照)。

　もしも EPA プログラムに費やされる税金を看護師や介護福祉士の労働環境の改善，再就職支援に向ければ，日本人看護師や介護福祉士の就業継続や再就職を期待できるのではないでしょうか。それとも今後も EPA 看護師・介護福祉士候補の受け入れプログラムを継続することが，日本の医療・介護にとって望ましい政策なのでしょうか？

5　「特定技能1号」の介護分野による大量の外国人労働者受け入れ

　この節では，2019 年 4 月に新設された「特定技能 1 号」による外国人労働者の受け入れについて説明します。介護分野では 2019 年度に 5,000 人，今後 5 年間で 6 万人の受け入れが計画されています。

　改正入管法は安倍首相の強い指示により法案の内容も十分つめられないまま国会に提出され，2018 年 12 月 8 日に「出入国管理及び難民認定法及び法務省設置法の一部を改正する法律」として成立し，12 月 14 日に公布されました。この改正法により 2019 年 4 月に，新たな在留資格として「特定技能 1 号」と「特定技能 2 号」が創設され，出入国在留管理庁の設置等が決まりました。人手不足の 14 分野で，今後 5 年間のうちにベトナム・フィリピン・カンボジア・インドネシア・タイ・ミャンマー・ネパール・中国・モンゴルの 9 カ国から 34 万 5,150 人を上限として，外国人労働者を受け入れる計画です。ただし，14 分野でも人手不足が解消した場合には受け入れ対象から外されます。

　政府は「特定技能制度は移民政策ではない」と強弁していますが，特定技能 1 号は家族帯同を認められないものの最大 5 年間就業できますし，特定技能 2 号になれば就業期間の期限はなく家族の帯同を認められます。また，2017 年 11 月以前に来日した技能実習生は，就業年限の 3 年後には技能試験を免除され，無条件で特定技能 1 号に移行できる予定なので，最大 8 年間，日本で就業できます。8 年間も日本で就業すれば，一時的な労働力ではなく，移民です。

特定技能1号・特定技能2号の新設は，一時的な外国人労働者の受け入れ政策から，実質的な移民受け入れ政策に転換したことを意味します。この政策により，今後，人口が減少する日本で，外国人が増加していきます。もし政府が外国人に日本語や日本文化を学ぶ機会を提供しなければ，日本人と外国人の共生は困難で，無用な対立が起きる可能性があります。私たちもこの政策転換の意味を理解し，日本人と違う文化・言語の下で育ってきた移民の生活を支えていく必要があります。つまり，日本語や日本文化の教育費用は，外国人の受け入れコストです。

　さて安倍内閣が強引に推し進めた改正入管法の提出は，与党内部でも関係官庁にとっても突然のことで，制度の詳細が決まらないままの不完全な法案となりました。そのことは，2018年12月25日付の法務省・警察庁・外務省・厚生労働省による「介護分野における特定技能の在留資格に係る制度の運用に関する方針」（ネット上で公表されています）を見れば，一目瞭然です。たとえば，介護分野での特定技能1号の受け入れのために，「介護技能評価試験（仮称）」と「日本語能力判定テスト（仮称）」（日本語能力テストとは別物）あるいは「介護日本語評価試験（仮称）」を2019年4月から，国外で年間6回程度行うことになっているのですが，少なくとも2018年12月25日時点ではその詳細が決まっていないのです。介護分野しか見ていませんが，特定技能制度が拙速に作られたことがわかります。

　2019年4月から日本語と技能試験を課して特定技能1号を受け入れるのは，対象となる14業種のうち，宿泊，介護，外食の3業種のみですが，試験の準備は遅れています。その他の業務では特定技能1号の在留資格を与えられて就業する外国人労働者の大半は，技能実習生からの移行になる予定です。

　なお技能実習生と特定技能1号の大きな違いは，職場選択の自由があるかないかです。技能実習生として就業する場合には特定の引受人が必要なので，職場を変わることができません。しかし特定技能1号は，職場を変わることが認められました。日本の最低賃金は全国一律ではなく，地域別産業別に決定されます。そのため，技能実習生が特定技能1号になれば，最低賃金の高い都市部に移動してしまい，地方の労働力不足の助けにならないという声が

出ています。

　では、「特定技能1号」の賃金・労働条件はどうなるのでしょうか？ 「特定技能1号」として就業する外国人労働者は、技能実習生と同様に、雇用者として就業します。そして、最低賃金以上の賃金、法定労働時間、残業割増など、日本の労働者と同様の権利を保障されます。しかし技能実習生を受け入れている事業所の7割が法令違反を犯していることが明らかになっています。その内容は、労働時間（長時間労働）、安全基準の無視、残業代の不払いの順となっています。技能実習生の申告でも、「賃金・割増賃金の不払い」が群を抜いています（2018年6月、厚生労働省調べ）。技能実習生を含め労働者を守るのは労働基準監督官の役割ですが、日本の就業者あたり労働基準監督官数は欧米の半数以下で、日本人労働者の過労死が未だになくならない状態ですから、技能実習生の権利を守ることにまで手がまわらないのです（下野2017を参照）。

　外国人の大量受け入れに伴う労働基準監督官の増員はなく、各県に外国人向けの相談所ができるだけで、受け入れた外国人労働者の労働権を守る制度が創設されないのですから、特定技能1号で働く外国人労働者にも、技能実習生と同じことが起きる可能性が高いと思われます。参議院議員数は簡単に増やしながら、なぜ労働基準監督官を増やさないのでしょうか？

　ここで、大量の低賃金労働者の受け入れが、マクロ経済に与える影響を考えてみましょう。特定技能1号で受け入れる5年間で34万人を超える大量の外国人労働者の大部分は、現在27万人を数える技能実習生からの移行になりますから、大半が最低賃金で就業することになります。このような大量の低賃金労働者の労働市場への流入は、ただでさえ賃金が低迷する日本の賃金水準の下振れの圧力になります。

　マクロ経済学者として、著者は賃金の上昇こそが消費を活発化させ、経済成長率を引き上げると考えています（下野2017を参照）。大量の低賃金外国人労働者受け入れ制度は、平均賃金を押し下げることになります。外国人労働者の賃金水準が上がるような政策（最低賃金の大幅な引き上げや全国一律の最低賃金制への変更など）を導入しない限り、この移民制度は経済成長率

にプラスになりません。

次の6節では、特定技能制度の介護分野に注目し、5年間で6万人もの外国人介護労働者を受け入れることによって、介護保険や介護サービス業界がどのような影響を受けるのか、を考えていきます。

6　大量の外国人介護労働者受け入れの介護施設への影響

まず介護職員不足を考えるときに重要なことは、介護福祉士資格登録者数が2018年度末で156万人に達しているにもかかわらず、実際に介護福祉士として就業しているのは80万人程度で、75万人以上の有資格者が資格を活かしていないという事実です。ホームヘルパーについては、資格を持ちながらホームヘルパーとして就業していない人数は300万人を数えます（厚生労働省の推計）。つまり、介護人材は育成されているのに、介護職員不足が起きているのです。

その原因は、何度も記してきたように、介護職員の低賃金です。常勤のホームヘルパーや介護福祉士の平均月収は22万円で、全産業平均の32万円よりも10万円も低いのです。しかも、経験年数が評価されず、勤務年数が長くなっても賃金はほとんど上がりません。それが介護職員の賃金の実態です。

このように国内に介護人材が存在するにもかかわらず、外国から介護労働者を受け入れるならば、国内の介護資格を持つ人材が有効利用されず、人材育成のために政府が支出した資金（税金です）も個人や企業が投資した資金も無駄になります。もし育成した介護人材を有効利用したいならば、彼らが就業したいと考える賃金水準を提示する必要があります。介護報酬の引き上げ（税負担や保険料引き上げが必要）によって介護職員の賃金が高くなれば、介護職員不足など簡単に解消します。

しかし安倍政権は、2012年以降に深刻化した介護職員不足対策として、在宅介護分野では「無資格の雇用者とボランティア」の総合事業での活用、施設介護分野は主に無資格の外国人労働者（特定技能第1号）の受け入れ政策を採用しました。今後5年間で、総合事業で働く無資格の雇用者とボラン

ティアを 22 万人程度確保し，介護施設で働く外国人労働者を 6 万人程度確保するというのが，政府の具体的な介護職員不足対策です。

2000 年に始まった介護保険は介護の専門家による介護サービスを提供してきましたが，安倍政権の下で介護保険は縮小・解体され，無資格の介護労働者が公的介護サービスの担い手として登場したのです。無資格者の提供する介護サービスの質は，有資格者より低いことを忘れてはなりません。

さて，訪問介護の担い手のホームヘルパー以上に，介護施設の介護職員不足は深刻です。2016 年の介護施設で就業する介護職員の有効求人倍率は 4.8 倍で，求職者 1 人に対して求人が 5 件という深刻な介護職員不足に陥っています。しかし介護報酬が低いために介護職員の賃金を引き上げられない介護施設は，安い介護労働者を必要としているのです。その声に応えたのが，特定技能 1 号による外国人労働者の受け入れです。

特定技能 1 号で受け入れられる外国人介護労働者は，介護の基礎的な知識は持っていても，介護資格を持っている必要はなく，介護福祉士の資格取得も期待されていません。実際，日本語能力の要件が N4 と低く設定されているにもかかわらず，2ヶ月の日本語研修が義務づけられている介護分野の技能実習生と異なり，日本語を学ぶ機会は公式には与えられません。日本で介護職員として就業するには，N2 以上の日本語力が必要と言われます。つまり特定技能 1 号で受け入れられる外国人介護労働者は，日本人介護職員の補助的な役割しか果たせない可能性が高いでしょう。

もし安い賃金で働く外国人介護労働者が大量に存在すれば，介護施設が日本人介護職員の賃金を引き上げることはありません。そして賃金が低迷すれば，労働人口の縮小する日本において，介護職を志す若者はいなくなり，介護施設から日本人の姿が消えるでしょう。その状況は，安い賃金しか払えないため日本人を雇えなくなり，外国人労働者に頼らざるをえなくなった中小製造業の現場と同じです。介護施設も賃金の低迷が続けば，日本人を雇うことができなくなり，外国人介護労働者に依存するようになります。

特定技能第 1 号による低賃金介護労働者の大量の受け入れは，賃金の引き下げ圧力となり，介護現場から日本人の有資格介護職員の姿を徐々に消して

しまうでしょう。このままでは，資格のない外国人介護労働者による高齢者介護が当たり前になる時代が来ます。

7　介護ロボットの導入・IT化は介護職員不足対策になるか？

　この節では，深刻化する介護職員不足の対策として，大きな期待がかけられている介護ロボット・IT化を取り上げます。現在売り出されている介護ロボットにはどんなものがあるのでしょうか？　介護ロボットの導入は順調なのでしょうか？　介護ロボットは近い将来，介護職員に代わって高齢者の介護を行えるようになるのでしょうか？
　最初に「介護ロボットとは何か」を明らかにしておきましょう。介護ロボットとは，介護に用いられる「情報を活かした自動機器」で，製造業で導入されてきたロボット・アームの延長上にあります。つまり介護ロボットとは，アトムのような人型の介護ロボットだけではなく，介護を要する高齢者や介護者の負担を軽くするような介護機器のすべてを含んでいます。人型ロボットの導入にはまだまだ時間がかかりそうです。
　現在稼動している介護ロボットの具体例を挙げると，高齢者を抱き起こすときに使うロボット・アームや電動ベッド，高齢者の歩行支援機器，高齢者の見守り機器，入浴の支援機器などが挙げられます。さらに介護保険用ソフトや新しいパソコンの導入などのIT化も政府が強力に推進する政策で，その目的は介護現場の効率化です。
　しかし在宅介護事業所の平均的な規模は小さく，低く抑えられている介護報酬により営業利益は上がらず，高額の介護ロボットを導入しIT化を進める余裕はありません。介護施設も，大規模な介護施設以外の営業利益は低く，高額の介護機器やIT製品を導入する資金的余裕はありません。つまりなんらかの政府の働きかけがない限り，IT化や介護ロボットの導入は進まないというのが現実です。
　そして介護報酬の引き上げのために必要な介護報酬引き上げ政策は採らない政府ですが，介護ロボットの導入やIT化のための補助金をつけます。た

とえば介護報酬を−2.27％も引き下げた2015年にも，介護機器の購入に対し52億円の補助金をつけています。

　介護職員の負担を軽減できそうな介護ロボットに補助金がつくならば，その導入を図る介護事業所は少なくありません。しかし介護現場の現実と合わず，結局使われなくなった介護ロボット，介護機器も少なくありません。著者自身が知っているケースでは，一人用の浴槽，寝たきりの高齢者を湯船まで移動させる装置，高齢者を抱きおこすロボット・アームなどがあります。特に驚かされたのは一人用の浴槽で，箱のようなものに高齢者が横たわると，自動的にお湯が出て洗浄されるというものでした。素人の著者でも，高齢者が一定の体位を維持するのが難しいことを知っていますし，体が不自由になってもこのような浴槽は使いたくないと思いました。実際10を超える浴槽が使われることなく廊下に並べられ，場所ふさぎになっていたのは衝撃的な光景でした。導入に用いられた事業所の資金と補助金が無駄になっていたのです。寝たきりの高齢者を移動させる装置も高齢者が動くことを考慮していないと思いましたし，高齢者も裸で横にされて運ばれるのは嫌でしょう。高齢者の移乗を補助するロボット・アームについていえば，装着が面倒で，実際に使うには時間がかかりすぎるという声を聞きました。

　将来の見通しはともかく，現在のところ，介護ロボットの導入やIT化が，介護職員の負担を減らしているという明確な証拠はありません。介護は対人サービスであり，要介護高齢者の必要とするサービスは千差万別なので，IT化や介護ロボットの導入よりも，十分な数の介護職員を確保して，その質の向上をはかるほうがよいのではないでしょうか。現状では，介護現場で介護ロボットが活用されているとはいえませんが，政府は介護ロボットの開発と介護現場への導入を熱心に推進しています。介護ロボットの開発企業への助成金，介護ロボットや介護事業所向けプログラムの導入やIT化に向けた事業所への補助金は決して少額ではありません。

　その資金を介護報酬引き上げに向ければ，介護職員の賃金の引き上げが可能となり，介護職員不足を解消することができるかもしれません。つまり介護職員不足への対策として，介護ロボットへの投資を縮小し，その投資分を

介護職員の賃金引き上げに回す方法もありえます。

8　まとめ

　この章では，政府による介護施設の職員不足対策を取り上げました。外国人介護労働者の大量の受け入れと，介護ロボットの導入・IT化です。まず7節で述べたように，高額の介護ロボットやIT化は，利益が十分上がらない介護施設の職員不足の切り札にはなりません。介護職員の待遇改善と，介護ロボット業界やIT業界向けの多額の助成金と，優先すべきはどちらでしょうか？

　そして外国人介護労働者の大量受け入れ政策は介護現場の姿を変えていくでしょう。公式の外国人介護労働者の受け入れは，2008年のEPA介護福祉士候補の受け入れに始まります。それ以前にも日系人や日本人の配偶者が介護施設で就業していましたが，数は多くありませんでした。EPA介護福祉士候補の受け入れ数は2017年度までに3,500名にのぼり，経済連携協定（EPA）によって外国人介護労働者の受け入れが本格化したといえます。

　その後，2017年9月に専門的在留資格として「介護」が創設され，2017年11月には技能実習制度に「介護分野」が追加されましたが，就業者はわずかです。2015年の介護報酬のマイナス改定により深刻さを増した介護施設の職員不足に対し，政府は十分な準備をしないままに，特定技能1号の介護分野での大量の外国人労働者の受け入れを決定しました。2019年4月に受け入れが開始され，2019年度に5,000人，今後5年間に6万人を受け入れる計画です。EPA介護福祉士候補の受け入れ上限が，インドネシア，フィリピン，ベトナムでそれぞれ年間300人なのに比べると，特定技能1号の受け入れがいかに大規模かがわかると思います。

　このような大規模な外国人介護労働者の受け入れは，介護現場を確実に変えます。特定技能1号で受け入れられる外国人介護労働者は，介護士の資格を持っている必要はなく，日本語も多少理解できる程度です（N4レベル）。無資格の労働者ですから，賃金は技能実習生と同じく，最低賃金レベルにな

ります。大量の低賃金介護労働者が導入されることで、介護職員の低賃金の引き上げはなされず、日本人の介護職員の離職は増えるでしょう。低賃金外国人労働者に依存する零細な製造工場と同じく、将来的には介護施設も低賃金の外国人労働者に依存するようになることは、容易に想像できます（下野 2008 を参照）。

なお外国人介護労働者で最も問題になるのは、日本語能力と日本社会への理解です。施設での介護は 24 時間継続的に行うので、一人ではなくチームを組んでの勤務になります。それゆえ、要介護者の体調や必要な介護についての介護記録をつけ、文章による申し送りをすることが、絶対に必要になります。TV、新聞、雑誌などでは、外国人介護労働者を好意的に取り上げることが多く、そのとき「言葉が不自由でも、気持ちは通じる」という表現をよく見ます。しかし介護の現場では、日本語が書けず、気持ちだけの職員は他の介護職員の負担になります。

また高齢者介護に対する考え方の違いは決して小さな問題ではありません。イギリスなどでは外国人看護師・介護職員に対し、言語だけではなく社会や制度への理解を求めており、そのための教育機会も設けています。著者は日本で先進的な取り組みをしてきた介護事業所を知っていますが、ここでは外国人介護職員を受け入れたものの（日本語には問題なかったそうです）、介護施設に親を入居させる家族に対して批判的な態度をとってしまうことが問題になり、就業継続には至らなかったそうです。確かに東南アジア諸国には介護職という職業はなく、家族が高齢者介護を担うことが当然である国がほとんどです。

このように外国人を介護職員として迎えるには、介護記録を書ける高い日本語能力、高齢者介護への理解、家族ではなく介護の専門家が高齢者介護を行う介護保険や日本の社会・制度への理解という大きな壁が立ちはだかっているのです。このような介護を取り巻く状況について教育することなく、低賃金労働者として特定技能 1 号を受け入れようとする介護施設の姿勢には、不安を感じずにはいられません。

第3部

3つの選択と介護保険の未来

あなたが必要とする介護サービスとは？

第3部では，第1部，第2部で述べた介護保険の過去と現在を踏まえて，介護保険の将来を考えていきます。
　いまや人生100年時代，100歳を超える高齢者も珍しくありません。2015年の女性の平均寿命は87歳，男性でも81歳です。75歳に達した高齢者は，女性で91歳，男性で87歳まで生きることができます。ただし，80代後半で半数が要介護となり，95歳以上の84％が介護を必要とします。長生きすれば，要介護になるのが当たり前なのです。誰もが介護者あるいは要介護者になる時代に，介護保険と無縁のまま生涯を終えることはほぼ不可能です（例外はつねにありますが）。
　第7章では，介護保険の将来を選択するときに念頭においていただきたい介護にまつわる最近の動きや事項を取り上げていきます。第8章では，第7章の議論をふまえて3つの選択肢を示し，選択の先にある2025年の介護保険や介護サービスの姿を具体的に予想していきます。
　選択肢は以下の3つです。《選択1》は，安倍政権の介護保険解体を受け入れ続けるケースです。2025年の介護保険対象者は要介護3以上に限定されます。要支援1・2と要介護1・2認定者が利用する総合事業の低報酬の在宅介護サービスは激減し，多くの市町村で家族介護が復活しています。一方，介護医療院は特別養護老人ホームの待機者の受け入れ先になります。選択1の未来は，施設介護中心の介護保険です。《選択2》は，2018年4月現在の「現

状を維持」するケースです。介護保険の対象者は要介護 1〜5 で，要支援者は総合事業の対象です。2018 年度にはすでに介護医療院が導入されているので，第 2 の選択でも，2025 年には，施設介護給付が膨らんでいるでしょう。《選択 3》は，2000 年の介護保険の出発点に戻すケースです。要支援・要介護認定者の全員が介護保険の対象者で，介護医療院は廃止して特別養護老人ホームを増設します。在宅介護の充実のために，介護系の介護報酬の引き上げをはかります。

　なお，選択 1 と選択 2 は，在宅介護の削減によって介護費用の縮小をはかっているのですが，介護医療院入所者の増加で施設介護給付が膨らめば，逆に介護費用が増加し介護保険料の大幅な引き上げが必要になる可能性があります。選択 3 は，長期的には介護費用が最も安くなります。しかし，在宅介護の充実のためのホームヘルパーの賃金引き上げと特別養護老人ホームの増設のために，短期的には公費負担増と介護保険料の引き上げが必要となります。

　どの選択をしても介護費用は増加し，公費負担（税の投入）と介護保険料の引き上げが必要になります。しかし日本の税・社会保障負担は OECD 諸国のなかで最も低く，負担増の余裕は十分あります。つまり，日本人は介護保険の未来として，選択 1，選択 2，選択 3 のいずれでも選ぶことができるのです。あなたはどれを選びますか？　介護保険の未来を決めるのは，政治家や官僚・専門家ではなく，あなたです。

第7章

介護保険の未来を考えるヒント

1 はじめに

　この章では，介護保険の未来を選択する前に考えておくとよい事項をいくつか取り上げます。

　2節では，介護保険対象者の縮小を取り上げます。安倍政権の最も重要な介護政策は介護保険からの「軽度者」の切り離しです。介護保険から切り離されると，介護保険の介護サービスが使えなくなります。政府・厚生労働省や市町村の丁寧な説明がないので，ほとんどの人は気がついていませんが，2018年4月から要支援1・2認定者は，介護保険から切り離されました。さらに政府・財務省は，2019年中に法案を通して，2021年4月から要介護1・2認定者も介護保険から切り離す計画です。介護保険対象者は要支援・要介護認定者の3分の1になります。そのとき，何が起きるのかを考えます。

　3節では，政府の介護職員不足対策をまとめ，その意味と介護現場に与える影響を考えます。4節では，訪問介護の担い手であるホームヘルパーを取り上げ，賃金引き上げや雇用形態・労働環境の改善のために，訪問介護の公営化を提案します。5節では，2018年度に新設された介護医療院を取り上げます。介護医療院は，2017年度に廃止された介護療養病床群の受け皿です。介護療養病床群が名前を変えて，医療と生活の場として終生入所可能な介護施設になることの意味を考えます。

6節では介護サービス産業の未来を考えます。医療サービス産業が医療保険に支えられているように，介護サービス産業は介護保険によって支えられています。それゆえ，介護保険の未来は，介護サービス産業の未来に直結します。介護サービス産業は女性を中心に200万人以上の就業者を要する10兆円産業です。介護保険の縮小政策によって，この巨大産業を，日本人を雇用できない構造不況産業にしてしまってよいのでしょうか。

　2015年以降の介護保険の変質に気がついている人は多くありません。政府や市町村の丁寧な説明はありませんし，テレビや新聞などのマスコミに取り上げられることも稀です。ニュースや記事で取り上げられても，背景をうまく説明しない限り，視聴者や読者が介護保険の変質を理解することは困難です。ましてスマートフォンのニュースしか見ない忙しい人が，介護保険が縮小・崩壊に向かっていることを理解できないのは無理ありません。

　そんな忙しい人にも，政府の介護政策が，図表7–1に示したような介護保険対象者の縮小であると説明すれば，わかりやすいかもしれません。介護に直面したときに，介護保険を利用できるか否かは，大問題です。政府の計画通り進めば，2021年度から介護保険が使えるのは要介護3以上になります。そのとき，要支援1・2や要介護1・2はどんな介護サービスを利用できるのでしょうか？　利用できるサービスはあるのでしょうか？

2　介護保険縮小・解体政策を考える
　――介護保険対象者が要介護3以上になる日

　第3章で詳しく述べたように，安倍政権下において，2015年以降介護保険の解体が粛々と進められています。その理由は，介護保険を含む社会保障財源の不足です。

　2015年10月に予定されていた消費税率8％から10％への引き上げの延期によって，社会保障財源は年間5兆円以上減少し，4年間の延期期間で20兆円以上の財源不足が起きたのですから，当然日本の社会保障水準は大幅に低下しました。介護保険だけではなく，医療保険の自己負担増，生活保護費

の削減，基礎年金の将来的な切り下げ（マクロ経済調整により現在の満期年金6.5万円が30年後には4.5万円になる）など，国民生活に影響する社会保障制度は細り続け，日本人は将来への不安から消費を抑えています。

　民主党・野田内閣は社会保障制度の維持のために「税と社会保障の一体改革」を提唱し，社会保障財源である消費税の5％から10％への引き上げを勇気をもって取りまとめました。最初は大反対していた自民党・公明党も，2014年3月に5％から8％，2015年10月に8％から10％に引き上げるという二段階の引き上げに「三党合意」として賛成したのですが，安倍内閣は，景気対策を優先し，三党合意を破棄し，2段階目の8％から10％への消費税率の引き上げを4年間も延期したのです。20兆円以上の社会保障財源が消えてしまったのですから，厚生労働省は介護保険を含めて社会保障制度の縮小に舵を切らざるをえなかったのです。

　安倍内閣の介護政策の基本は，消費税率引き上げ延期を決めた2014年に決定された，介護保険からの「軽度者」の切り離しです。その方針の詳細については2016年10月12日の社会保障審議会・介護保険部会（第66回）の参考資料「軽度者への支援のあり方」が参考になります（ネット上で公表されています）。安倍内閣の介護サービスに対する考え方，介護保険解体の日程などが，よくわかる資料です。

　私たちの政府は，私たちの意見を聞くことなく，十分な説明もなしに，全国一律の介護サービスを提供する介護保険を解体し，「軽度者」を市町村単位の総合事業へと移行させています。介護保険の対象者・サービスを総合事業に移せば，政府の責任が軽くなります。政府・厚生労働省は，介護保険の運営から逃げようとしているように見えます。

　安倍内閣のいう「軽度者」とは具体的には誰を指すのでしょうか？　「軽度者」とは，介護保険の介護予防サービスを受けていた要支援1と要介護2だけではありません。要介護1，要介護2も含まれます。もし「軽度者」を介護保険から切り離せば，介護保険の対象者は一挙に減少します。図表7-1を見てください。2015年4月末の要支援1と要支援2認定者の合計は170万人です。そして要介護1と要介護2で200万人を超えます。「軽度者」を

図表 7-1　安倍内閣による 2015 年以降の介護保険の解体計画（在宅介護）

(実施決定)

	2000 年度 ～2005 年度	2006 年度 ～2014 年度	2015 年度 ～2017 年度	2018 年度 ～2020 年度	(計画) 2021 年度～
要支援 1 (87 万人)	(要支援・ 要介護 1～5) 介護保険 介護サービス	(要支援 1・2) 介護保険 介護予防サービス	(総合事業の整備の猶予期間)	(要支援 1・2) 総合事業 *低報酬介護サービス* （「訪問型サービス」 「通所型サービス」）	(要支援 1・2＋ 要介護 1・2) 総合事業 *低報酬介護サービス* ＊福祉用具貸与なども移行？ ＊介護認定をなくし，市町村の簡単なチェックですます ＊措置制度の復活？
要支援 2 (84 万人)					
要介護 1 (118 万人)		(要介護 1～5) 介護保険 介護サービス	(要介護 1～5) 介護保険 介護サービス	(要介護 1～5) 介護保険 介護サービス	
要介護 2 (106 万人)					
要介護 3 (79 万人)					(要介護 3 以上) 介護保険 介護サービス
要介護 4 (73 万人)					
要介護 5 (60 万人)					

注：2015 年
4 月末の人数
（介護施設
入所者を含む）

注：2015 年度から，
特別養護老人ホームの利用は，
原則「要介護 3」
以上

注：2019 年度中に
要介護 1・要介護
2 を総合事業に移
行する法案を提出
する計画

出典：社会保障審議会・資料（2016 年 10 月 12 日）などを参考にして著者が作成
注 1：2015 年度から 2017 年度の移行期間で，6 割の市町村の総合事業の整備は 2017 年度中であった（第 3 章の図表 3-3 を参照）
注 2：2018 年度には，「訪問介護」と「通所介護」以外の介護予防サービスについては，介護保険を使うことができるが，今後，他のサービスも総合事業に移していく予定
注 3：介護保険からの「軽度者」の切り離しは，2014 年に閣議決定された

　介護保険から切り離せば，介護保険の対象者は，要支援・要介護認定者の 3 分の 1 程度まで縮小します。なお要介護 1・2 の大多数は在宅介護サービスを利用していますが，老人保健施設，介護療養病床，介護医療院という医療系施設を利用することもできます。ただし 2015 年から，特別養護老人ホームへの入所はできなくなりました。

　2018 年 4 月から，全市町村で総合事業が実施され，要支援者は総合事業に移されました。まず要支援 1・2 認定者 170 万人のうち，介護保険の介

第 7 章　介護保険の未来を考えるヒント　167

予防サービスの訪問介護と通所介護を利用していた約100万人は，2018年度の要介護認定時以降，総合事業の「訪問型サービス」と「通所型サービス」を利用することになります。訪問介護と通所介護以外のサービスについては，今のところ介護保険の介護予防サービスを利用できますが，政府は60万人以上が利用する福祉用具貸与を含めてすべての介護予防サービスを，総合事業に移行させたいと考えています。

　総合事業で提供される「訪問型サービス」と「通所型サービス」は，介護事業者が提供する「介護保険相当のサービス」と，民間企業やNPOなどが提供する「多様なサービス」からなります（**図表5-1**を参照）。しかし近い将来には，介護保険より1〜3割も介護報酬の低い総合事業から介護専門職による「介護保険相当のサービス」はなくなり，無資格の雇用者やボランティアによる「多様なサービス」が，総合事業の中心になるでしょう。

　そのとき，労働人口が減少し人手不足でどんな仕事でも選べる時代に，低賃金で介護労働者として働きたい人がいるでしょうか。正直なところ，総合事業の低報酬介護を考えついた人の常識を疑いたくなりますが，『週刊東洋経済』の「介護ショック：2015年からの介護保険改正で負担増，どうするお金と住まい」特集号（2013年12月14日）では，厚生労働省・社会保障審議会介護保険部・部会長が「元気なシニアも生活支援の担い手に」と題した談話を出しています。「軽度者のニーズは生活支援中心で，それは専門職でなく，ボランティアやNPO，民間企業などがかかわれる」と述べて，元気な高齢者が総合事業の「多様なサービス」を支える低賃金・介護労働者になることに期待を寄せています。しかし，元気で生活に余裕のある高齢者は趣味と旅行を楽しんでいますし，生活に余裕がなく働かざるをえない高齢者が最低賃金で厳しい介護労働に就くはずがありません。厚生労働省は，2025年に「軽度者」の在宅介護を支えるために必要な無資格の介護労働者やボランティア数を約22万人と推定していますが，可能だと思いますか？

　財政力が弱く，ボランティア活動の不活発な地域では，地域の共助も言葉だけです。低賃金でも働く高齢者がいなければ，総合事業の「多様なサービス」の提供はできません。そして第5章5節で述べたように，全市町村の4

割には「多様なサービス」がありません（2017年10月調査）。総合事業の低報酬介護では「軽度者」への介護サービスをほとんど提供できなくなる地域が出てきます。みなさんの住む市町村は大丈夫でしょうか？

図表7-1に示したように，要支援1・2だけでなく，要介護1と要介護2も総合事業に移せば，介護保険の対象者は3分の1に縮小し，介護費用も減少しますが，家族の介護負担は確実に重くなります。

現政府の計画通りならば，2021年4月以降の介護保険対象者は要介護3以上になり，要支援1・2，要介護1・2認定者は，市町村の総合事業の対象になります。毎月それなりに高額の介護保険料を支払いながら，要介護3以上になるまで介護保険を利用できない政策をあなたは受け入れますか？ 90歳前半で7割の人が要介護となり，95歳以上になれば84％が何らかの介護を必要とします。人生100年時代ですから，介護保険料は掛け捨てではなく，いずれ戻ってくる投資です。要支援1・2や要介護1・2でも，介護の専門家による介護サービスを利用したいと思いませんか？

3　介護資格を考える
――無資格の雇用者・外国人介護労働者導入の意味

第4章で指摘したように，介護職員不足は昔から続いているわけではありません。信じられないかもしれませんが，最近でも2009年，2010年には，求人数よりも求職者数のほうが多かったのです。この時期は2008年秋のリーマン・ショックの影響で派遣切りが話題になったように失業率は高止まりする一方で，2009年の介護報酬改定が＋3％と大きく引き上げられたこともあり，相対的に安定した介護職への求職者が増えました。2011年も求人・求職者数はほぼつりあっていました。

求職者が急激に減少したのは，経済が回復した2012年からです。2012年の介護報酬改正はプラス改定でしたが，わずか1.2％で，この介護報酬が3年間維持されました。その結果，景気回復とともに，介護職の有効求人倍率は悪化していきました。そして安倍内閣下での2015年介護報酬改定は，

図表 7-2　安倍内閣の介護職員不足対策

要支援1 要支援2	介護保険の 介護予防 サービス	（在宅介護 サービスのみ） ・介護予防訪問介護 ・介護予防通所介護	介護職員 介護職員	⇒ ⇒	総合事業の 介護サービス	「訪問型 サービス」 「通所型 サービス」	介護職員 ＋ボランティア ＋無資格の雇用者 ＋保健医療者
		・介護予防短期入所 　介護	介護職員				
		・訪問看護，その他	看護師 など				
要介護1 〜要介護 5	介護保険の 介護サービス	在宅介護サービス	介護職員	⇒	外国人介護労働者の受け入れ ・EPA 介護福祉士候補，在留資格「介護」は， 　介護福祉士資格取得をめざす 　（日本人介護職員と同等の給与） ・技能実習制度の介護分野，特定技能1の介 　護分野は，無資格の介護労働者 　（最低賃金以上） ＊最も多いのは「特定技能1」の介護分野で 　の受け入れ。2019年4月から， 　5年間で6万人を予定		
		施設介護	介護職員	⇒			

出典：著者が作成

−2.27％という大幅なマイナス改定になりました。深刻な介護職員不足を定着させてしまったのは，このマイナス改定です。この事実をはっきり認識することが重要です。そして社会保障財源不足の続く2018年の介護報酬改定もほぼゼロで，介護職の賃金引き上げの条件になる介護事業所の収支悪化は止まりません。今後も介護職員不足は一層深刻化していくでしょう。

　安倍内閣の介護職員不足対策は，**図表 7-2** のようにまとめられます。ホームヘルパー不足に対しては，2018年4月から要支援者に対する介護サービスに無資格の雇用者やボランティアを導入しました（第5章を参照）。そして介護施設の介護職員不足への対策は無資格の外国人介護労働者の導入ですが，その中心になるのは，2019年4月新設の在留資格「特定技能1号」で受け入れる，大量の外国人介護労働者です（第6章を参照）。受け入れ条件は，低い日本語能力N4と限られた介護の知識を持つことです。5年間で6万人もの無資格・低賃金の介護労働者を受け入れます。

介護保険は，介護専門職による介護サービスの提供を約束していました。しかし，安倍政権による在宅介護・介護施設への無資格の介護労働者の導入は，この前提を変えました。有資格者によるサービスと，無資格者によるサービスとでは，質が異なります。介護の知識が限られ介護技術も身につけていない無資格者が，有資格者と同じ質の介護サービスを提供できるはずはありません。つまり，安倍政権による介護市場への無資格者の導入は，介護サービスの質の低下を意味します。

　具体的にいうと，総合事業の訪問型サービス・通所型サービスの「多様なサービス」は無資格者が提供するので，介護保険のサービスよりも質の低いサービスになります。また，介護施設でも今後5年間で6万人の無資格・低賃金の外国人労働者（特定技能1号）が雇用されることで，介護施設における介護サービスの質の低下も避けられません。

　このように「介護サービスはホームヘルパーや介護福祉士のような有資格者が提供する」という介護保険の理念は打ち捨てられ，無資格者による介護サービス提供の範囲が拡大しています。さらに，もし低賃金労働者の確保が困難になれば，質の低い介護サービスの提供さえ難しくなるかもしれません。

　ところで，介護サービス分野では，無資格労働者を導入しなくてはならないほど介護人材が不足しているのでしょうか？　いいえ，日本国内には十分な介護人材が存在します。2018年度の介護福祉士登録者数は156万人で，ホームヘルパー1級・2級や介護職員初任者研修などの訪問介護サービスの専門資格を持つ介護人材は380万人を数えると推定されています（厚生労働省調べ）。しかしホームヘルパーや介護施設職員として就業しているのは，それぞれ80万人程度で，多くの資格保有者は介護分野で就業していません。低賃金と労働条件の悪さのためです。日本には失業率が高くても，中小の製造業や農業のように，つねに人手不足になる分野があります。人手不足は，低賃金と労働環境の悪いところで起こります。

　介護職員の賃金（賃金水準，勤務年数に応じた賃金上昇がないことなど）や労働環境の悪さ（夜勤の多さ，職員不足による多忙など）を改善することなく，低賃金で無資格の外国人労働者の大量受け入れを決定したのが安倍政

権ですが，今後も外国人介護労働者は日本を選択し続けてくれる保証はあるのでしょうか？

　日本語と介護技術の基礎を学ぶ必要がありながら，安い賃金（最低賃金）と介護現場の長時間労働に直面したとき，外国人がいつまで介護労働者として日本で働いてくれるでしょうか？　英語は世界共通語で，日本語よりも学ぶ人が多いこと，カナダやイギリスなど日本よりはるかによい条件で介護労働者を受け入れている先進国が少なくないことを考えれば，日本で外国人が低賃金介護労働者として就業し続けることを期待するのは楽観的すぎます。韓国，中国，台湾など高齢化が進むアジア近隣諸国も，今後，多数の介護労働者を必要とします。これらの国が，日本よりも高い賃金と，よい労働環境を促進するならば，日本を選ぶ理由はありません。

　介護施設における深刻な介護職員不足の根本的な対策は，介護職員の賃金引き上げと夜勤回数の削減などの労働環境の改善です。ただし介護職員の待遇改善のためには，介護報酬点数の引き上げが必要です。そして介護報酬の引き上げのためには，税金や保険料の引き上げが必要です。

　つまり私たちが税や保険料の引き上げを受け入れない限り，介護現場の労働条件が改善されることはなく，介護分野で就業する日本人も外国人もいなくなります。そのときには，「家族介護」しか選択肢がなくなります。日本人の平均寿命は延び続け，死ぬまでに介護を必要とする身になる可能性が高いことを前提として，自分の将来を考えてみてください。著者は，要介護者になったとき，質の高い介護サービスを安定して利用できるならば，負担増を受け入れます。

4　ホームヘルプサービスの未来を考える
——訪問介護サービス公営化の提案

　この節では，ホームヘルプサービスの未来を考えていきます。問いは2つです。第1は，日本の訪問介護が，欧米のように生活援助と身体介護を区別しないで，一体的に提供することは可能か，という問いです。第2は，訪問

介護サービスの継続的な提供が民間企業に可能か，という問いです。

　まず，訪問介護の現状を復習しましょう。訪問介護の利用が多いのは要介護度の低い人で，訪問介護の中でも生活援助中心型サービスの利用が多くなっています。政府・厚生労働省は，第2章6節で説明したように，一貫して生活援助中心型の時間短縮と利用制限を強化してきました（図表2-4を参照）。生活援助中心型のサービス時間は，最初は必要に応じて時間を延長できましたが，2006年に1時間が上限となり，2012年からは45分が上限となりました。高齢者とゆっくり話して，健康状態を確認する見守りも十分できなくなっています。そして安倍内閣は2014年に「軽度者」（要支援1・2と要介護1・2）を介護保険から切り離すことを決定し，2015年から要支援者向けの訪問介護と通所介護を市町村に丸投げし，低報酬介護を開始しました。低報酬介護の提供者の主体は，「賃金の高い」ホームヘルパーではなく，「低賃金の」無資格者の雇用者やボランティアです。

　このような状況を念頭に置き，さらに20年近い日本の介護保険の歴史を振り返ってみたとき，いずれ生活援助と身体介護を厳密に区別している訪問介護の姿が変わり，欧米諸国のように生活援助と身体介護の区別がなくなり，ホームヘルプサービスとして一体的に提供される可能性があるでしょうか？残念ながら，著者の答はNOです。その理由は，生活援助と身体介護の評価（＝価格）の大きな違いと，日本人の大部分が生活援助サービスを専門家の行う仕事と考えていないことにあります。評価の違いすぎる2つのサービスが一体化することはありえません。ただし介護経験者の64％は，生活援助と身体介護を一体的に提供してほしいという希望を持っていることを付け加えておきます（図表7-3の質問cを参照）。

　ちなみに欧米諸国では，食事の用意，洗濯，掃除などの生活援助に分類されるサービスは，高齢者の生活を支える重要な介護サービスの一部であって，身体介護と不可分と考えられています。しかし日本の介護保険では，訪問介護が生活援助中心型と身体介護中心型に区別されたために，生活援助と身体介護を厳密に区別することが当たり前になっています。そして身体介護サービスは介護専門職が関わるべき重要なサービスと考えられている一方，生活

援助サービスは家族の行う家事の延長にあるとして、社会的評価が低いのです。

その証拠が、生活援助中心型と身体介護中心型の介護報酬点数の大きな価格差です。2018〜2020年度の介護報酬でみると、生活援助中心型のサービス提供時間の上限は45分で、2,230円（1単位＝10円で換算）です。一方、身体介護型の介護報酬は20分（20分以上30分未満）で2,480円、30分で3,940円、1時間で5,750円です。さらにサービス時間の延長も認められており、30分ごとに830円の加算をつけることができます。

つまり介護保険の報酬でみると、20分の身体介護中心型の報酬が2,480円で、45分の生活援助中心型が2,230円と、ほぼ同じ水準です。資本主義社会では価格こそが社会の価値基準ですから、介護保険関係の専門家でさえ「生活援助サービスは、身体介護サービスの半分の価値もない」と判断していることになります。

このように日本では生活援助サービスの評価は低く、専門職の仕事とみなされていません。ホームヘルパーの提供する生活援助サービスと、家事代行サービス会社による家事サービスを同一視する傾向は、一般人だけではなく、医療者や介護関係者のような専門家の間でもよくみられます（厚生労働省社会保障審議会・介護保険部会2016など）。残念なことですが、ほとんどの日本人は生活援助サービスを、専門知識が必要なサービスではなく、介護の専門職でない家族や家政婦で十分できる家事の一部とみなしているのです。

実際、生活援助中心型のサービスを提供するホームヘルパーを、安い家政婦のように扱う利用者や家族は少なくありません。2019年2月実施の厚生労働省の調査によれば、ホームヘルパーに対する暴力・セクハラは要介護の高齢男性を中心に頻発しており、調査対象のホームヘルパーのうち身体的暴力を受けた割合が42％、セクハラ37％となっています。そして家政婦のように何でもやってくれることを求められ、それを断ると逆上され、利用者や家族から暴言や人格・能力の否定などの精神的暴力を受けたホームヘルパーは8割に達します。訪問介護サービスの評価が低く、利用者や家族の介護保険やサービス利用への無理解に加え、暴力・セクハラ・暴言も受けるとなれ

図表7-3 介護保険・生活援助に関する意見の相違

		要介護認定者	介護経験者	介護保険加入者	介護サービス従事者
a. 介護保険料を支払っているので，介護度の重い軽いを問わず必要なサービスは提供されるのがよい。	そう思う	72%	74%	69%	61%
	そう思わない	5%	6%	10%	15%
b. 生活援助は要介護状態の重度化を防ぎ，日常生活の継続が可能となっている人が多いから，介護保険で供給するのがよい。	そう思う	66%	68%	61%	51%
	そう思わない	4%	5%	8%	12%
c. 訪問介護のサービスは，身体介護と生活援助を一体として考えるほうがよい。	そう思う	42%	64%	55%	36%
	そう思わない	19%	9%	18%	30%
d. 軽度者への生活援助は介護保険でなく，市町村独自のサービスをを利用するのがよい。	そう思う	12%	17%	24%	19%
	そう思わない	36%	39%	31%	31%
e. 軽度者への生活援助は介護保険ではなく，民間のサービスや地域の助け合いシステムを利用するのがよい。	そう思う	11%	15%	17%	23%
	そう思わない	44%	48%	39%	32%
f. 介護保険の中での生活援助の部分を友人，近隣，ボランティアなどの善意に頼るのはおかしい。	そう思う	39%	46%	42%	32%
	そう思わない	23%	20%	23%	33%

出典：高齢社会をよくする女性の会・大阪「介護保険・生活援助に関するアンケート調査」についての報告」（簡易速報），社会保障審議会・社会保険部会（第51回），2013年10月30日の提出資料を用いて，著者が作成

注：図表では，「そう思う」と「そう思わない」のみを示したが，「どちらともいえない」という選択肢があり，無回答も少なくない。詳しくは原資料を参照

ば，誰が生活援助中心型のホームヘルパーとして働きたいと思うでしょうか？　図表7-3は，そんな生活援助サービス提供に否定的なホームヘルパーの考え方を明らかにしています。

　図表7-3のもとになったのは，「介護保険・生活援助に関するアンケート調査」（高齢社会をよくする女性の会・大阪，2013年）です。この調査は，要介護認定者，介護経験者，介護保険加入者，介護サービス従事者（ホームヘルパー）の4つのグループに対して，介護保険や生活援助サービスに関する質問をして，グループ間の考え方の違いを明らかにしています。この調査結果は，介護保険からの「軽度者」の切り離しが議論された社会保障審議会介護保険部会に提出されました。図表7-3では，6つの質問に対する4つのグル

ープの回答のうち「そう思う」と「そう思わない」のみをまとめました（「どちらともいえない」や無回答は省略)。サンプルの集め方に問題はありませんし，サンプル数も各グループ1,000人前後と，信頼に足ると思われます。

　著者が最も驚いたのは，一般人よりもホームヘルパーのほうが，専門職による生活援助サービスの提供に疑問を抱いていることでした。例えば，図表7-3の質問b「生活援助は介護保険で提供したほうがよい」に賛成する割合は，ホームヘルパーが最も低く（51％），介護経験者（68％)・要介護者（66％)・介護保険加入者（61％）とは，10ポイント以上の開きがあります。さらに，質問e「軽度者の生活援助は介護保険でなく民間のサービスや地域の助け合いを利用するのがよい」に賛成する割合が最も高いのは，ホームヘルパーです（23％，他のグループは11％～17％)。質問f「生活援助を友人，近隣，ボランティアなどの善意に頼るのはおかしい」に対し，「そう思わない」割合が高いのもホームヘルパーです（33％，他のグループは20～23％)。

　この調査結果を見る限り，要介護認定者・介護経験者・介護保険加入者に比べて，ホームヘルパーは，専門職による生活援助サービス提供に消極的で，総合事業の低報酬介護や無資格者による生活援助提供を受け入れる傾向があります。その大きな理由が，ホームヘルパーの半数が暴力・セクハラなど身体的暴力を経験し，ホームヘルパーの8割が家族や利用者のサービス内容への無理解による暴言などの精神的暴力を経験しているという過酷な介護現場にあることは確実です。利益を出さなくてはならない民間介護事業所にとって，お客様は神様ですから，利用者や家族の暴力からホームヘルパーを守るのは困難です。

　そして，このような利用者や家族とのトラブルが起きやすいのが，生活援助中心型の訪問介護サービスです。介護の専門職であるホームヘルパーが提供する生活援助サービスを，無資格の家政婦や家事代行サービス会社の従業員が提供するサービスと混同する人々は，要介護者や家族だけではありません。ホームヘルパー自身が，生活援助サービスの専門性を評価せず，無資格の民間企業従業員や家族・友人・地域住民がやればいいと考えるのは，生活援助サービスを軽視する日本社会の反映でしょう。

一方，身体介護サービスは医療サービスに近いので，利用者も家族も専門家の行うサービスとして認めており，ホームヘルパーにとっても働きやすい面があります。介護報酬も，身体介護中心型は，生活援助中心型の2倍以上ですから，利潤を目的とする介護事業所は，生活援助中心型を縮小し，介護報酬の高い身体介護中心型にサービスの比重を移しています。2018年の介護報酬改正においても，生活援助中心型の報酬単価は2015年より引き下げられる一方で，身体介護中心型の報酬単価は引き上げられました。2018年の介護報酬改正は，生活援助中心型を主に利用する「軽度者」の総合事業への移行を受けて，ホームヘルパーを身体介護中心型に集中させる動きに対応しています。

　次に，「民間企業が生活援助サービスを提供し続けられるか」という問いについて考えていきます。日本では欧米諸国のように，生活援助サービスと身体介護サービスを一体的に提供することが無理だとしても，食事の用意，洗濯，掃除のような生活援助は，高齢者の生活を支える重要なサービスであり，その際に高齢者の健康状態をチェックし，体調や精神的な変調に対応することも重要であると，著者は考えています。しかし，生活援助サービスそのものがなくなる可能性が出てきました。

　2018年4月にはすべての市町村で，介護保険からの要支援者の切り離しが開始され，「訪問介護」と「通所介護」が総合事業に移されました。総合事業の介護報酬は介護保険よりも1～3割低く設定される代わりに，介護保険よりも緩和され，担い手として無資格の雇用者やボランティアにも門戸が開かれました。なお外国人介護労働者は日本語の問題があり，就業は介護施設に限られるので，総合事業のサービスを支えるのは無資格の日本人介護労働者とボランティアです。しかし労働人口の減少する日本で，低賃金で日本人の介護労働者を雇い続けられる民間企業があるでしょうか？　総合事業の低報酬介護は，低賃金の雇用者を雇えなければ，運営できません。

　総合事業の低い介護報酬でサービスを提供できる民間企業は少なく，昔の「措置制度」並みに，利用者を制限する可能性が高くなります。そして家族の介護負担が重くなります。全国一律の介護保険を解体することで，生活援

助サービスを提供できなくなる地域が確実に出現します。

そのときに地域の介護サービスを支える最後の砦が，社会福祉協議会です。介護保険よりも1〜3割も低い介護報酬で利益を出し続けられる民間企業があったら，むしろ驚きます。大分市のように，総合事業の低報酬の訪問介護を引き受ける民間会社や介護事業所がなければ，社会福祉協議会が引き受けるしかありません（第5章4節を参照）。そして社会福祉協議会の運営する介護事業所で働いているのはホームヘルパーであり，無資格・低賃金の介護労働者やボランティアではありません。賃金の差額は社会福祉協議会つまり大分市が穴埋めしています。この大分市の例は，公的機関が運営者となり，有資格者による質の高い訪問介護サービスを提供するケースです。

日本では，在宅介護サービスに民間企業の参入が認められ，介護保険対象の3種類の介護施設には民間企業の参入が認められませんでした。しかしたとえばオーストラリアでは，訪問介護サービスは公的に運営され，介護施設を民間企業が運営しています（下野・大日・大津2003の第2章を参照）。イギリスでもホームヘルプサービスの大半は公的に提供されています。実際，OECDによる報告書 *Caring the Elderly*（2006）によれば，訪問介護は利用者が分散しており，利益が出にくいサービスであると指摘されており，訪問介護こそ公的に運営したほうがよいと思われます。

著者の訪問介護事業所に関する研究（下野2003）では，社会福祉協議会や自治体などの非営利団体のほうが民間介護事業所よりも経営状況がよいことを明らかにしています。そして，賃金や賃金以外の労働条件も非営利団体で働くホームヘルパーのほうがよいのです。

これまでの研究を踏まえた著者の提案は，生活援助中心型サービスを含めた訪問介護事業所の公営化です。民間企業が総合事業の低報酬介護に見合う低賃金で，必要な日本人介護労働者やボランティアを確保して，生活援助型サービスを提供し続けることは不可能です。介護の担い手が見つからなければ，「軽度者」に対する生活援助サービスはなくなってしまいます。公的なサービスなしに高齢者介護を家族に委ねるのでは，介護保険導入前の2000年以前に逆戻りです。さらにホームヘルパーに対するハラスメントの多発を

考慮すると，公的な保護があることでホームヘルパーが気持ちよく働くことも可能となります。民間介護事業所は収益を優先するので（それが本来の姿です），利用者の無理難題からホームヘルパーを守ることが難しいことは，容易に想像できるでしょう。

　要支援者向けの生活援助サービスをなくさないために，各市町村の介護保険担当者には，社会福祉協議会を活かして，身体介護サービスと共に，生活援助サービスもホームヘルパーが提供するという「公的機関による訪問介護サービス提供（訪問介護サービスの公営化）」を真剣に考えていただきたいと思います。

5　新たな介護施設「介護医療院」を考える
——医療系施設の増加と介護保険の医療化

　安倍政権による介護政策がこのまま進めば，2021年度からは介護保険の在宅介護サービスの対象者は要介護3以上になります。一方，施設介護サービスについては，2015年から特別養護老人ホームは要介護3以上でないと利用できなくなりましたが，老人保健施設や介護療養病床は要介護1から利用できます。

　安倍政権は，2018年度から「介護医療院」という介護保険対象の施設を創設し，さらに介護と医療の連携を推進し，介護保険における医療関連サービスの比重を高めています。

　さて介護医療院とはどういうもので，何のために導入されたのでしょうか。2017年度以前は，介護保険でカバーされる介護施設は，特別養護老人ホーム（介護福祉施設），老人保健施設，介護療養病床群の3つでした。このうち介護療養病床群は，介護施設とはみなせないとして2011年に廃止されることになっていましたが，介護施設の不足のために，廃止時期はさらに延期され，ようやく2017年度末に廃止されました。この介護療養病床群の受け皿として2018年度の介護報酬改正にあわせて導入されたのが，「介護医療院」です（移行期間は2024年度末）。介護医療院は，要介護1以上が利用可

能で，医療が必要な高齢者の生活の場として，介護保険の中に位置づけられました。つまり「生活の場」なので，介護療養病床と異なり，入所者は医療の必要がある限り一生涯介護医療院で生活することができます。ちなみに介護療養病床と老人保健施設は，リハビリや治療のための一時的な入所施設なので，6ヶ月が上限とされています。

　介護医療院は医療を必要とする要介護者のための施設なので，特別養護老人ホームのように原則個室で一人当たり10.65平米，食堂とレクリエーション室という縛りはなく，一人当たり8平米にすることを求められるだけです。そして介護医療院は，介護療養病床だけでなく，老人保健施設や医療保険の対象である医療療養病床（医療保険対象のもと老人病院や精神科病院など）の受け皿としても期待されています。かつての老人病院や精神科病院が，介護保険の中で「終の棲家」である「介護医療院」として復活することになったのです。

　一人あたり面積が広く，食堂や十分な広さのレクリエーションの場などの生活設備がより整った特別養護老人ホームは，中央政府や地方政府の財政難で，要介護高齢者の増加のスピードにまったく追いついていません。そこで政府は特別養護老人ホームを増やす代わりに，介護療養病床や老人保健施設を「終の棲家」（介護医療院）にすることで，特別養護老人ホームに入ることのできない要介護高齢者の受け皿を作ったのです。しかも，特別養護老人ホームの利用は要介護3以上に限定される一方，介護医療院は要介護1以上で利用できます。老人保健施設や介護療養病床はもともと医療系施設で，介護系の施設は特別養護老人ホームだけです。介護医療院の導入により，介護保険対象の介護施設のうち，医療系施設の比重がより高くなります。

　在宅介護サービス分野では，介護と医療の連携の号令の下，各種の訪問看護サービスなど看護師の活躍する分野が拡大しています。そして要介護度の高い高齢者は，身体介護サービスと訪問看護の利用の比重が高くなります。つまり，介護保険対象者が要介護3以上に限定されることによって，在宅介護の分野でも，介護職よりも医療職の比重が高まることになります。

　このように介護保険対象者を要介護度3以上とすることは，介護保険を医

療保険を補完する制度に変えることを意味します。つまり介護保険は,「高齢者が自立した生活を維持することを援助する制度」ではなく,「重度の認知症や寝たきりの高齢者を看護・治療する制度」になってしまうのです。

　ここでついでに,内閣府「第8回高齢者の生活と意識に関する国際比較調査」(2015年)に従って,介護サービスと関連の深い医療サービスの利用状況についても見ておきましょう(調査については,図表5-3の説明を参照)。調査対象となった4カ国の60歳以上の高齢者の健康状況にはほとんど違いがないにもかかわらず,日本人の医療サービスの利用は突出しています。日本人の15%以上が月に2回以上病院に行き,4割が月に1回くらい利用しています。つまり60歳以上の日本人の55%が月に1回以上病院を訪れています。他の3カ国では,「1年に数回」が最も多く(アメリカ62%,ドイツ50%,スウェーデン77%),ほとんど医療サービスを利用していません。このような日本人の頻繁な病院通いを支えるのは,「コンビニのようにある」とも言われる病院の多さです。1,000人当たり病床数は,ドイツのほぼ2倍,スウェーデンの6倍以上です(第1章の図表1-5を参照)。そして人口当たりでみた日本の入院者数や通院者数,入院日数も他の先進国と比較して突出しています(下野・大津2010を参照。最近のOECD Health dataはネット上で見ることができます)。

　日本人の高齢者は医療サービスに慣れ親しんでおり,介護保険の導入が2000年と遅かったこともあり,介護と医療の区別もあいまいです。それゆえ介護保険の対象として医療系施設や医療サービスが次々と入り込んできても,日本人は何の疑問も抱きません。前述のとおりリハビリを行う老人保健施設や治療を行う介護療養病床は医療系施設ですが,介護保険対象の介護施設となっています。そして2018年度には,かつての老人病院や精神科病院が「介護医療院」と名前を変え,医療を必要とする要介護高齢者の「終の棲家」となり,介護保険対象の施設になりました。

　第1章で述べたように,介護保険導入の大きな目的は「社会的入院」による医療給付の膨張への対応だったのですが,厚生労働省・医療関係者は病床数の削減を図るのではなく,医療系施設や医療サービスを介護保険の給付対象

にしたのです。老人保健施設や介護療養病床は，医療サービスを提供するので，介護施設である特別養護老人ホームよりも利用料金が高く設定されています（特別養護老人ホーム 28 万円，老人保健施設 30 万円，介護療養病床 39 万円，2017 年）。さらに訪問看護サービス料金は，訪問介護サービス料金よりもはるかに高額です。看護師は医療の専門家ですが，介護職員も介護の専門家のはずです。しかし看護師と介護職員の賃金格差は放置され，介護保険における看護系サービスと介護系サービスの大きな報酬格差も縮まりません。

介護保険の給付は，看護師・医師などの医療関係者や医療施設と，介護職員・介護施設に分配されます。医療施設や医療関係者への配分が多くなれば，必然的に介護施設や介護職員への配分が抑えられます。2018 年度の「介護医療院」の導入と「医療と介護の連携」により，介護保険の医療化が進んでいることに気づいてください。

介護政策の転換がない限り，日本の介護保険は医療保険を補完する制度になってしまい，在宅介護サービスに向ける資金は枯渇し，介護職員による介護サービス供給は縮小するでしょう。

6　介護サービス産業の未来を考える
── 10 兆円産業と女性労働の未来はどうなる？

医師，看護師，保健師，薬剤師など多数の医療関係資格者が就業する医療サービス産業は，医療保険に支えられた産業です。医療保険なしに医療サービス産業は成立しません。診療報酬や薬価などの医療関係の価格は，2 年ごとの診療報酬改定により決定されます（第 3 章の図表 3-4 を参照）。診療報酬改定により，医療施設（病院）や薬品会社の収支が変動します。

介護保険もまったく同じです。ただし介護報酬改定は 2 年ごとではなく，3 年ごとです。図表 7-4 をみると，2000 年に要介護高齢者とその家族を支える制度として大きな期待とともに船出した介護保険ですが，2003 年 −2.30％，2006 年 −2.40％と大幅なマイナス改定となりました。この 2 回のマイナス改定により，介護サービス産業への期待はしぼみました。しかしリーマンシ

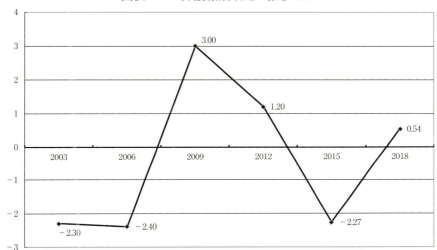

図表 7-4　介護報酬改定の推移 (%)

出典：著者が作成

ョック後の 2009 年の介護報酬改定は介護職員の賃金引き上げを目的に 3％の引き上げとなり，介護サービス産業の収益も好転しました。その結果，介護職員の賃金改善により，2009 年から 2011 年までは求人と求職者はほぼつりあっていました（第 4 章の図表 4-1，図表 4-2 を参照）。

しかし 2015 年の消費増税引き上げ延期による社会保障財源の不足により，2015 年の介護報酬改定は－2.27％の大幅なマイナス改定になりました。景気回復過程における介護報酬のマイナス改定は，介護事業所の収益を急速に悪化させました。特に小規模の事業所が多い訪問介護事業者への衝撃は大きく，2000 年以降一貫して増加していた介護事業所数についても，2015 年度に初めて通所介護事業所数が減少し，2016 年度には訪問介護事業所数も減少に転じました。

好調な経済が続き，他産業では倒産が減少しているにもかかわらず，介護サービス産業だけ倒産数が増加していたため，マイナス査定が予定されていた 2018 年の介護報酬改定は，わずか（0.54％）ですが，プラス査定になりました。しかし財源がないため，次の 2021 年の介護報酬改定が大幅なプラ

第 7 章　介護保険の未来を考えるヒント　183

ス改定になることは期待できません。介護サービス産業の動向は、介護報酬改正に左右されます。短期の景気対策を優先し、社会保障財給付の削減を粛々と進めている政権の下では、介護サービス産業は確実に衰退、よくて低迷することになるでしょう。

ここで介護サービス産業の規模を確認しましょう。介護サービス産業の規模は、介護費用にほぼ等しくなります。2000年には3.8兆円だったものが、2014年度には10兆円に達しました。いまや介護サービス産業は日本経済における重要産業であることを示す10兆円産業です。ちなみに、ほぼ同じ時期に10兆円産業になったのが、携帯電話事業やコンビニエンス・ストアです。

ただし2015年度は10.1兆円、2016年度10.4兆円と、2015年の介護報酬改正以降、介護サービス産業の伸びに急ブレーキがかかりました。第2章の**図表2-5**の介護費用の推移を見ると、介護保険報酬との関係性がはっきりわかります。2015年と同様に、2003年と2006年の介護報酬のマイナス改定により、介護費用の伸びは低くなっています。介護報酬次第で、介護サービス産業の将来が決まるのです。

次に介護サービス産業の就業者数に注目すると、2000年には常勤換算（1週間40時間で1人とする）で55万人だった介護職員数は、2005年には100万人を超え、2015年には180万人に達しました（第4章の**図表4-3**を参照）。さらに介護分野で働く医師、看護師、理学療法士などの医療関係者、事務職員、栄養士、清掃員、運転手などを含めれば、実数では250万人程度になるでしょう。介護サービス産業は、医療保険に支えられる医療サービス産業と同じように、日本経済を支える一大産業になっています。また介護サービス産業の就業者の9割近くは女性です。介護サービス産業はいままで就業していなかった既婚女性を中心に、女性就業率の引き上げに大きく貢献してきました。

このように、10兆円産業の介護サービス産業は、女性活用を通じて、日本経済に貢献しています。多数の既婚女性が、被扶養者から労働者となり、税金や社会保険料を支払うようになったことは日本経済には大きなプラスだったはずです。また、介護サービスを適切に利用することで、仕事を辞める

ことなく，就業を継続できる雇用者も増えます。介護離職者を減らすことで，労働力不足の日本経済に貢献しているのです。このように，介護サービス産業は，要介護高齢者や介護者の生活を改善するだけではなく，日本経済にプラスの影響を与えています。

しかし介護サービス産業は，利益を出しにくい対人サービス産業です。利用者（要介護高齢者）の個別性・差異が大きく，機械化・ロボット化やIT化の導入による経営の効率化に向かないサービス産業でもあります。さらに訪問・通所介護分野では，従業員10人未満の小規模事業所が3割以上を占めており，経営状況の厳しい事業所が多くなっています。訪問介護事業所をはじめ，在宅介護サービスを存続させるには，どうすればいいのでしょうか？ 国民全体が必要とするサービスなのに，民間企業では利益を出せない場合には，その分野の公営化も考えていく必要があるかもしれません。

例えば，北欧諸国では在宅介護・施設介護を含めてすべての介護サービスを公営化しています。介護施設も在宅介護も税金で賄われ，介護サービスの担い手である介護職員は公務員化されています（パートタイム公務員が多い）。北欧諸国の国民は，介護サービスは利益を出せない（あるいは，出さないほうがいい）ので，利潤最大化を目的とする民間企業に任せないという政府の決定を支持し，高い税金を支払っているのです。

オーストラリアでは，相対的に収益率が高い介護施設の経営を民間企業（宗教系が多い）に委ね，利益を出すのが困難な在宅介護を公営化しています（下野・大日・大津2003の第2章，第3章）。日本は，オーストラリアとは逆に，介護施設の経営を福祉法人や医療法人などの非営利団体に限定し，民間企業の進出を許さない一方，在宅介護サービス分野に民間事業所の進出を促しました。しかし介護保険発足以降，介護施設の収益率は平均的に高く安定していたのですが，訪問介護事業所は赤字事業所の割合が高く，平均的な収益率はマイナスが続きました（下野2003など）。著者は毎年の介護事業所の経営報告を見て，収益率の低い訪問介護サービスについては，社会福祉協議会などを利用した公営化，ホームヘルパーの準公務員化による賃金や雇用条件の改善を主張してきました。

赤字事業所には，賃金の引き上げも，労働条件の改善も不可能です。現在でもホームヘルパーの8割が，低賃金で労働時間の保証のない「登録ヘルパー」（需要があるときだけ働く非正規就業者で労働時間の保証がない）という状況を招いているのは，訪問介護事業所が小規模で収益を上げられないためです。50人以上が働く訪問介護事業所は，社会福祉協議会や自治体が運営する事業所の割合が高く，収益率も高くなっています。もし介護サービス産業の在宅介護分野の発展を図ろうとするならば，訪問介護事業所を利益優先の民間企業に任せるのではなく，公営化が必要かもしれません。訪問介護サービスの公営化は，賃金の引き上げと一定時間の労働時間の保証を可能とします。もしホームヘルパーの就業形態を，不安定就労の「登録ヘルパー」から労働時間の保証された「パートヘルパー」中心に変えることができれば，一定時間働きたいというホームヘルパーの声に応えることで，求職者を確実に増加させるでしょう。

訪問介護の公営化には公費負担（増税）が必要になりますが，訪問介護サービスを維持することで，多くの女性の職場を維持し，介護サービス産業の成長を支えます。

7 まとめ

この章では，第1部，第2部をふまえながら，第8章で示す3つの選択をする際に，考慮してほしい事項を取り上げました。2025年には団塊の世代が後期高齢者になり，要介護高齢者数はこれまで以上のペースで増加していきます。95歳以上になれば，ほぼ全員が要介護高齢者です。人生100年時代の介護サービスは，医療サービスと同じように，必需品です。

その意味で，2015年から始まった介護保険からの軽度者の切り離しによる介護保険対象者の縮小は，男女に関わらず，すべての人に影響を与える大きな制度変更です。さらに介護保険からの軽度者の切り離しは，市町村への介護サービスの丸投げで，政府が公式に介護サービスの地域間格差を認めたことを意味します。「軽度者」に対する在宅介護サービス供給の責任が，国

から市町村に移り，総合事業の低報酬介護サービスの担い手の確保も市町村の責任になりました．

総合事業の低報酬介護・介護施設への無資格の介護労働者の導入は，介護サービスの質の低下を意味します．介護保険は「介護の専門家によるサービス提供」を約束していたのですが，安倍内閣は無資格者による介護サービス提供を政策決定しました．無資格の介護労働者やボランティア，外国人労働者による介護サービスの提供の延長には，「家族介護」の影がちらつきます．

介護サービス事業所の持続可能性も重要な問題です．日本では，オーストラリアとは逆に，介護施設の経営は非営利団体に委ねられ，在宅介護分野が民間企業に解放されました．在宅介護の中心となる訪問介護は収益を上げにくいことが知られています（OECD 1996 を参照）．4 節では，この収益率の低い訪問介護の公営化を提案しました．

2018 年度の「介護医療院」の導入は，介護費用の急増をまねきかねない政策であり，今後も注視していく必要があります．介護医療院は，要介護 1 以上が利用可能で，医療の必要な高齢者の「終の棲家」と位置づけられ，特別養護老人ホームの不足を補うことになります．特別養護老人ホームの増設には税金投入が必要ですが，介護医療院の創設のための公費負担は微々たる額です．政府の選択の背後には，巨額の財政赤字，消費増税延期による社会保障財源の枯渇があります．

さらに，介護サービス産業の現状と将来について議論しました．いまや介護サービス産業は 10 兆円産業で，介護職員だけでも実数で 200 万人を超える大産業です．多くの女性に就業の場を与え，介護離職を減らすことで，日本経済に大いに貢献しています．しかし介護保険の縮小・解体は，介護サービス産業の未来に暗い影を落としています．

介護保険の縮小・解体と介護サービス利用の抑制は，介護サービス産業を低迷させるだけでなく，家族の介護負担を重くします．そのことから目をそらせてはなりません．団塊の世代が 75 歳に達する 2025 年以降，要介護高齢者がどのような境遇になるのかは，現在のあなたの決定しだいなのです．

3つの選択と
2025年の介護保険・介護サービス供給体制

1 はじめに

　この章では，第7章の議論を踏まえて，現在（2019年）可能な3つの選択と，選択後の2025年の介護保険の姿ならびに要介護高齢者の状況の関係を，できるだけ具体的に示します。2025年は団塊の世代が75歳に達する年で，団塊の世代の高齢化とともに要介護高齢者数は確実に増加します。特に高齢者単身者の割合が高い東京・大阪・名古屋の高齢化は急激に進み，要介護高齢者の在宅介護サービスの需要が急増すると予想されています。経済界の広報誌とみなされる『日本経済新聞』でさえ，大都市の高齢化の進展に伴い，在宅介護サービスの充実を望む，という記事を掲載しました（2018年11月26日朝刊）。しかし現実には，2015年の介護報酬の−2.27％改定により在宅介護サービス事業所数は減少に転じ，在宅介護サービスの充実どころか，サービスの利用制限が強化されています。
　介護サービスを考えるときに重要なことは，要介護高齢者数の増加と介護需要の伸びは，経済にとって必ずしもマイナスではなく，チャンスでもあることを忘れないことです。介護費用の増加は国や個人の負担を増加させますが，同時に介護サービス産業の収益の増加をも意味します。介護サービス産業は，2015年前後にコンビニエンスストアや携帯電話産業とともに10兆円

産業となり，介護職員だけで女性を中心に200万人以上が就業する巨大産業です。介護サービス産業の発展は，女性活躍社会の象徴でもあります。

2000年の介護保険の誕生時には，介護サービス産業は将来の成長産業とみなされ，その育成を図っていくことが政府の政策でした。大守・田坂・宇野・一瀬（1998）は，産業連関表を用いた分析により，公共事業よりも介護サービスへの投資のほうが，日本経済により好影響を与えるという結論を導いています。介護保険の導入は内需拡大の好機と位置づけられ，介護サービス産業は経済成長を牽引することを期待された成長産業でした。

しかし小泉政権による介護給付適正化運動により介護保険と介護サービス産業の将来に暗雲がかかり，安倍政権により介護保険は息の根を止められ，介護サービス産業は構造不況業種に転落しようとしています。「軽度者」（要支援1・2と要介護1・2）は介護保険を使えなくなってもいいのでしょうか？　生活援助は無資格者の低報酬介護で十分なのでしょうか？　200万人が就業する介護サービス産業が衰退し，日本人が就業したがらない構造不況業種になってしまってもいいのでしょうか？

この章では現在可能な選択肢を3つ示します。《選択1》は安倍政権が進める介護保険の縮小・解体政策を受け入れ続けるという選択です。2025年には介護保険対象者は要介護3以上になり，要支援1・2と要介護1・2は，在宅サービスとして総合事業の低報酬介護しか利用できません。ちなみに要介護3以上認定者とは，ほぼ寝たきりか重度の認知症です。さらに2018年度に新しく公的介護施設となった介護医療院の入居者は急増し，介護費用の急増を招きます。この選択によって，介護保険は在宅介護中心から施設介護中心に変わります。

《選択2》は現状維持で，2018年度の介護保険を守るという選択です。2025年の介護保険対象者は要介護1〜5で，要支援1・2は完全に総合事業に移されます。要支援者向けの在宅介護サービスは無資格者による低報酬介護に変わりますが，担い手不足でサービス提供が十分できなくなる市町村も出てきました。一方で，介護医療院は公的介護施設として入居者を増加させていき，介護費用は膨張し続けます。

《選択3》は安倍政権下での介護政策を放棄し，2000年の介護保険発足時の在宅介護中心に戻すという選択です。介護保険の対象者は要支援・要介護認定者全員です。総合事業の介護サービスは廃止し，要支援・要介護認定者の誰もが，必要になった場合には介護保険のサービスを利用できるような体制に戻します。《選択3》は在宅介護中心の考えに基づき，高齢者ができるだけ長く在宅で生活できるように，在宅介護サービス，特に生活援助サービスを充実させます。そのためには，介護系サービスの介護報酬点数を引き上げ，ホームヘルパーの賃金引き上げを実現し，ホームヘルパーの社会的地位を上げる必要があります。そして，介護給付節減のために介護医療院は廃止し，特別養護老人ホームを増設します。

　単純に考えると，《選択3》は《選択1》や《選択2》よりも介護保険料が高くなるように思えますが，《選択1》と《選択2》では2018年度に新しい介護施設として導入された介護医療院への入所者の急増により，介護費用が大きく膨れ上がる可能性があることに注意してください。もっとも《選択3》では，介護専門職による介護サービスの提供を保障するために，介護報酬を大きく引き上げますし，本来の介護施設である特別養護老人ホームの増設に資金を投入しますので，短期的には介護保険料の引き上げや所得税の引き上げを受け入れる必要が出てきます。

　日本では負担増への反対が強く，負担増は不可能だという声をよく聞きますが，それが間違っていることを5節で示します。税・社会保障を含めてOECD33か国を負担の重い順に並べると，日本は27番目で最も負担の軽い国の一つです。それにバブル崩壊以降，毎年のように実施されてきた所得減税により，所得税負担は半分近くまで縮小しています（下野2017を参照）。つまりマスコミは頻繁に，日本の税負担が重い，社会保障負担が重い，と報道しますが，それはデータを無視した無責任な報道です。どの国にも貧しい人・家庭は存在しますが，それらの人・家庭を守るのが介護保険を含めた社会保障制度の役割です。そして社会保障制度の維持には，応分の税・社会保障負担が絶対に必要になります。

　日本人には負担増を受け入れる経済的余裕はあります。高齢者が多額の金

融資産を持つからこそ、オレオレ詐欺のターゲットになるのです。高齢者がほとんど貯蓄を持たない欧米ではオレオレ詐欺の活躍の場もありません。長生きをして90歳を超えればほぼ確実に要介護者になる自分のために、介護保険料引き上げを受け入れるという選択はないのでしょうか？ あるいは、社会への貢献や感謝の気持ちをもって、他人のためであれ負担増を受け入れる共助の気持ちはないでしょうか？ ゆっくり考えてみてください。

この章では、80歳後半になり要介護認定を受けたもとサラリーマンのAさん、Bさん、Cさんを例にとり、3つの選択の延長にある2025年の介護をめぐる状況を具体的に説明していきます。Aさんは要支援2、Bさんは要介護2、Cさんは要介護4の認定者と仮定します。ちなみに80歳後半になると半数が要支援・要介護認定者になります。三人は共に男性で、現在は単身者とします（生涯独身者、離婚者、子供や妻に先立たれた寡夫などです）。厚生年金と基礎年金を合計した年金額は月13万円で、金融資産は1,500万円という平均的高齢者です。男性高齢者を例にした理由は、女性高齢者の経済状態は配偶者の職や年金などに影響されやすく、設定が困難なためで、正社員として長期勤務してきた女性高齢者と読み替えていただいても結構です。

2 《選択1》 政府案——介護保険対象者は要介護3以上

最初に取り上げる《選択1》は、安倍政権の介護保険縮小・解体政策を受け入れ続けることです。この選択のもとでは、介護保険対象者の範囲が最も小さくなります。この選択の先にある2025年の介護保険の姿は、2000年とは大きく異なります。特別養護老人ホーム以外の施設介護サービスは要介護1以上で利用できますが、要支援・要介護者の8割以上が利用している在宅介護サービスの利用は要介護3以上に限定されます。政府はすでに2018年に介護保険から要支援1・2を切り離し、要介護1・2についても2021年度の介護報酬改定からの切り離しを計画しています。

政府の計画が粛々と実行されていけば、2025年には、要支援1・2と要介護1・2は介護保険から切り離されています。軽度者の利用が多い生活援助

サービスは，介護専門職による介護保険の介護サービスではなく，無資格者による総合事業の低報酬介護になっています。しかし低賃金のため，担い手不足は深刻で，サービスは少なくなり，しかも利用者は要支援1・2と要介護1・2を合わせて300万人以上ですから，在宅介護サービスを利用したくてもできなくなっています。

一方2018年度に新しい介護施設として創設された「介護医療院」は特別養護老人ホームと同じように「終の棲家」なので，特別養護老人ホームに入居できない高齢者の受け皿になります。しかも要介護1から入所できるので，治療の必要のない大量の要介護高齢者が入居し，介護保険で「社会的入院」が復活します。介護保険は完全に在宅介護中心から施設介護中心に変わり，介護費用は膨らみ続けます。

ここで《選択1》をとった場合の2025年の介護保険と介護サービス体制の特徴を箇条書きにしておきましょう。

　　a．介護保険対象者は要介護3以上。
　　b．在宅介護中心から施設介護中心の介護保険。
　　c．「軽度者」（要支援1・2と要介護1・2）向けの在宅介護サービスが不足。
　　d．総合事業の担い手は無資格の雇用者・ボランティア。
　　e．介護医療院の入所者が急増。
　　f．介護施設の就業者の主力は無資格低賃金の外国人介護労働者。
　　g．介護保険の給付のうち医療系経費が膨張。
　　h．経営悪化により訪問介護事業所・通所介護事業所数が減少。
　　i．「家族介護」の復活と介護離職者の増加。

次に，2025年に80歳後半になり要介護認定を受けたAさん，Bさん，Cさんの介護をめぐる状況を具体的に説明していきます。Aさんは要支援2，Bさんは要介護2，Cさんは要介護4の認定を受けました。

■Aさんの場合　Aさんは要支援2です。どこに行くのにも車を使っていたため，気がつくと足が弱り軽い認知症も出てきました。もし昔のように，45分の生活援助を週2，3回利用できれば，一人でも生活できたでしょう。そして通所リハビリを利用できれば，体力もついたでしょう。

　しかし2025年には，要支援2のAさんは介護保険の対象ではありません。総合事業で提供する「訪問型サービス」も「通所型サービス」も，全国的に人手不足で毎年少なくなっています。Aさんの住む地方都市でも，2025年のサービス利用を生活保護者と要介護1・2に限定しました。Aさんは40歳から介護保険料を払い続けているにもかかわらず，介護が必要になったときに介護保険を利用できないこと，低報酬介護さえ使えないことに，やっと気がつきました。

　少しの助けがあれば在宅で生活できたはずのAさんですが，生活援助サービスがないため自宅での生活が難しくなり，介護施設への入居を考えなくてはならなくなりました。サービス付き高齢者向け住宅は月額利用料が年金額より高く，介護サービスが付いていません。有料老人ホームは入居一時金と利用料が高くて無理です。残された選択肢は，要介護1になるのを待っての介護医療院入所しかありません。

■Bさんの場合　Bさんは，体は丈夫ですが認知症が進んでおり，食事・お風呂の用意，掃除も自力ではできません。お金の管理もできず，買い物も難しくなっています。しかし要介護2認定者は介護保険ではなく，総合事業のサービスを利用することになっています。Bさんの住む町では，総合事業で生活援助を提供していた介護事業所はすでに廃業し，高齢者の扱いに慣れていないボランティアが，1週間に3回，簡単な食事の用意をして冷蔵庫に入れてくれるだけです。お風呂の用意や掃除の時間的余裕はなく，Bさんの清潔が保たれなくなってきました。もし昔のように，専門職のホームヘルパーによる訪問介護サービスを毎日利用できて，デイサービスで週2～3回入浴できれば，Bさんも在宅で生活することができたかもしれません。

しかし自力で清潔を保てなくなったBさんは，ケアマネジャーから介護施設への入居を勧められています。要介護2のBさんは特別養護老人ホームに申し込むことはできません。有料老人ホームも資金的に無理なので，結局，治療が必要な病気はありませんが，すぐに入所できる介護医療院に入居することになりました。

■Cさんの場合　Cさんはほぼ寝たきりで認知症もかなり進行しており，常時見守りと介護が必要です。しかし月額利用料が安く設備の整った特別養護老人ホームは満床で入所できないため，介護医療院に入居しました。
　この介護医療院はもと老人病院なので，今も介護施設というよりは病院のようです。老人保健施設や介護療養病床のように6ヶ月で退所を迫られることはなく，一生涯を過ごせますが，一人当たりの面積は8平米で，食事はベッド上で，人手不足で散歩することは不可能です。食事や清拭などの介護をしてくれるのは，ほとんど日本語の話せない外国人ばかりで，会話を楽しむこともできません。楽しみはたまにくる日本人看護師の女性と話すことです。

安倍政権による介護政策は，「軽度者」を介護保険から切り離すことにより，介護保険を縮小・解体し，介護費用の削減を図ることです。そして介護職員不足対策は，公費負担を必要とする介護職の賃金引き上げや労働環境の改善ではなく，無資格の介護労働者の導入です。介護保険のサービスは介護専門職であるホームヘルパーや介護福祉士によって提供されてきましたが，安倍政権はその原則を放棄し，無資格の雇用者・ボランティア・外国人労働者を導入するという大きな政策転換を行いました。
　総合事業の低報酬介護の担い手には，無資格の雇用労働者，ボランティアが導入されました。介護施設には，新しい在留資格である「特定技能1号」の外国人労働者が大量に受け入れられ，無資格・低賃金で就業することになります。「特定技能1号」の介護分野では，2019年度中に5,000人で，今後5年間に6万人が受け入れられます。必要とされる日本語レベルはN4で，

日本語の単語が少し理解できる程度ですから，日本人高齢者と会話するのは不可能です。

さらに 2018 年度には 2017 年度に廃止が決まった介護療養病床の受け皿として「介護医療院」が介護保険の対象施設となりました（移行のための猶予期間は 2024 年 3 月末）。介護療養病床と介護医療院の違いは，後者が「終の棲家」であることです。しかも特別養護老人ホームの利用は要介護 3 以上に限定されているのに対し，介護医療院は要介護 1 から利用可能です。介護医療院は利用者の確保が容易になるので，老人保健施設や医療保険対象の医療療養病床からの移行も予想されています。そのため，この介護医療院の創設は介護費用の削減に反する可能性があります。

この介護保険縮小・解体政策は大きな問題を含んでいます。要支援 1・2 や要介護 1・2 では介護保険の専門職による在宅介護サービスを利用できず，介護保険のサービスより質の低い「訪問型サービス」や「通所型サービス」しか利用できないことを知った日本人は，それでもおとなしく介護保険料を支払い続けるでしょうか？ 介護保険料支払いを拒絶する人が増加すれば，介護保険は維持できません。つまり安倍内閣の進める介護保険改革は，介護保険の崩壊を招く可能性を秘めているのです。

3 《選択 2》 2018 年の介護保険の維持
──介護保険対象者は要介護 1〜5

この節では，2018 年の介護保険の状態を維持した場合に，2025 年にはどうなるのかを予想します。現状維持ケースです。2018 年 4 月にはすべての市町村で介護保険からの要支援者の切り離しが開始されましたが，要介護 1・2 認定者はまだ介護保険の範囲にとどまっています。介護保険からの切り離しを，要支援 1・2 だけにとどめるのが，《選択 2》です。

ちなみに要支援者は施設介護サービスを利用することはできず，在宅介護サービスのみを利用していました。そのうち介護予防訪問介護サービスと介護予防通所介護サービスが最も多く，2014 年で約 100 万人が利用していま

したが，利用額は微々たるもので，介護保険給付の0.5%にもなりません。介護給付は介護度が高いほど高く，施設介護の給付額は在宅介護よりはるかに高くなっています。

　つまり介護保険からの要支援1・2の切り離しの介護費用節約効果は，ほとんどありません。しかし介護保険給付額の節約にならなくても，生活援助サービスを介護職の仕事と評価しない人が多ければ，要支援1・2を総合事業に移して，無資格者の介護労働者が「訪問型サービス」と「通所型サービス」を提供するという選択肢もありえます。

　ここで《選択2》の特徴をまとめておきましょう。《選択1》とよく似ていますが，介護保険対象者の範囲が広いことは，介護保険と介護サービス産業の将来を明るくしています。

　　a．介護保険対象者は要介護1〜5，要支援1・2は総合事業へ移行。
　　b．在宅介護中心から施設介護中心へ。
　　c．要支援1・2むけの訪問型・通所型サービスは，総合事業の低報酬介護。
　　d．総合事業の担い手は無資格雇用者・ボランティア。
　　e．介護医療院の入所者が急増。
　　f．介護施設の就業者の主力は無資格低賃金の外国人介護労働者。
　　g．介護保険給付額のうち医療的経費が膨張。
　　h．介護サービス事業所数の維持。

　次に，2025年に80歳後半になった，要支援2のAさん，要介護2のBさん，要介護4のCさんの介護をめぐる状況を具体的に説明していきましょう。

　■Aさんの場合　　Aさんは要支援2です。しかし2025年には，要支援2のAさんは介護保険の対象ではありません。Aさんの住む地方都市の総合事業で提供する訪問型サービスは人手不足で毎年少なくなっていますが，

2025年でも民間企業の訪問型サービスの生活援助を週2回，ボランティアが運営する通所型サービスを週1回利用できます。しかし，生活援助型サービスを提供するのは介護の知識を持たない若い女性で，ほとんど口も利かずに40分間で食事の用意だけをして帰っていきます。掃除や洗濯もお願いしたいのですが，断られます。総合事業の通所型サービスは地域住民主催で，高齢者が集まってお茶を飲みゲームをするだけです。亡き母が利用していたデイサービスは介護職員がいて入浴もできましたが，総合事業の通所型サービスには入浴はありません。

確かに無資格の介護労働者が提供する低報酬介護の利用料は安いですが，介護に対する情熱はなく，高齢者の自立を支援する介護サービスとは思えません。Aさんは体力や気力の衰えを実感しており，今後の生活の維持に大きな不安を感じ，要介護1になったときには介護医療院へ入所しようと考えています。

■Bさんの場合　Bさんは要介護2なので介護保険の対象者です。体は丈夫でも認知症が進んでおり，食事・お風呂の用意，掃除も自力でできないのですが，介護保険の訪問介護とデイサービスを組み合わせて，自宅で生活しています。食事はすべて生協の配食サービスを利用しています。毎朝，訪問介護サービスに入ってもらい身だしなみを整え，掃除や洗濯の補助もお願いしています。デイサービスを一週間に3回利用し，入浴もそのときにします。お金の管理はできないので，甥に成年後見人になってもらっています。1週間に一度は買い物の付き添いも頼んでいます。

Bさんは介護保険の対象者であることによって，専門職のホームヘルパーによる訪問介護を毎日利用でき，さらに介護事業所の運営するデイサービスで体を動かし介護職員の援助を受けて入浴することもできます。Bさんの清潔と体力は維持され，規則正しい生活で認知症を悪化させることなく，自宅での生活を継続できています。

このように介護保険と総合事業の介護サービスは，まったく別ものです。

■Cさんの場合　Cさんの置かれた状況は,《選択1》と変わりません。《選択2》でも,2025年に最も多くなる介護施設は,介護医療院です。特別養護老人ホームの増設を行わなければ,Cさんのように行き場のない要介護高齢者の受け皿は,治療の必要がなくても介護医療院しかありません。
　そして食事や清拭などの介護をしてくれる介護労働者はほとんど日本語の話せない外国人ばかりで,会話を楽しむこともできません。日本人は医者と看護師,5人ほどの介護福祉士だけです。外国人労働者は「特定技能1号」の在留資格を持っていますが,時間給1,000円未満の最低賃金で働いています。

　《選択1》と《選択2》を比較すると,《選択2》では,軽度者である要支援2のAさん,要介護2のBさんの状況が改善されます。
　要支援2のAさんは総合事業の対象者ですが,要介護1・2が総合事業に加わらないので,総合事業の介護サービスを利用することができます。要介護2のBさんは,介護保険の介護サービスを利用でき,その利用で自宅での生活を継続することが可能となります。軽度者の場合,訪問介護・通所介護などの在宅介護サービスを利用できるか否か,どのようなサービスなのかが,在宅での生活と介護施設の選択の鍵になります。
　要介護4のCさんの置かれた状況は,《選択1》と《選択2》でまったく同じです。特別養護老人ホームが少ないため,介護医療院が行き場のない要介護高齢者の受け皿になります。本来の介護施設である特別養護老人ホームは,費用が一番安いにもかかわらず,生活の場として最も優れています。食堂やレクリエーションの場を備えていること,一人当たり10.65平米の広さ,個室化の推進など,生活の場となっています。しかし介護医療院は終の棲家ですが,治療を必要とする要介護高齢者を想定しているため,一人当たり8平米で生活の場としての設備は求められません。
　以上のように,《選択2》は,2018年時点の制度を2025年まで維持するというものです。《選択1》の介護保険の在宅介護サービス利用者は要介護3以上ですが,《選択2》では要介護1～5になります。この違いが在宅介護サ

ービス事業者に与える影響は決して小さくありません。要介護1・2は，要支援・要介護認定者の約35%と大きな比重を占めています。もし要介護1・2の在宅介護サービスを総合事業に移せば，完全に介護保険の姿は変わります。その意味で，《選択1》は介護保険の解体と介護サービス産業の崩壊を招きますが，《選択2》は《選択1》に比べればまだ小さな変化にとどまります。

4 《選択3》 2000年の介護保険
―― 介護保険対象者は要支援・要介護の全員

この節では2000年の介護保険に戻す選択を取り上げます。もし団塊の世代が後期高齢者と呼ばれる75歳に達する2025年に，介護保険が2000年の姿を取り戻しているならば，充実した在宅介護サービスが整備されているので，ホームヘルパーの力をかりて安心して在宅でくらし続けられます。必要なだけ在宅介護サービスを利用できれば，家族の介護負担も減少します。介護離職の減少により就業者数は増え，経済成長率を押し上げます。

そして在宅介護中心の介護保険・介護サービス体制を整備し，要介護の高齢単身者でもできるだけ長く在宅で生活できるようにすれば，介護施設入居者の増加は穏やかになり，長期的な費用および介護保険料は，《選択1》や《選択2》の場合よりも低くなる可能性があります。

ただしこの《選択3》のためには，国民が介護保険の重要性を認識し，増税と保険料の引き上げを受け入れることが前提となります。さらに「介護保険の本来の姿を取り戻す」という国民の意思を尊重する政府が成立している必要があります。もちろん社会保障制度の重要性を認識している政治家は自民党の中にもいますから，自民党を排除するつもりはありません。しかし安倍政権は介護保険の縮小・解体政策を採っていますから，《選択3》を実行する政府にはなりえません。

介護医療院の廃止で減らせる介護費用を考慮しても，在宅介護サービスの充実のためには介護報酬の大幅な引き上げが必要で，一時的に介護保険料は

《選択1》や《選択2》よりも高くなるでしょう。しかし介護のための税・保険料負担と介護サービスの自由な利用は結びついています。くどいようですが，90歳以上の8割は何らかの介護を必要とします。人生100年時代には要介護高齢者になるのが普通のことになります。誰もが，介護保険・介護サービスを利用する時代なのです。

以下では，《選択3》の特徴を簡単にまとめておきます。

a．介護保険対象者は要支援1・2と要介護1～5。
b．在宅介護中心の介護保険。
c．介護報酬の引き上げによる賃金引き上げで，有資格者の介護職員を確保。
d．介護報酬の引き上げによる介護サービス産業の発展。
e．特別養護老人ホームの増設と介護医療院の廃止。
f．公的介護サービスの充実と介護離職者の減少。

次に，《選択3》のもとで2025年における要支援2のAさん，要介護2のBさん，要介護4のCさんの置かれている状況を見ていきましょう。《選択3》では，3人とも介護保険対象者です。

■Aさんの場合　　Aさんは要支援2です。足が弱り軽い認知症も出てきましたが，多少の手助け，たとえば45分の生活援助中心型サービスを週2,3回利用できれば，一人でも生活できます。生活援助で依頼しているのは主に食事の用意ですが，掃除や洗濯の補助もしてもらっています。ヘルパーと話ができるのはAさんの楽しみになっています。また週1回の通所リハビリの利用で，少しずつ体力もついてきました。

在宅介護重視の《選択3》では，2025年も要支援2のAさんは介護保険の対象です。在宅介護の介護報酬点数の引き上げのおかげで，在宅介護分野の介護職員不足は解消され，ホームヘルパーによる生活援助サービスと介護職員による通所介護サービスを必要なだけ利用することができます。

介護専門家による介護サービスの提供には安心感があります。Aさんは今後もできる限り在宅で生活していきたいと考えています。

■Bさんの場合　Bさんは認知機能が落ちて，食事やお風呂の用意・掃除も自力ではできません。お金の管理もできず，買い物も難しくなっています。しかし甥に成年後見人になってもらって資産管理を任せ，在宅での生活は介護保険の訪問介護と通所介護を利用することで維持されています。そして食事は配食サービスを利用しています。Bさんは小さな庭で花や木の世話をしながら，穏やかな生活を送っています。

　認知機能が落ちても平穏な日常生活を送るためには，成年後見人として資産管理をゆだねられる親戚（友人・一般市民でもよい）が必要ですが，さらに規則的で栄養価の高い食事をして，身辺の清潔を保つことが重要です。もし食事を規則的に取れなくなり，自力で清潔を保てなくなれば，Bさんは介護施設に移ることになり，介護費用は一気に高くなります。それは，Bさん本人にとっても介護保険にとっても，できるだけ先送りしたいことです。

■Cさんの場合　Cさんはほぼ寝たきりで認知症もかなり進行しており，常時見守りと介護が必要です。《選択3》では，特別養護老人ホームを増設し，介護医療院を廃止します。2025年までの増設により，Cさんは特別養護老人ホームに入所できました。特別養護老人ホームは食堂やレクリエーション室を備え，一人当たり面積も10.65平米以上と広く，個室化も進められています。Cさんは介護福祉士資格を持つ職員の介護を受けながら，月に1，2回の外出やレクリエーションを楽しみにして，おだやかにくらしています。ちなみに，特別養護老人ホームの月額利用料は介護医療院よりも安く，Cさんの介護利用料負担は《選択1》や《選択2》よりも軽くなっています（特別養護老人ホーム28万円，介護医療院に転換する介護療養病床39万円，2017年）。

ここで保険料決定に深く関わる所得把握の問題について少し述べます。その理由は，現在の介護保険料は所得に応じたものとなっていないために，低・中所得者の負担が重くなり，負担の公正性が担保されていないからです。日本では多額の税金を投入してマイナンバーを導入したにもかかわらず，マイナンバーを正確な所得把握のために活用しようという機運がありません。包括所得税制（すべての所得を把握して税率をかけること）を採っているにもかかわらず，把握できないとして，利子や配当，株の売買や不動産取引から得た譲渡所得は，分離課税となっており，高所得者の税負担を軽くしています（下野 2017 を参照））。

　もし日本人全員について個人所得の把握が正確にでき，すべての所得を名寄せできれば，所得に応じた負担（2%前後）が可能となり，低・中所得者の介護保険料は今よりも低くなるでしょう。もし介護保険料が所得の2%とすれば，年金収入100万円しかない高齢者の介護保険は年額2万円ですし，1,000万円を稼ぐ高齢者の介護保険料は20万円になります。

　なお著者の個人的意見ですが，どんなに低所得でも税・保険料を負担した方がよいと考えています。低所得者の税や保険料などの免除制度は政治的に人気が高い政策ですが，免除制度は限度額の決め方が恣意的になりやすく，限度額の前後の扱いが不公平になります。各国の制度を比較検討してきた経験から言えば，基本的にどのような制度であっても，例外規定を持ち込まない単純な（簡素な）制度が一番いいように思います。

　最近の例で言えば，消費税の食品などについての軽減税率の導入はほとんど悪夢です。

5　負担増は無理？
　　――日本はOECD諸国で最低レベルの税・社会保障負担

　この節では，「社会保障制度の充実のために税・社会保険料負担を受け入れる」という《選択3》が単なる理想論ではなく，日本人にとって現実的で可能な選択肢の一つであることを示します。

図表 8-1　OECD 諸国の税と社会保障負担（2012 年）：対国民所得比（%）

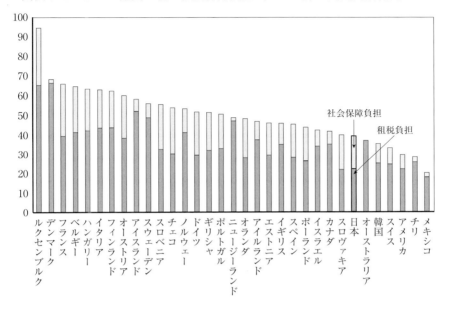

出典：財務省ホームページ。日本：内閣府「国民経済計算」等，諸外国：OECD "Revenue Statistitics 1965-2013" 及び同 "National Accounts" を利用して作成
注 1：国民負担率は，租税負担率と社会保障負担率の合計
注 2：各国 2012 年（度）の数値。なお，日本の 2015 年度予算ベースでは，国民負担率：43.4%，租税負担率：25.6%，社会保障負担率：17.8%となっている
注 3：トルコについては，国民所得及び社会保障負担の計数が取れず，国民負担率（対国民所得比が算出不能であるため掲載していない

　ここではっきりさせたいことは，日本の税・社会保障負担は OECD 諸国の中で最も低い水準であるという事実です。図表 8-1 を見てください。これは財務省による国民負担率の国際比較です。日本の租税負担は国民所得の 23.2%，社会保障負担が 17.4%で，国民負担率は 40.5%です。税と社会保障負担を合わせた国民負担率は OECD 33 か国中 27 番目で，日本は最も負担の軽い国の 1 つです。北欧諸国は軒並み 60%を超えており，主要なヨーロッパ諸国は 50%を超えています。北欧諸国並みは無理としても，主要ヨーロッパ諸国並みに税・社会保障負担を 40%から 50%に増やすとすれば，

日本の国民所得は約400兆円なので，10％は40兆円です。40兆円あれば，社会保障の充実だけでなく，大学授業料の無償化も可能となります。

国民負担率でみれば，日本はアメリカ並みに負担の軽い国です。さらに人口当たり公務員数でみると，日本はヨーロッパ諸国の半分以下で，小さな政府と言われるアメリカよりも人口当たり公務員数は少ないのです（下野2017を参照）。社会保障に関しても，中福祉中負担をめざすといいながら，GDP比で見ればアメリカ並みで，むしろ低福祉低負担です。

しかし佐藤・古市『租税抵抗の財政学』（2014）で論じられているように，増税に対する日本人の抵抗感が非常に強いのは事実です。なぜならば，経済学者を含めて多くの日本人が，税負担や社会保険料が重いと思い込んでいるからです。しかし申告納税をする個人業者などを除けば，実際に税金や社会保険料をいくら支払っているのかを，みなほとんど知りません。下野（2017）で指摘しているように，日本では源泉徴収制度が企業の義務となっており，企業が雇用者の月収から税金や社会保険料などを差し引いたものを「手取り収入」として銀行口座に振り込みます。他の先進国では，簡易な納税額の計算を租税当局が行う制度はありますが，原則申告納税制度を採っています。申告納税制度であれば，支払っている税額や社会保険料を認識する機会がありますが，つねに自動的に賃金から差し引かれている日本人雇用者が，税金額や社会保険料を認識する機会はほとんどありません。経済学者を含めた多くの人に質問してきた著者の経験から，日本の雇用者一般が税額や社会保険料を知らないこと，気にも留めていないことを，自信をもって主張できます。

日本人のよく言う「税が高い，社会保険料が高い」という言葉は，事実を踏まえたものではなく，テレビや新聞などのマスコミ報道の受け売りです。マスコミは増税のたびに負担増として必ず反対しますが，増税が何のために行われるのか，そして増税しないと何が起きるのか，についてほとんど述べません。政府はいつも悪者で，増税によって人々を苦しめるというステレオタイプの報道がほとんどです。

しかし社会保障制度は，国民全体の負担で運営する「共助」の制度です。税金と社会保障負担がなくなれば，社会保障制度は崩壊します。減税は一時

的に個人生活を楽にするかもしれませんが，長期的には年金・医療・介護などの社会保障水準を引き下げます。社会保障水準が下がれば，将来への不安は高まり，他人のことは考えられなくなり，家族と自分のために貯蓄を増やそうとします。それが現在の日本人の姿です。

そして残念なことに日本人は，社会保障制度を運営する政府を信頼していません。たとえば，Government at a Glance 2017（OECD）によれば，政府を信頼する割合は37％と，OECD平均の約45％より低くなっています。高福祉高負担の北欧諸国の政府に対する信頼度はOECD平均を上回っていますし，ドイツ，オランダ，オーストリア，ニュージーランド，オーストラリアなども政府の信頼度の高い国です。イギリスもOECD平均を上回っています。一方，経済破綻したギリシャももちろん，イタリア，アメリカ，フランスなどは，日本よりも政府に対する信頼度が低くなっています。この政府に対する信頼度は経済情勢や政権党が変わると変化しますが，少なくとも2010年以降のデータをみる限り，北欧諸国やドイツ，イギリスなどの政府への信頼感は高く，日本人の政府への信頼度はOECDの平均以下の低い水準で推移しています。

日本人の政府に対する信頼度の低さには根深いものがあります。著者が「巨額の財政赤字の削減，社会保障水準の維持のためには，増税が必要」と市民大学，講演やセミナーで主張すると，必ず返ってくるのが「将来の世代を思えば，税や社会保険料の引き上げに応じてもいいと思うけれど，そのお金を社会保障ではなく軍事費に使われてしまいそうなので，税・社会保障負担の引き上げには賛成できない」という言葉です。しかし社会保険は特別会計として一般会計とは別会計になっているので，政府に使い込まれる危険性はないはずです。もっとも社会保障財源だったはずの消費税を幼児教育無償化や給付型奨学金（教育費です）に流用する安倍内閣を批判しない自民党や公明党を見ていると，政府の使い込みへの危惧には根拠がないと一笑に付すことができないのが残念です。

このような政府に対する信頼のなさが，何が何でも増税反対のマスコミ報道とあいまって，日本の社会保障制度を崩壊に向かわせています。次の節で

は，社会保障と負担に対する考え方が，日本は欧米諸国とは異なって特殊であることを確認し，その理由を考えていきます。

6 国際比較からみえる日本人の負担増への拒否感と「家族介護」への期待

　この節では，国際比較を通して，日本人の社会保障の充実と負担に対する考え方が特異であることを明らかにします。日本人の常識が世界の非常識ということはよくありますから，国際比較を通して私たちの姿を客観的に見つめてみることが必要です。用いるデータは，内閣府『第8回高齢者の生活と意識に関する比較調査』（2015年）です。調査対象国は日本，ドイツ，スウェーデン，アメリカの4カ国です。調査期間は2015年9月から11月，調査対象は60歳以上の男女で一国あたり1,000人前後，調査員による個別面接聴取調査です。

　ここで注目する設問は「社会保障制度の負担のあり方」です。選択肢は4つで，要約すると，「社会保障水準の向上のためなら，税・保険料負担増に応じる」，「社会保障水準の維持のためなら，税・保険料負担増に応じる」，「負担増は嫌なので，社会保障水準の引き下げを受け入れる」，「わからない」の4択です（正確な文言は図表8-2の選択肢(1)〜(4)を参照）。各国の回答の分布は，図表8-2として示しました。

　図表8-2をみると，日本以外のスウェーデン，ドイツ，アメリカで最も多くの高齢者が選択したのは，「たとえ，今後，税や保険料負担を増やすことになっても，社会保障制度の現在の水準を向上させるべき」という選択肢で，スウェーデン52％，ドイツ47％，アメリカ44％となっています。アメリカは65歳未満を対象とする公的な医療保険がなく介護保険もない低福祉低負担の国ですから，社会保障水準の向上を求める人が多く，そのための負担増も受け入れるという回答が多いのは理解できます。しかしスウェーデンは高福祉高負担の国です。それでもスウェーデンの60歳以上高齢者の半分以上は，社会保障水準の向上を求め，そのために税や保険料の引き上げを受

図表 8-2　社会保障制度の負担のあり方

選択肢
(1) たとえ，今後，税や保険料の負担を増やすことになっても，社会保障制度の現在の水準を向上させるべき
(2) たとえ，今後，税や保険料の負担を増やすことになっても，社会保障制度の現在の水準はできるだけ維持すべき
(3) できるだけ，今後，税や保険料の負担を増やさないようにするためには，社会保障制度の現在の水準が下がってもやむをえない
(4) わからない

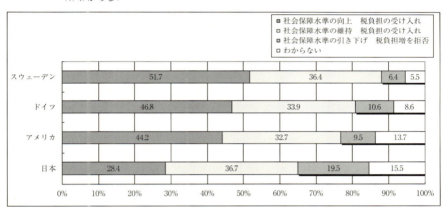

出典：内閣府「平成27年度　第8回高齢者の生活と意識に関する国際比較調査結果（概要版）」を用いて，著者が作成
注1：調査対象は，60歳以上の男女，各国1,000人前後で，合計4,116名
注2：調査時期は2015年9月～11月。個別面接聴取調査

け入れると回答しています。一方，日本人の60歳以上高齢者のうち，社会保障水準の向上を求め，そのために税・保険料の引き上げを受け入れると回答した割合は，4か国中で最低のわずか28％にとどまります。アメリカの44％に比べても，16％も低くなっているのには驚かされます。

日本人で最も多いのは，「現在の社会保障水準を維持するためなら，税や保険料の引き上げに応じる」という選択肢です（37％）。つまり「現状維持」を望む声です。社会保障水準は現状を維持してほしいが，税や保険料をあまり上げてほしくない，という声です。しかし問題は，2015年以降，「現状の社会保障水準」が毎年下がり続けていることです。日本人の望む現状の社会

保障水準に具体的なイメージはあるのでしょうか？ 最低限の歯止めはあるのでしょうか？

2015年以降の社会保障水準の低下は，2015年10月に予定されていた消費税率引き上げ延期の結果です。消費税は社会保障目的税ですから，消費税率の引き上げが延期されれば，自動的に社会保障財源が枯渇し，社会保障水準を下げざるをえなくなります。2015年10月以降，年間5兆円，4年間の引き上げ延期で20兆円の社会保障財源が失われたのですから，日本の社会保障水準が低下し続けていることは当たり前です。この本で取り上げた介護保険だけではありません。社会保障財源の欠乏により，生活保護給付の切り下げ，将来の基礎年金の引き下げ，高齢者の医療の自己負担引き上げなどが次々に実施され，日本の社会保障水準は今も下がり続けています。

図表8-2にもどりますと，さらにショッキングな事実があります。「税や保険料を上げるくらいなら，社会保障水準が下がってもよい」という回答の比率が4か国中で最も高いのは，日本です。約2割の日本人が，社会保障水準の低下を容認しています。アメリカ人でさえ，現在の社会保障水準の低下を容認すると回答する高齢者の割合は，日本の半分で1割を切ります。

日本で「増税や保険料を引き上げるくらいなら社会保障水準を引き下げてもかまわない」と回答する高齢者が2割も存在する背景には，所得・資産格差の拡大があります。リーマン・ショック直前の1997年をピークに平均所得は低下し続け，低所得層の拡大が続いていますが，一方で大規模な減税政策と金融緩和の結果，株価は倍以上に膨れ上がり，社会保障制度を必要と考えない高所得層も増加しています（下野2017を参照）。介護に関していえば，家そのものが大きく子供との同居率の高い高所得・高資産保有層は，家族介護を相続の条件にすることもできますし，住み込みの看護師・介護士などを雇用することも可能です。あるいは高額の有料老人ホームでの介護を選択することもできますから，介護保険の縮小や介護サービスの利用制限の影響を受けません。

そのような高所得・高資産家は，社会保障充実のための税や社会保障負担引き上げを望みません。日本はお金があれば，老後も心配ない社会です。恵

まれない低所得層への社会保障給付よりも，子供世帯への相続の優遇政策こそが重要という日本人は決して少数派ではありません。実際，2012年に政権について以降，一貫して減税政策（消費税率引き上げ延期も減税政策です）・経済刺激策を採り，同時に社会保障切り捨て政策を実行してきた安倍政権は，富裕層と財界だけではなく，経済力を持つ高齢者を中心に高い支持率を維持しています。

もし「税・保険料負担が増えるくらいなら社会保障水準の低下もやむをえない」，あるいは「わからない」と思考停止する日本人高齢者が多ければ（**図表8-2**ではこの両者で35％を占めます），介護保険の縮小・解体も粛々と進められることでしょう。その結果，「家族介護」が復活します。

現在でも年代を問わず男女を問わず，「高齢の両親の介護は子供の務めである」という考えが根強く残っています。特に権力と財力を持つ男性高齢者の「家族介護」信仰は，強固です。たとえば，内閣府「平成22年度　第7回高齢者の生活と意識に関する国際比較調査」によれば，60歳以上の男性高齢者のうち8割が主な介護者として家族に期待しています（66％が配偶者）。女性高齢者は6割ですから，男性の「家族介護」への期待の強さが伺えます。

しかし家族形態が激変した時代における「家族介護」の復活は，介護を必要とする高齢者に対する虐待や放置をまねき，行き場のない高齢者が街や村にあふれることになるかもしれません。こう考える根拠は，60歳以上の男女3,000名を対象とした内閣府『高齢者の経済・生活環境に関する調査結果』（2016年6月調査）です。回答者1,976名のうち介護者は12％ですが，その介護者の3割以上が「介護に対して限界を感じる，投げ出してしまいたくなる」と回答し，2割が「叱りつけてしまいそうになる」という状況にあります（複数回答）。介護者は追い詰められています。介護保険の解体・在宅介護サービスの縮小が進めば，追い詰められる介護者の割合はさらに高くなるでしょう。

介護保険の将来は「介護保険の充実のために負担増を受け入れる人」と「負担増を避けるためなら介護保険が縮小・解体されてもかまわない人」の

比率に依存します。もし欧米諸国並みに高齢者の5割前後が，「社会保障水準を向上させるために増税を受け入れる」ならば，介護保険を2000年の姿に戻すことも可能です。しかし負担増に抵抗する人が多ければ，介護保険は縮小し，「軽度者」の在宅介護サービスを供給できない市町村が出てきます。そして家族の介護負担は確実に大きくなります。

7　まとめ

　この章では，介護保険の歴史と現状を踏まえたうえで，2025年前後の介護保険の姿を3つの仮定のもとで予想してみました。図表8-3では，3つの選択を比較しています。《選択1》は安倍政権の介護保険の縮小・解体政策が継続するケース，《選択2》は現状維持で，2018年度の介護保険を2025年まで維持するケース，そして，《選択3》は2000年の介護保険スタート時の姿を取り戻すケースです。《選択1》と《選択2》では，サービス提供者のうち無資格者の介護労働者の割合が高くなり，施設介護中心の介護体制になっていきますが，《選択3》は介護報酬の引き上げにより有資格の介護職員を確保し在宅介護中心の介護体制を構築します。

　では，保険料が最も高くなるのはどの選択肢でしょうか。はっきりしているのは，《選択2》の介護保険料が《選択1》よりも高くなることです。《選択1》と《選択2》では介護医療院の創設（介護療養病床で入居期限を撤廃）を認めたので，介護施設への給付が大きく膨らみます。施設介護費用の増加は同じなので，在宅介護サービスの削減幅の大きい《選択1》のほうが，介護保険料は安くなります。

　では，《選択1》と《選択3》ではどうなるでしょうか。《選択1》は，在宅介護に低報酬介護を導入して，介護給付の削減をめざしたのですが，介護医療院の創設で介護給付は逆に増加する可能性があります。もし介護医療院の入居者が予想以上に増えれば，介護費用が増加し介護保険料の引き上げ幅が大きくなります。《選択3》では在宅介護を中心に介護報酬の大幅な引き上げを行い，介護医療院は廃止して特別養護老人ホームの増設を行う前提な

図表 8-3　3つの選択の 2025 年の介護サービス

	《選択1》 ＊安倍政権の計画通り	《選択2》 ＊2018年度の介護保険を維持	《選択3》 ＊2000年度の介護保険に戻す
介護サービスの比重	医療系施設・医療系サービス中心	在宅介護中心から施設介護中心へ	在宅サービス中心
介護保険の在宅介護対象者	要介護3以上	要介護1〜5	要支援・要介護1〜5
在宅介護サービスの扱い	要支援1・2と要介護1・2は低報酬介護	要支援1・2は低報酬介護を利用	サービス時間延長などサービスの拡大
在宅介護サービスの担い手	ホームヘルパー＋無資格の雇用者・ボランティア ＊有資格者は身体介護中心型，生活援助は無資格者中心	ホームヘルパー主体＋無資格の雇用者・ボランティア ＊要支援者むけは，無資格の雇用者・ボランティアになる	ホームヘルパー
介護施設の就業者	介護福祉士＋外国人低賃金介護労働者	＊《選択1》と同じ	介護福祉士など有資格者（外国人有資格者を含む）
介護施設の状況	介護医療院が介護施設の中心になる	＊《選択1》と同じ	介護医療院の廃止，特別養護老人ホームの増設
総合事業の有無	有 対象：要支援1・2，要介護1・2の在宅介護	有 対象：要支援1・2	無
介護報酬改定率の見通し	引き上げはない	引き上げ率はないか，わずか	賃金上昇率と同程度かそれ以上の引き上げ
介護費用の見通し	医療的経費の増大に依存	＊《選択1》と同じ	短期的には増加，長期的には伸びは縮小

注：著者が作成

ので，一時的に介護保険料は確実に高くなります。ただし長期的にみれば，在宅介護中心の介護サービス体制は，介護施設中心の介護体制よりも介護給付額を抑えられます。また介護施設でも特別養護老人ホームの費用は，医療サービスを含む介護医療院（介護療養病床群）の費用よりも，一人あたり月10万円程度も安くなりますから，特別養護老人ホームの増設は長期的には望ましい投資と考えられます。

なお《選択3》では介護保険の在宅介護を提供するので，無資格者やボランティアが中心となる《選択1》《選択2》とは異なり，生活援助サービスの

提供者もホームヘルパーという介護専門職です。現在は生活援助と身体介護の介護報酬には倍以上の差がありますが，生活援助サービスを充実させるために両者の介護報酬を近づけ，ホームヘルパーが生活援助と身体介護の両方のサービスを提供しやすくします。訪問介護の需要が安定的に増えれば，「登録ヘルパー」ではなくパートヘルパー中心になり，ホームヘルパーの収入も安定し，就職希望者の増加も望めます。介護施設で働くのは，介護福祉士などの有資格の介護職員です。外国人介護職員は少数ですが，有資格者で，日本語N2以上の高いコミュニケーションレベルを持っています。

　介護保険の将来を厚生労働省・財務省に任せてはいけません。彼らは増税を望まない安倍政権の意を受けて，介護費用の削減のために，介護保険の姿を変える重大な政策を次々に提出しています。90歳を超えれば7割，95歳以上なら8割以上の確率でなんらかの介護が必要になります。人生100年時代には頼みの配偶者も子供も老います。家族に介護を頼るのは難しいことを自覚し，人生の終わりには介護を受けることを前提として，どのような介護を受けたいのか，どの程度の負担なら受け入れられるのかを，自分のこととして考えてみてください。

おわりに

　この本は介護に関する著者の2冊目の本になります。最初の本は『介護サービスの経済分析』（東洋経済新報社，大日・大津との共著）で2003年に書きました。そのころはホームヘルパーも求人数よりも多くの求職者があった時代で，介護サービス産業は将来の成長産業とみなされていた，明るい時代でした。

　しかし明るい時代はすぐに終わり，想定以上の介護需要を抑えるための介護給付適正化運動が始まりました。2006年度には要支援者むけに介護サービスよりも安い介護予防サービスが導入され，同居家族がいる場合の生活援助サービスが制限されるなど，在宅介護サービスの縮小政策が始まりました。そして要支援1・2と要介護1・2の「介護保険からの切り離し」を決定したのが安倍政権です。

　著者は現在進められている介護保険の縮小・解体政策を一般の方々に理解していただきたくて，専門書ではなく一般書として，この本を書きました。政府や自治体による丁寧な説明がないので，政府の介護政策とその先にある介護保険の姿に，ほとんどの国民が気づいていません。要支援・要介護認定を受ければ，介護保険を利用できると考えている方にはショックだと思いますが，2018年4月からすでに要支援1・2は，介護保険対象者ではありません。介護保険の訪問介護や通所介護を使うことはできず，総合事業の「訪問型サービス」と「通所型サービス」しか使えません（詳しくは本文を読んでください）。さらに政府は2021年4月から，要介護1・2も介護保険の在宅介護サービスを利用できなくする計画です。

「いま介護保険に何が起きているのか」「どんな選択肢があるのか」を知った上で，みなさんが介護の未来を選択されることを心から願っています。90歳以上になれば8割が要介護認定を受けるのです。男性の介護者も増えて，3割に迫っています。介護は女性の問題ではありません。

　なお著者の研究分野は，マクロ経済学，労働経済学，財政学，統計学，計量経済学などで，広く日本経済に影響を与える経済事象に関する研究を行ってきました。研究テーマは，バブル期の所得や資産の不平等度の拡大の研究から始まり，住宅を含む資産選択・住宅政策の研究，所得・資産税制，そして国と地方の役割分担や合併などの研究も行ってきました。さらに介護保険導入直前から始めた介護保険，介護サービス産業，介護職員の確保などの介護をめぐる研究も，著者にとって重要な研究テーマでした。

　それでも介護保険の実際の運用を理解し，介護職員の専門性を実感したのは，約7年間の母の介護（東京と岐阜の遠距離介護で毎週末2泊3日）のときです。介護認定への疑問，あまりに複雑な毎月の請求書，言葉を理解できないにもかかわらず母の名前で署名する承諾書など，いろいろな疑問を持ちました。その反面，ホームヘルパーや介護職員の方々の，高齢者の心身に関する知識と経験に基づくアドバイスには本当に救われました。特に父を亡くした母が実家に戻りたがって部屋を出て行くことが度重なり，著者が精神的に参っていたときに，「どのお年寄りも初めはそうですよ」と言って，母が落ち着くまでの3ヶ月間，著者を支えてくださったことは忘れられません。こわばっていた母の顔もいつか笑顔が多くなり，デイサービスにも喜んで行くようになり，ホームでの生活になじんでいきました。また母が亡くなるときには多くの高齢者の最後を見守ってきたホームヘルパーや看護師の方のアドバイスと手助けで，母を自宅（一戸建て有料老人ホーム）で見送ることができました。

　この個人的な介護の経験から，ホームヘルパーの専門性を評価しない言説や介護職員の低賃金・不安定雇用に怒りを感じ，介護保険の縮小ではなく介護保険を元の形で後の世代に手渡したいと考えるようになりました。さらにマクロ経済学者として，日本経済の安定的な成長と女性の就業機会の拡大に

貢献してきたし，今後も貢献できるはずの介護サービス産業を大事に守り育てるべきであると考えます．内需中心の経済成長を主張する著者としては，10兆円産業となった介護サービス産業を崩壊させる介護保険の縮小・解体政策には反対せざるをえません．

　なお，介護に関する用語として一般的な呼称を用いましたが，他の本や政府資料では（　）内のように表記されていることがあることに注意してください．在宅介護サービス（居宅介護サービス），特別養護老人ホーム（介護老人福祉施設），老人保健施設（介護老人保健施設），介護療養病床（介護療養施設，介護療養型医療施設等）などです．

　最後に，なかなか筆が進まない著者の原稿を忍耐強く待ってくださった法政大学出版局の郷間雅俊さんには深く感謝します．適切なアドバイスにより，かなり読みやすい本になったのではないでしょうか．

2019年4月15日
　　　　　　　　　　　　　　　花吹雪の季節に
　　　　　　　　　　　　　　　　　　　　　　下野　恵子

幸せな老後生活を支える最低保障年金と
公共住宅・公的介護施設

　さて本文では介護サービスをめぐる問題に焦点を絞っており，書く場所がありませんでしたが，介護保険や医療保険以外で老後の生活を安定させるために必要な2つの制度について述べます。その2つは著者が北欧やオーストラリアの介護サービスに関する研究をしていて気づいたことで，高齢者の経済的自立や介護に深く関わります。高齢者のおかれた状況で，日本と北欧・オーストラリアとの大きな違いは，(1) 日本には最低保障年金がないこと，(2) 公的介護施設を含めて公的住宅が圧倒的に不足していること（公的介護施設は高齢人口あたりで比べると半分しかない），の2点です。

　日本の年金制度には職業による差別が色濃く残っています。日本の年金制度は，20歳以上の国民全員が加入しなくてはならない「国民年金」と，従業員5人以上の民間事業所で働く雇用者や公務員・準公務員しか加入できない「厚生年金」からなっています。

　日本の年金制度は「2階建て」と言われますが，2階のない平屋にしか住めない住民が多数います。彼らは「国民年金第1号加入者」と呼ばれ，従業員5人未満の零細企業の従業員，個人事業主，フリーター・アルバイトなどの非正規労働者などからなり，その数は1,000万人を超えます。基礎年金は65歳から受給することができますが，給付される年金額は，掛け金の支払

い期間により変わります。たとえば，20歳から60歳までの40年間保険料を支払い続ければ，満額の月約6万5000円を受給できますが，病気や失業や低所得により支払い期間が40年に満たない人も多く，基礎年金給付の平均額は月5万円にすぎません。2017年からは年金受給権の発生する年数が，25年から他の先進国並みの10年に引き下げられましたが，10年間加入の基礎年金は月額2万円にもなりません。

　一方，「国民年金第2号加入者」と呼ばれる「国民年金」だけでなく上乗せの「厚生年金」（旧厚生年金と旧共済年金）にも加入できる民間企業雇用者や公務員は，基礎年金と厚生年金の合計で一人平均15万円程度の公的年金を受給できます。基礎年金だけの高齢者と比べると，「厚生年金」にも加入できた高齢者は3倍の公的年金を受給しています。妻が専業主婦でも，夫婦で月20万円以上の公的年金を受給できます。このような2階建てに住む住民は老後の貧困とは無縁です。

　かつては「厚生年金」にも加入できる正社員が多数を占めていたので，日本政府も大多数の日本人も，老後の貧困を真剣に考えてきませんでした。しかしいまや非正規労働者が就業者の4割を占めており，基礎年金しか受給できない高齢者がどうやって老後を生きていくのかを考えていかなくてはなりません。日本政府は定年延長や生涯就業というお金のかからない政策をとっています。しかし，病気がちの高齢者はどうするのでしょうか，高齢になり働けなくなった高齢者は見捨てるのでしょうか。年金だけでは最低限の生活も維持できない高齢者が，80歳，90歳になっても働き続けなくてはいけない日本でいいのでしょうか。

　著者は日本の高齢者の貧困の大きな原因は，現在の日本の年金制度にあると考えています。なぜ「国民年金」だけにしか加入できない国民と，「国民年金」と「厚生年金」の両方に加入できる国民がいるのでしょうか。明らかな職業差別ではないでしょうか。韓国の年金制度は，日本と同じように，雇用者とそれ以外の2本立ての年金制度でしたが，すでに一本化しています。そして日本でも，民主党政権は公的年金制度の統合をめざしていました。しかし現在の自民党・公明党政権は，公的年金制度の改正はまったく考えてい

ないと言明しています。

　もし公的年金制度の統合が難しければ,「最低保障年金」の導入という手段もあります。IMF は老後の所得保障の観点から,日本政府に対し最低保障年金の導入を何度も求めており,民主党政権は年金制度の統合と並んで,月 7 万円の最低保障年金の導入を検討していました。しかし自民党・公明党政権は,財政負担の必要な最低保障年金の導入は検討もしていません。その結果,日本の生活保護受給者の半数は 65 歳以上の無年金者と低年金者です。ちなみに,オーストラリアの最低保障年金は Government Pension と呼ばれ,平均賃金の 25% なので,日本でいえば月 7 万 5000 円程度になります。ただし,日本の厚生年金・共済年金に当たる Superannuation の受給額と保有資産額に応じて減額され,Government Pension をまったく受給できない豊かな高齢者も 1 割ほど存在します（ただし,Superannuation の減額はない）。なお年金は生活費であり,借家の場合には別に家賃保証制度があるので,高齢になってホームレスになるという悲惨な状況が生まれない制度を備えています。

　非正規労働者が 4 割を占める日本において,最低保障年金の導入を早急に進めないと,将来は貧困にあえぐ高齢者が満ち溢れることになるでしょう。それを防ぐには,オーストラリアと同様に基礎年金を最低保障年金にするしかないと思います。国民年金については保険料ではなく税金として所得に応じて徴収し,将来は一律年金として給付するのです（下野 1999, Shimono and Tachibanaki 1985 を参照）。

　次に日本における公的住宅の不足について述べます。日本は戦後一貫して持家優遇政策をとってきたため,公共住宅（高齢者用の介護施設も含む）の数は限られています。北欧やオーストラリアであれば低所得者は公共住宅に入居し人間らしく生活することができますが,公共住宅の不足する日本の低所得高齢者（無年金か低年金しか受け取っていない生活保護受給者を含む）は 4 畳半程度の古い木造民間アパートに入居している場合が多いのです。

　さらに日本政府は,高齢者の急増が確実に予見されていたにもかかわらず,公的介護施設への投資を怠ってきました。その結果,北欧やオーストラリアの介護施設は 65 歳以上人口の 6% が入居できる規模なのに対し,日本では

その半分の3%にも達していません。しかし日本でも北欧やオーストラリアと同程度の高齢者向けの介護施設の需要があります。その需要に対応してきたのが，「グループホーム」であり，さらに2011年以降の「サービス付高齢者向け住宅」です。サービス付高齢者向け住宅には補助金が出るし，有料老人ホームよりも簡単に認可されるので，多くの民間企業が参入しています。そして有料老人ホームよりも安い高齢者施設として人気があります。しかし一般向けのアパートの中でも古くて狭いアパートで，たんに高齢者専用であるというだけの住宅も少なくないのです。規制が甘く，公的機関の監督の目も行き届かないため，居住空間として問題のあるケースが折に触れて報道されます。さらに2018年度からは，介護保険対象の介護施設として「介護医療院」が創設され，かつての老人病院が介護保険の介護施設として再登場します。しかし本文で何度も指摘しているように，介護医療院は医療施設であって，介護施設ではありません。

オーストラリアでうらやましく思うのは，年齢に関わらず低所得者でも設備の整った広い住宅に住むことができることです。低所得者は公的住宅に住むか，家賃保証を受けて民間住宅に住むことができます。高齢者のための公的介護施設も充実しています。65歳以上高齢者の6%が入居できる介護施設が存在し，資産を持たずGovernment Pensionしか受給していない高齢者でも快適な介護施設に入居できます。老人ホームの多くはキリスト教系の非営利団体が運営していますが，一定割合の低所得者の受け入れが義務づけられており，不足分を政府が負担します。日本とオーストラリアの一人当たりGDPはほとんど同じです。しかし低所得者や高齢者の住環境があまりに異なることに，著者は心穏やかではいられません。

個人で貯蓄に励まないと将来が心配でたまらない日本人が多いことは，日本政府が高齢社会への備えを怠ったことをはっきり示しています。そして一部の大金持ちを除いて，個人貯蓄で老後の安心は買えません。むしろ高齢者が多額の預貯金を持つ状況が，オレオレ詐欺の跋扈を招いているのです。もし本気でオレオレ詐欺をなくしたいならば，65歳以上の高齢者が金融資産の大半を持つという現状を変える必要があります。つまり貯蓄に励まなくて

も老後の不安を抱かなくてもいい社会を作り上げればいいのです。実際，北欧諸国の国民やオーストラリア人の貯蓄額は日本人に比べると驚くほど少ないのです。たとえば，スウェーデンの個人貯蓄率はほぼゼロです。税金を集めて国民のためになる施設・制度を設計し運営するのが政府の役割のはずであり，政府が集めた税金で医療・介護や教育制度を効率的に運営するならば，個人貯蓄はほとんど必要ないのです。

　もし最低保障年金制度があるならば，若いころから老後のために貯蓄をする必要はないし，公的介護施設が整っていれば，終の住処の心配をする必要もなくなります。さらに医療や介護サービスが充実していれば，安心して年を重ねていけるでしょう。大学を含めて教育費が無料なら，教育費のための貯蓄の必要もなくなり，スウェーデンのように子供の数も増えるでしょう。残念ながら，日本政府の税金の使い方は景気対策，企業優先であり，住居の確保や教育は個人の自助努力に依存してきました。その結果，日本では企業栄えて人窮す，という残念な状況に陥っています（下野 2017 を参照）。

　あなたの選択が，日本の将来を決めるのです。高齢者になり要介護になっても，人間らしく生きていける社会が欲しいとおもいませんか。そのための税負担を受け入れますか。

参考文献

出井康博(2009)『長寿大国の虚構——外国人介護士の現場を追う』新潮社
大熊一夫(1981)『ルポ精神病棟』朝日新聞出版社
大熊由紀子(2010)『物語　介護保険』上・下,岩波書店
大守隆・田坂治・宇野裕・一瀬智弘(1998)『介護の経済学』東洋経済新報社
沖藤典子(2010)『介護保険は老いを守るか』岩波新書
介護福祉ビジネス研究会編(1999)『10兆円介護ビジネスの虚と実』日本医療企画
介護労働安定センター(2009)『介護労働の現状I,II(平成21年度版)』介護労働安定センター
鏡諭編(2017)『介護保険の強さと脆さ』企画・東京自治研究センター,公人の友社
角谷快彦(2016)『介護市場の経済学——ヒューマン・サービス市場とは何か』名古屋大学出版会
川村匡由(2014)『介護保険再点検』ミネルヴァ書房
健康保険組合連合会(1994)『ドイツ介護保険法』健康保険組合連合会・社会保障研究室
坂本圭(2011)「介護報酬単位の推移と社会福祉専門職の雇用」『季刊・社会保障研究』Vol.47, No.2, 147-158
佐藤滋・古市将人(2014)『租税抵抗の財政学——信頼と合意に基づく社会へ』岩波書店
清水谷諭・野口晴子(2004)『介護・保育サービス市場の経済分析』東洋経済新報社
下野恵子(1999)「介護サービス格差と家族形態,住宅」『住宅問題研究』vol.15, no.3, 3-18
―― (1999)「オーストラリアの年金改革」『海外社会保障研究』no.126, 34-47
―― (2001)「介護サービス産業の現状と育成のために——岐阜県のケース」『国際地域経済研究』第2号, 78-92
――・大日康史・大津廣子(2003)『介護サービスの経済分析』東洋経済新報社
―― (2003)「訪問介護サービス事業所タイプ別の労働需要——営利団体と非営利団体」『国際地域経済研究』第4号, 13-26
―― (2004)「訪問介護サービス事業所の労働生産性と最適規模」『国際地域経済研究』第5号, 1-10
―― (2004)「ホームヘルパーの労働供給と雇用条件——介護労働者の人材確保」『ESP』

No. 392, 31-35
──(2006)「介護サービス産業における人材確保」『国際地域経済研究』第7号, 25-43
──(2007)「中・長期の労働人口の減少に対する対応について──高齢者・女性・外国人労働者の活用」『国際地域経済研究』第8号, 113-120
──(2008)「東海地域における日系人労働者および研修生・技能実習生──低賃金に依存する製造業の中小企業」『国際地域経済研究』第9号, 23-34
──(2009)「介護サービスと人材確保」『家計経済研究』no.82, 13-23
──(2009)「外国人受入と語学研修費用」『国際地域経済研究』第10号, 93-101
──・大津廣子(2010)『看護師の熟練形成──看護技術の向上を阻むものは何か』名古屋大学出版会
──・竹内滋子(2011)「遺族厚生年金の課税化による税・社会保険料収入増の試算──非課税所得と租税・社会保障負担の公正性」『日本経済研究』第65号, 23-42
──(2016)「EPAによる外国人看護師・介護福祉士候補の受け入れ政策の問題点──医療・介護サービス産業の人材育成と就業継続」『中央大学研究所年報』第48号, 44-68
──(2017)『「所得増税」の経済分析──日本における財政再建と格差縮小』ミネルヴァ書房
白旗希実子(2011)『介護職の誕生──日本における社会福祉系専門職の形成過程』東北大学出版会
総務省(2013)『外国人受入れ対策に関する行政評価・監視結果報告』
塚田典子編(2010)『介護現場の外国人労働者──日本のケア現場はどう変わるのか』明石書店
手塚和彰(1996)「ドイツの介護保険法の成立と展開(上)」『ジュリスト』no.1083, 61-67
──(1996)「ドイツの介護保険法の成立と展開(下)」『ジュリスト』no.1084, 90-96
藤本健太郎(2014)「ドイツの社会保障」, 増田雅暢編著『世界の介護保険 第2版』第3章, 法律文化社
増田雅暢編(2014)『世界の介護保険 第2版』法律文化社
村田くみ(2010)『おひとりさま介護』河出書房新社
OECD (1996), *Caring for Frail Elderly People: Politics in Evaluation*, OECD Publishers
OECD (2000), "Health and Long-term Care: A Health and Care System for all Ages?", in OECD, *OECD 2000*, OECD Publishers
OECD (2005), *Long-term Care for Older People* (OECD Health Report), OECD Publishers
Shimono, K. and Tachibanaki, T. (1985) "Lifetime Income and Public Pension: An Analysis of the Effect on Redistribution using a two-period Analysis", *Jounal of Public Economics*, 26, 75-87
Simonazzi, A. (2009), "Care Regimes and National Employment Models", *Cambridge*

Journal of Economics, 33, 211–232

Wübker, A., Sandra, M.G., Zwahalen,G., Challis, D., Suhonen, R., Karlsson, S., Zabalegui, A., Sato, M, Saks, K. and Sauerland, D. (2015), "Costs of Care for People with Dementia just before and after Nursing Home Placement: Primary Data from Eight European Countries", *European Journal of Health Economics*, 16, 689–707

〈ネットで公表されている報告書・重要な資料〉

NTTデータ経営研究所(2017)「介護予防・日常生活支援総合事業及び生活支援体制整備事業の実施状況に関する調査研究事業」調査結果等の概要,平成29年度老人保健健康増進推進事業

角田隆(国際厚生事業団・専務理事)(2017)「外国人介護士の現状～EPAによる受け入を中心として～」,平成29年4月20日講演資料

厚生労働省・老健局(2018)「公的介護保険制度の現状と今後の役割(平成30年度)」

厚生労働省社会保障審議会・介護保険部会(2016)「軽度者への支援のあり方」,平成28年10月12日第66回・参考資料1

厚生労働省福祉人材確保対策検討会(2014)「介護人材の確保について」,平成26年6月4日第1回・資料2

三菱UFJリサーチ&コンサルティング(2015)「新しい総合事業における移行戦略のポイント解説——地域支援事業の介護予防・日常生活支援総合事業の市町村による円滑な実施に向けた調査研究事業」,平成27年度厚生労働省老人保険事業推進費等補助金(老人保健健康増進等事業)

索引

あ行

EPA 介護福祉士受け入れプログラム　148
EPA 介護福祉士候補の受け入れ　10, 138-40, 146-47, 158
EPA 介護福祉士候補の介護福祉士国家試験の合格率　146
EPA プログラムの実施費用　149
医療系施設　80, 167, 179-180, 181, 211
医療療養病床　30, 32, 82-83, 180, 195
追い詰められる介護者　209
オレオレ詐欺　191, 220

か行

介護医療院　10, 29-32, 80, 82-83, 162-64, 167, 179-82, 187, 189-90, 192-201, 210-11, 220, 225
介護給付適正化運動　12, 35, 52, 56-58, 86, 92, 189, 213
外国人介護労働者数　138
外国人介護労働者の受け入れ制度　139, 141, 144
介護サービス産業の規模　184
介護サービス産業の就業者数　184
介護サービスの質の低下　171, 187
介護施設の月額利用料　51
介護者に対する給付　39
介護職員初任者研修　46-47, 95, 130, 134, 171
介護職員数（常勤換算）の推移　103
介護と医療の連携　180
介護認定の厳格化　85, 88-89, 112
介護認定の手順　34, 38-41, 61
　一次判定　38, 41, 61, 86
　二次判定　38, 42, 86
介護費用の推移　57, 184
介護福祉士実務者研修　46-47, 62, 95, 105
介護福祉士登録者数　95, 171
介護福祉士養成校　45, 95, 105-07, 138, 140-42
介護報酬改定率　53, 78-79, 94, 211
介護保険・生活援助に関する意見の相違　175
介護保険で提供されるサービス　48-49, 51
介護保険の医療化　10, 179, 182
介護保険の将来　10, 80, 162, 209, 212
介護保険料の推移　35, 57
介護保険料の徴収方法　58
介護保険料負担者の範囲　38
介護予防事業　56, 74-75
介護予防・日常生活支援総合事業　74-76, 117, 127, 129, 224-25
介護離職　8, 23, 89, 185, 187, 192, 199-200
介護ロボット　94, 114, 137, 139, 156-58
改正入管法　151
「家族介護」の公的介護サービスへの置換

225

え 23
家族との同居率 117, 131-32, 135
基準を緩和したサービス 127-30
基礎年金給付の低下 72
キャリアパス 46-47, 61-62
区分変更の申請 44
グループホーム 51, 81, 99, 111, 220
ケアマネジャー 1, 34, 41, 44, 48, 51, 88, 105, 116, 118, 194
経済連携協定（EPA） 138, 140-41, 144-45, 158
源泉徴収制度 204
後期高齢者医療制度 70-72
公的年金格差 22
公的年金制度の統合 218-19
高齢者の経済的自立 15, 20, 217
高齢女性単身者の貧困率 23
国際厚生事業団 149
国民年金第1号加入者 60, 81, 217
国民年金第2号加入者 218
国民負担率 203-04

さ 行

サービス付き高齢者向け住宅 5, 111, 193
サービスの質 47, 120, 122, 135, 139, 155
在宅介護サービスの利用頻度 133
最低賃金 138, 141-42, 152-53, 158, 168, 170, 172, 198, 226
最低保障年金 6, 20, 68, 217, 219, 221
三世代世帯の急激な減少 15, 18
三党合意 66-68, 166
自己負担の2割への引き上げ 84
自己負担の3割への引き上げ 84
社会的入院 3, 15-16, 24-26, 28, 32, 181, 192
社会福祉協議会 56, 99, 122, 125, 130, 178-79, 185-86
社会保障水準の低下を容認 208
社会保障制度の負担のあり方 206-07
10兆円産業 23, 165, 182, 184, 187-88, 215
出入国在留管理庁 151
上限管理 75-76
消費税は社会保障財源 9, 66, 73
情報の非対称性 8
申告納税制度 204
身体介護中心型 53, 55, 115, 130, 173-74, 177, 211
生活援助サービスの利用制限 1, 35, 97, 104, 133
生活援助中心型 53-55, 62, 130, 173-78, 200
生活援助中心型の提供時間・報酬の推移 53
生活保護受給者 23, 70, 219
税・社会保障負担 163, 190, 202-03, 205
税と社会保障の一体改革 65-67, 72-73, 89, 166
成年後見人 197, 201
政府に対する信頼度 205
専門的・技術的在留資格 138, 140-41
総合事業の実施時期 76-76
総合事業への参加 120
措置制度 8, 24, 167, 177

た 行

「多様なサービス」の提供事業所 129
団塊の世代 6-7, 94, 110, 135, 186-88, 199
短期集中予防サービス 121, 128-29
地域包括支援センター 41
地方経済の衰退 123
賃金の引き下げ圧力 155
出来高払い 27, 31, 55
ドイツの介護保険 34, 36-37, 39, 48, 58, 61
登録ヘルパー 2, 98, 104, 115, 186, 212
特別養護老人ホームへの入居資格 81

な行

日系人　138, 140, 143, 158
日本型福祉　20, 32, 71
日本語能力試験　142-43, 227
日本の社会保障制度　69-71, 205
認定調査員　38, 41-42, 44, 61, 88
年齢別の要介護高齢者比率　16
年金特例債　67

は行

非営利団体　99, 178, 185, 187, 220
非課税所得制度の廃止　61
非正規労働者　58, 60, 68, 70, 81, 217-19
病床数の国際比較　30
福祉の含み資産　20, 25, 71
福祉用具貸与　49-51, 73, 75, 167-68
負担の公正性　61, 202
分離課税　202
包括払い　31, 55
平均寿命の推移　17
訪問介護サービスの公営化　10, 99, 178-79, 186
訪問介護職員資格の変化　46
訪問系介護職員数の低迷　102
ホームヘルパー以外の介護職の求人・求職の動向　100
ホームヘルパーに対する
　精神的暴力　174
　暴力・セクハラ　174, 176
ホームヘルパーの求人・求職の動向　97

ま行

マイナンバー　37, 60, 202
マクロ経済調整　72, 166
民主党政権　65, 68, 72, 218-19

や行

家賃保証制度　219
有効求人倍率　97-100, 109, 155, 169
要介護段階　35, 38-39, 42
要介護認定基準時間　42-44, 61
要支援者の切り離しの効果　77
要支援者向けの介護サービス　118-19, 126, 134
要支援・要介護認定者の推移　85

ら行

リーマンショックによる景気低迷　109
留学生　138, 140, 144
「累進的」な税金　66
労働基準監督官　153

● 著 者

下野恵子（しもの・けいこ）

岐阜県に生まれる。名古屋大学経済学部卒業。経済学博士（神戸商科大学，現兵庫県立大学）。名古屋大学経済学部助手，新潟産業大学経済学部講師・助教授，東京経済大学経済学部助教授，名古屋市立大学大学院付属経済研究所教授・所長などを歴任。この間，オーストラリア国立大学，ニューサウスウェルズ大学，マッセイ大学（NZ），オックスフォード大学などに，客員研究員・客員教授として研究滞在。

介護保険導入前より介護保険制度，介護職員の賃金・待遇，介護サービス産業に関する研究を開始する。主な研究分野は，マクロ経済学，労働経済学，財政学。現在，立命館大学BKC社系研究機構・客員研究員，専修大学経済学部非常勤講師。

著書：『資産格差の経済分析』（名古屋大学出版会，1991年），『個人貯蓄とライフサイクル』（橘木俊詔氏との共著，日本経済新聞社，1994年。第37回日経・経済図書文化賞受賞），『介護サービスの経済分析』（大日康史・大津廣子氏との共著，東洋経済新報社，2003年），『看護師の熟練形成』（大津廣子氏との共著，名古屋大学出版会，2010年），『「所得増税」の経済分析』（ミネルヴァ書房，2017年）。

介護保険解体の危機
誰もが安心できる超高齢社会のために

2019年8月26日　初版第1刷発行

著　者　　下野恵子

発行所　　一般財団法人　法政大学出版局

〒102-0071　東京都千代田区富士見2-17-1
電話03（5214）5540　振替00160-6-95814
組版：HUP　印刷・製本：日経印刷

© 2019　Shimono Keiko
Printed in Japan

ISBN978-4-588-67524-9

生命倫理と公共政策
成澤 光 著 ……………………………………… 3000 円

成年後見制度の新たなグランド・デザイン
法政大学大原社会問題研究所, 菅富美枝 編著 ……………… 5700 円

ケアのリアリティ　境界を問いなおす
三井さよ・鈴木智之 編著 ……………………………… 3000 円

子どもの医療と生命倫理 [第2版]　資料で読む
玉井真理子・永水裕子・横野 恵 編 ……………………… 3200 円

医学教育の歴史　古今と東西
坂井建雄 編 ……………………………………… 6400 円

看護制度と政策
野村陽子 著 ……………………………………… 5300 円

老いと看取りの社会史
新村 拓 著 ……………………………………… 2800 円

在宅死の時代　近代日本のターミナルケア
新村 拓 著 ……………………………………… 2800 円

ホスピスと老人介護の歴史
新村 拓 著 ……………………………………… 2400 円

国民皆保険の時代　1960, 70年代の生活と医療
新村 拓 著 ……………………………………… 2800 円

売薬と受診の社会史　健康の自己管理社会を生きる
新村 拓 著 ……………………………………… 2800 円

表示価格は税別です